V&R

Werner Hilweg / Elisabeth Ullmann (Hg.)

Kindheit und Trauma

Trennung, Mißbrauch, Krieg

Mit 5 Abbildungen

Vandenhoeck & Ruprecht
in Göttingen

Wir danken der SOS-Kinderdorf – Hermann-Gmeiner-Akademie für ihre Unterstützung.

Die Deutsche Bibliothek – CIP-Einheitsaufnahme

Kindheit und Trauma:
Trennung, Mißbrauch, Krieg / Werner Hilweg/Elisabeth Ullmann (Hg.). –
Göttingen : Vandenhoeck und Ruprecht, 1997
ISBN 3-525-45798-7

Umschlagabbildung: Zeichnung eines fünfjährigen Jungen
aus Kroatien zum Thema »Frühling«.
Die Fotos in diesem Band wurden zur Verfügung gestellt
von SOS-Kinderdorf Kroatien.

Satz: Satzspiegel, Bovenden
Druck- und Bindearbeiten: Hubert & Co., Göttingen

Inhalt

Zum Geleit

Das vorliegende Buch will ein Zeichen setzen. Ein Zeichen dafür, daß es in einer Welt, in der die Rechte der Kinder nach wie vor mit Füßen getreten werden, immer mehr Menschen braucht, die sich für den Schutz von Kindern einsetzen und ihnen Hoffnung auf eine bessere Zukunft geben.

Der Not und dem Leiden von Kindern heilend zu begegnen, ist auch die vorrangige Zielsetzung der SOS-Kinderdorf-Arbeit. Seit seiner Gründung im Jahr 1949 bietet SOS-Kinderdorf verlassenen, verwaisten Kindern und Jugendlichen in aller Welt eine Familie, ein ständiges Zuhause und eine solide Vorbereitung auf ein Leben in Selbständigkeit. Viele Kinder haben, bevor sie ins SOS-Kinderdorf kommen, traumatische Schicksalsschläge erleiden müssen. Die verläßliche Beziehung zu ihrer SOS-Kinderdorf-Mutter und die Geborgenheit und Sicherheit in der Kinderdorffamilie bieten ihnen einen heilenden Rahmen. Zusätzlich brauchen diese Kinder aber oft auch heilpädagogisch-therapeutische Hilfen, um Verlust-, Mißbrauchs- und Gewalterfahrungen überwinden zu können.

Hermann Gmeiner, der Vater der SOS-Kinderdorf-Idee, sagte einmal: »An dem Tag, an dem wir voller Überzeugung sagen können, daß alle Kinder dieser Welt unsere Kinder sind, beginnt der Friede auf Erden.« Er appellierte damit an die Menschen, ihre Verantwortung für die Rechte der Kinder ernst zu nehmen und sich für das Wohl von Kindern, ungeachtet ihrer ethnischen Zugehörigkeit, ihrer Religion und Sprache, einzusetzen.

Es ist zuallererst die Liebe zum Kind, die Kinder vor Verwundung bewahrt und Wunden zu lindern und zu heilen vermag. Die Beiträge von Fachleuten, die in diesem Band enthalten sind, sollen zusätzliche Möglichkeiten aufzeigen, wie leidgeprüften Kindern geholfen werden kann, damit diese wieder Vertrauen und Lebenshoffnung entwickeln können.

Ich hoffe, daß das Buch zu einem breiteren Problembewußtsein beitragen und die Leserinnen und Leser in ihrem ganz persönlichen Einsatz für die Verwirklichung der Rechte der Kinder bestärken wird.

Helmut Kutin
Präsident von SOS-Kinderdorf International

Vorwort

Trotz des UN-Übereinkommens über die Rechte des Kindes sind Kinder nach wie vor und in großem Ausmaß Opfer von Gewaltanwendung, Mißbrauch, Verlusterlebnissen und Kriegen. Während Sie diese Zeilen lesen, verlieren Kinder ihre Eltern oder werden von ihnen getrennt, werden Kinder geschlagen, verletzt, mißbraucht oder Opfer kriegerischer Auseinandersetzungen. Trotz täglicher Berichte in den Medien über vielfältige Formen der Traumatisierung von Kindern ist es nur die Spitze eines Eisberges, die sichtbar wird. Viel Leid von Kindern bleibt im Verborgenen, wodurch die Chancen auf Prävention, Hilfe und Heilung verringert werden.

Traumatische Ereignisse können das Selbstkonzept von Kindern, ihr Erleben und Verhalten massiv und nachhaltig destabilisieren. Es ist daher notwendig, daß Menschen, die mit traumatisierten Kindern leben, sie betreuen oder therapeutisch mit ihnen arbeiten, ihr Verständnis über Ursachen und Wirkungen von kindlichen Traumata sowie ihre Kompetenzen im helfenden und heilenden Umgang mit traumatisierten Kindern stetig weiterentwickeln.

Vor diesem Hintergrund fand im November 1995 in Rovinj, Kroatien, eine internationale Fachtagung zum Thema »Traumatische Erfahrungen von Kindern« statt. Die von der SOS-Kinderdorf – Hermann-Gmeiner-Akademie gemeinsam mit SOS-Kinderdorf Kroatien veranstaltete Konferenz stellte einen aktuellen Bezug zum Leiden tausender Kinder aufgrund des Krieges in Ex-Jugoslawien her. Es wurde aber auch auf das Trauma »vor und hinter unserer Haustür« aufmerksam gemacht. Gewalt gegen Kinder, sexueller Mißbrauch und das Trennungstrauma sind allgegenwärtig; nur langsam hebt sich der

Schleier der Tabuisierung, wird die Dimension traumatischer Erfahrungen von Kindern bewußt.

Das große Interesse seitens der Teilnehmer und der Medien an dieser Tagung sowie die Notwendigkeit, beständig das Problembewußtsein für die Not von verletzten Kindern zu stärken, motivierten uns, die Thematik umfassender und differenzierter in Form einer Buchpublikation zu vertiefen.

Was ist ein Trauma? Welchen traumatisierenden Ereignissen sind Kinder ausgesetzt? Welche Wirkungen haben traumatische Erfahrungen bei Kindern? Wie kann man betroffenen Kindern helfen? Was hilft den Helfern? Welchen Beitrag leistet das UN-Übereinkommen über die Rechte des Kindes zum Schutz von Kindern?

Die inhaltliche Struktur des Buches richtet den Fokus auf die Traumatisierung von Kindern durch Trennung, sexuellen Mißbrauch und Krieg, wobei Erkenntnisse aus verschiedenen Kulturkreisen Berücksichtigung finden.

Neben der Beschreibung von Ursachen und Wirkungen von Traumata wird besonderes Gewicht auf den helfenden und heilenden Umgang mit traumatisierten Kindern gelegt. Ein eigenes Kapitel widmet sich dabei der Frage, wie (professionelle) Helfer, die mit betroffenen Kindern leben und arbeiten, unterstützt werden können. Schließlich werden am Beispiel der praktischen Erfahrungen von SOS-Kinderdorf die Möglichkeiten und die Grenzen institutioneller Betreuung und Therapie von Kindern mit traumatischen Erfahrungen dargestellt. Das Buch berücksichtigt theoretisch-wissenschaftliche Bearbeitungen wie auch praxisbezogene Erfahrungsberichte.

Allen Autorinnen und Autoren sei an dieser Stelle herzlich für ihre Beiträge gedankt. Bedanken möchten wir uns auch bei unserer Kollegin Carola Vogl, die uns bei der Bearbeitung des Manuskripts sehr unterstützt hat.

Elisabeth Ullmann und Werner Hilweg
SOS-Kinderdorf – Hermann-Gmeiner-Akademie

Trauma

Helmut Wintersberger

Die Rechte des Kindes und die Situation von Kindern weltweit

Kindheit im Vergleich zwischen Industrie- staaten und Dritter Welt

Dem Jahrbuch 1996 des UN-Kinderhilfswerks UNICEF[1] ist zu entnehmen, daß es 1994 1.881 Millionen Kinder unter 16 Jahren gab. Davon lebten rund 9 % (169 Millionen) in den westlichen Industrieländern, rund 5,5 % (105 Millionen) in ehemals sozialistischen Übergangsgesellschaften und mehr als 85 % (1.607 Millionen) in der Dritten Welt. Umgekehrt verhält es sich mit der Verteilung der Ressourcen. Die Entwicklungsländer, in denen mehr als 85 % der Kinder leben, verfügen nur über etwa 15 % des Welteinkommens, während in den entwickelten Industriestaaten, in denen nur 9 % der Kinder leben, mehr als 80 % des Welteinkommens verpraßt werden. Während also die Mehrheit der Kinder in den reichen Ländern in Wohlstand lebt, ist der größte Teil der Kinder in den ärmsten Ländern von Armut, Hunger, Krieg und fehlender gesundheitlicher Betreuung betroffen. (Die Tatsache, daß es bislang nicht einmal in den reichen Ländern möglich war, das Problem der Kinderarmut zu bewältigen, sollte uns ebenfalls nachdenklich stimmen.)

Die Unterschiede in den Lebensbedingungen zwischen Erster und Dritter Welt sind bei Kindern noch polarisierter als bei Erwachsenen. Ein Beispiel: Die Raten der Kindersterblichkeit (unter 5 Jahren) variieren für 1994 zwischen 5 Promill (für Schweden) und fast 320 Promill (für Niger); dies entspricht einem Verhältnis von 1:64. Weitere

1 UNICEF (1996): The State of the World's Children

quantitative und qualitative Indikatoren können herangezogen werden, um die gravierendsten Unterschiede auszuleuchten: So liegt die Lebenserwartung eines Neugeborenen in Sierra Leone bei 39, in Japan hingegen bei 79 Jahren.

In den entwickelten Ländern besuchen faktisch alle Kinder zwischen 7 und 14 Jahren die Schule. In den ärmsten Ländern ist dies nur einer Minderheit vorbehalten. 1994 besuchten in Afghanistan nur 24 % der Kinder im Schulalter tatsächlich eine Schule. In Niger lag die Alphabetisierungsrate der Bevölkerung im selben Jahr bei 12 %.

Während klassische Kinderarbeit in den Industriestaaten weitgehend abgeschafft wurde, zeigt ein Blick in einschlägige Publikationen der Internationalen Arbeitsorganisation (ILO), daß sie in den Entwicklungsländern immer noch ein weit verbreitetes Phänomen darstellt.

Zusätzlich zu den bestehenden Unterschieden zwischen reichen und armen Ländern kommen noch die wachsenden Ungleichheiten innerhalb eines Landes hinzu: So verfügten 1994 in Brasilien die 40 % der ärmsten Haushalte nur über 7 % des Volkseinkommens, die 20 % der reicheren hingegen über 68 %.

Insgesamt ist zu beobachten, daß sich die Polarisierungen zwischen den reichsten und den ärmsten Ländern nicht verkleinern, sondern eher noch vergrößern. Dies ergibt sich aus einer kindheitszentrierten Analyse von Fortschrittsindikatoren für die ärmsten und reichsten Länder wie zum Beispiel Kindersterblichkeit, Wirtschaftsentwicklung und Bevölkerungswachstum.

Das weite Auseinanderklaffen der jeweiligen Bedingungen von Kindheit in der Ersten und Dritten Welt hat es nicht einfach gemacht, den Text eines Übereinkommens über die Rechte des Kindes zu erstellen, der beiden Realitäten gerecht wird. Dennoch gibt es auch genügend gemeinsame Probleme, die Kinder in den verschiedensten Teilen dieser Welt miteinander verbinden. Eine strukturelle Benachteiligung von Kindern beispielsweise gibt es in armen wie in reichen Ländern. Auch von Mißhandlung und Mißbrauch sind Kinder in aller Welt betroffen. Es gibt zwar auch hier erhebliche Unterschiede, dennoch haben Straßenkinder in Lissabon und Saõ Paolo mehr miteinander gemeinsam, als sie voneinander trennt.

Darüber hinaus sind im Verlauf der letzten Jahre Entwicklungen festzustellen, die nur aus dem Nebeneinander von sehr unterschiedlichen Lebensbedingungen in der Ersten und Dritten Welt zu erklären sind, wie zum Beispiel der internationale Handel mit Kindern. Diese

Tatsache ist ein weiterer Grund für die Notwendigkeit globaler Regelungen im Bereich der Rechte des Kindes.

Das UN-Übereinkommen über die Rechte des Kindes stellt einen Versuch dar, die rechtlichen Grundlagen für die Verbesserung der Lage der Kinder weltweit zu stärken. Daneben besteht die Notwendigkeit, besondere Fragen (z. B. internationale Adoption) durch spezielle Abkommen auf globaler und/oder regionaler Ebene im Detail zu regeln. Im folgenden werde ich mich kritisch mit den Resultaten des Übereinkommens auseinandersetzen.

Das UN-Übereinkommen über die Rechte des Kindes und seine Umsetzung

Schon vor fast 40 Jahren wurde in den Vereinten Nationen über eine internationale Verankerung von Kinderrechten diskutiert. 1959 wurde eine UN-Deklaration über Kinderrechte verabschiedet. 1978 machte die polnische Regierung im Vorfeld des Internationalen Jahres des Kindes den Vorschlag zur Ausarbeitung eines Übereinkommens über die Rechte des Kindes. 1979, während des Internationalen Jahres des Kindes, kam es sodann zur Einsetzung einer Arbeitsgruppe im Rahmen der UN-Menschenrechtskommission. Zehn Jahre später konnten nach langwierigen und zähen Verhandlungen die Arbeiten dieser Kommission abgeschlossen werden, und am 20. November 1989 wurde das Übereinkommen von der 44. Generalversammlung der Vereinten Nationen in New York angenommen.

Wie ist die Bedeutung dieses UN-Übereinkommens, vor allem im Hinblick auf seine Auswirkungen für Kinder, einzuschätzen? Im Rahmen einer derartigen Evaluation sind zwei Aspekte zu berücksichtigen: die Inhalte des Übereinkommens sowie der Prozeß seiner Umsetzung.

In wenigen Worten läßt sich zusammenfassen, daß es in der Geschichte der Vereinten Nationen kein zweites völkerrechtliches Übereinkommen im Bereich der Menschenrechte gegeben hat, welches bei den Mitgliedsstaaten so große Akzeptanz gefunden hat wie das Übereinkommen über die Rechte des Kindes. Bereits zwei Monate nach dem Beschluß der Generalversammlung, am 26. Januar 1990, erfolgte am Sitz der Vereinten Nationen in New York die feierliche Unterzeichnung des Dokuments durch 61 Mitgliedsstaaten. Am 2. September

1990 erfolgte die 20. Ratifikation, welche nach Artikel 49 der Kinderrechtskonvention die Voraussetzung für das Inkrafttreten des Übereinkommens war.

Am 29. und 30. September 1990 fand in New York ein Weltgipfel über die Lage der Kinder statt. Er verabschiedete eine »Weltdeklaration zum Überleben, zum Schutz und zur Entwicklung von Kindern«[2], in der das Übereinkommen ebenfalls einen wichtigen Platz einnimmt. Daß es sich dabei nicht nur um ein Strohfeuer handelte, zeigte die Entwicklung der darauf folgenden Jahre. Im Sommer 1996 waren dem Übereinkommen bereits 185 Mitgliedsstaaten beigetreten. Erwartungsgemäß wird die Dynamik dieses Prozesses im allgemeinen äußerst positiv interpretiert. Dabei ist jedoch Vorsicht geboten. Es könnte auch sein, daß sich die Regierungen deshalb so problemlos diesem Übereinkommen angeschlossen haben, weil sie glaubten, sie gingen damit eine nicht allzu große Verpflichtung ein. Es wird daher in den kommenden Jahren auf die Umsetzung des Übereinkommens auf internationaler, nationaler und lokaler Ebene ankommen.

Der Inhalt des Übereinkommens – Konvergenzen, Spannungen und Widersprüche

Mindestens so offen wie die Evaluierung des Prozesses fällt auch die inhaltliche Beurteilung des Übereinkommens aus. Sie reicht von emphatischer Lobpreisung bis hin zu äußerst kritischen Stellungnahmen. Die inhaltliche Beurteilung hat meines Erachtens auf zwei Ebenen zu erfolgen: Einerseits ist das Übereinkommen sowohl auf Konvergenzen, aber auch auf allfällige Spannungen und Widersprüche zu überprüfen; anderseits ist eine Analyse anhand einzelner konkreter Artikel des Übereinkommens durchzuführen.

Zur Grundfrage der Diskriminierung von Kindern

Die UN-Charta der Menschenrechte enthält eine Reihe von Diskriminierungsverboten. So ist es den Mitgliedsstaaten auferlegt, allen ihrer Hoheitsgewalt unterstehenden Personen die ihnen zustehenden Rechte ohne Diskriminierung, das heißt unabhängig von Rasse, Hautfarbe,

2 UNICEF (Hg.; 1990): First Call for Children

Geschlecht, Sprache, Religion, politischer und sonstiger Anschauung, nationaler, ethnischer und sozialer Herkunft, zu gewährleisten. Auffallend ist aus heutiger Sicht, daß die Dimension des Alters nicht unter die Diskriminierungsverbote subsumiert wurde. Folglich ist es im Sinne der Menschenrechte sehr wohl möglich, Kinder von Rechten auszuschließen, weil sie Kinder sind.

Man hätte annehmen können, daß das UN-Übereinkommen über die Rechte des Kindes die Frage behandelt, ob Kinder aufgrund ihres Status als Kinder diskriminiert werden dürfen. Dies ist jedoch nicht geschehen, wodurch die Diskriminierung von Kindern gegenüber Erwachsenen nicht ausdrücklich in Frage gestellt wurde. Es wurde jedoch im Artikel 2 des Übereinkommens explizit darauf hingewiesen, daß die in den Menschenrechten enthaltenen Diskriminierungsverbote insbesondere auch auf Kinder anzuwenden seien. Das heißt, daß es nicht unzulässig wäre, Kinder im allgemeinen gegenüber Erwachsenen zu diskriminieren; unzulässig hingegen wäre es, Mädchen gegenüber Jungen oder schwarze gegenüber weißen Kindern zu benachteiligen.

Einige[3] vertreten die Meinung, es wäre besser gewesen, das Alter unter die in der UN-Charta der Menschenrechte enthaltenen Diskriminierungsverbote aufzunehmen als das vorliegende Übereinkommen über die Rechte des Kindes zu verabschieden. Andererseits muß jedes rechtsverbindliche internationale Dokument an der Bewußtseinslage der Völkergemeinschaft sowie in den einzelnen Mitgliedsländern anknüpfen, um akzeptiert und realisiert werden zu können. Insoweit stellt das Übereinkommen zweifellos einen Fortschritt dar.

Balance zwischen den Prinzipien Überleben, Entwicklung, Schutz vor Mißbrauch, Verfügung über Ressourcen und Partizipation

Das Übereinkommen ist im wesentlichen von fünf Grundprinzipien getragen: *survival, development, protection, provision and participation*, oder in der deutschen Übersetzung: Überleben, Entwicklung, Schutz, Bereitstellung von Ressourcen und Partizipation. Hier sehe ich eine Parallele zu den sozial- und psycho-historischen Ausführungen von DEMAUSE, nach denen sich die Einstellung der Gesellschaft

3 z. B. SGRITTA (1993) in »Politics of Childhood and Children at Risk«

gegenüber Kindheit im Lauf der Geschichte von einem äußerst niedrigen Stellenwert der Kindheit, gekennzeichnet durch Kindesmord und Kindesweglegung, über die Stufe der Ambivalenz zu einem immer gedeihlicheren Umgang mit Kindern durch Intrusion, Sozialisation und Unterstützung entwickelt hat.

In globalen Aussagen, die auch die Realität von Kindheit in der Dritten Welt miteinschließen, kommt den Prinzipien von Überleben und Entwicklung eine große Bedeutung zu. So orientieren sich viele Programme der UNICEF und nicht-staatlicher Organisationen am *Überleben* von Kindern, insbesondere in den Bereichen der medizinischen Grundversorgung, der Armutsbekämpfung und der Rettung von Kindern in Kriegs- und Katastrophengebieten.

Der Terminus *Entwicklung* kann auf zwei Ebenen interpretiert werden: einerseits als das Recht von Kindern, in einer Gesellschaft mit positiven Entwicklungsperspektiven aufzuwachsen, und damit als ein weiteres Argument für eine gerechtere Verteilung der Ressourcen zwischen armen und reichen Ländern, andererseits als das Recht von Kindern, sich selbst in dieser Gesellschaft optimal entwickeln und entfalten zu können.

In den Industrieländern stehen die mit den drei P umschriebenen Rechte auf *protection, provision* und *participation* im Vordergrund. Der Gedanke des *Kinderschutzes* hat sich bereits im 19. Jahrhundert angesichts der katastrophalen Lage der Kinder, insbesondere in der Arbeiterklasse, durchgesetzt. Die pädagogische Bewegung des letzten Jahrhunderts, unterstützt von der sich formierenden Arbeiterbewegung, stellt hier zweifellos einen ganz wesentlichen Schritt dar. Der Schutz der Kinder vor frühzeitiger ökonomischer Ausbeutung und gesundheitsgefährdenden Arbeitsbedingungen sowie die Einführung der Allgemeinen Volksschule waren Teile eines umfassenden Programms, das die Situation von Kindern in der modernen Gesellschaft radikal veränderte. Die meisten dieser Veränderungen waren positiv, einige jedoch auch problematisch. Waren Kinder in der traditionellen bäuerlichen Familie sowie im frühindustriellen Zeitalter noch Teil der aktiven und produktiven Bevölkerung, wird die Leistung von Kindern in der Schule nun nicht mehr als produktiver Beitrag der Kinder, sondern als Investition der Gesellschaft in Kinder interpretiert.

Das *Bereitstellen von Ressourcen* durch die Gesellschaft ist überwiegend mit den Bedingungen von Kindheit und mit dem Ausbau wohlfahrtsstaatlicher Leistungen im 20. Jahrhundert verbunden. Dabei handelt es sich sowohl um finanzielle Transfers wie um soziale

Dienste. Es ist offensichtlich, daß solche Ressourcen nicht nur Kindern, sondern auch anderen Generationen zur Verfügung stehen. Erst in jüngster Zeit wird darüber diskutiert, wie sich die wohlfahrtsstaatliche Umverteilung im Vergleich zwischen den Generationen auswirkt. Für Industriestaaten kommen Autoren wie CORNIA, PRESTON, SGRITTA und THOMSON zu dem Schluß, daß Kinder am wenigsten und Senioren am meisten von der Entwicklung der letzten dreißig Jahre profitiert haben.

Während also die zwei erstgenannten Prinzipien, nämlich Schutz des Kindes und Bereitstellung von Ressourcen, bereits ihren festen Platz in der Diskussion wie in der Praxis der Kinderpolitik haben, ist der Gedanke der *Partizipation* von Kindern eher neu. Nach Aussage des französischen Richters JEAN-PIERRE ROSENCVEIG[4] stellen die die Partizipation von Kindern betreffenden Artikel 12–16 des Übereinkommens einen Vorgriff auf das 21. Jahrhundert dar. Es ist daher nicht überraschend, daß sich die Mehrzahl der Gegner des Übereinkommens an seinen partizipatorischen Bestimmungen (Meinungsfreiheit, Gedanken-, Gewissens- und Religionsfreiheit, Versammlungsfreiheit sowie Schutz der Privatsphäre des Kindes) stößt. Umso größer wird der Widerstand, wenn – wie dies bisweilen der Fall ist – die Ausdehnung dieser Rechte auch auf die politische Willensbildung (Wahlrecht für Kinder) gefordert wird.

Wichtiger und gleichzeitig auch schwieriger als die Einforderung maximaler Rechte in einer Dimension ist jedoch die Herstellung und Erhaltung des empfindlichen Gleichgewichts zwischen den verschiedenen Grundrechten: Überleben, Entwicklung, Schutz, Bereitstellung von Ressourcen und Partizipation. Im Bereich von Kinderarbeit sollte es beispielsweise möglich sein, die gesellschaftlichen Ressourcen so zu verteilen, daß Kinder nicht arbeiten müssen. Das abstrakte Verbot von Kinderarbeit dürfte jedoch in der Übergangszeit nicht dazu mißbraucht werden, reale Kinderarbeit nicht angemessen zu entlohnen, sie nicht öffentlich zu regeln und zu kontrollieren und arbeitende Kinder daran zu hindern, sich auch gewerkschaftlich zu organisieren. Dieser Standpunkt entspricht in etwa auch dem der Internationalen Arbeitsorganisation.

---

4 Droits de l'enfant. De l'amour au respect. In: Le Monde, 22. November 1989

Interessenausgleich zwischen Gesellschaft, Familie, Eltern und Kindern

Auch das Verhältnis zwischen den Interessen der Gesellschaft, der Eltern und des Kindes ist nicht spannungsfrei. In der traditionellen Gesellschaft laufen die Kosten der Kindererziehung in der Familie mit, und die Früchte der Kinderarbeit (Mitarbeit in Haus und Hof) kommen ebenfalls dem Haushalt zugute. Der Generationenvertrag beruht auf Reziprozität innerhalb der Familie und des Haushalts. Die Einführung von Systemen sozialer Sicherheit im modernen Wohlfahrtsstaat, insbesondere der Pensionsversicherungen, hat dieses System einfacher Reziprozität durch ein komplexeres ersetzt. Der Ausgleich zwischen den Generationen erfolgt nicht mehr auf familialer, sondern auf gesellschaftlicher Ebene. Es sind nicht mehr die eigenen Kinder, sondern es ist die nachfolgende, im Arbeitsprozeß stehende Generation, die im Wege des Umlageverfahrens für den Lebensunterhalt der älteren, nicht mehr arbeitenden Bevölkerung aufzukommen hat. Aus diesem Grund stellt sich die Frage nach Transfersystemen, die einen gerechten Lastenausgleich zwischen Haushalten mit unterschiedlicher Kinderzahl gewährleisten. Auch dieses Thema hat wegen der verbreiteten Kinderarmut sogar in den reichen Ländern wieder große Brisanz erlangt.

Ursprünglich unterstanden Kinder fast ausschließlich der Verfügung ihrer Eltern, insbesondere des Vaters. Hand in Hand mit der Modernisierung von Staat, Wirtschaft und Gesellschaft entwickelte sich ein wachsendes öffentliches Interesse bis hin zur Einflußnahme in vormals auf der Ebene der Familie geregelte Kinderangelegenheiten (Ausbau der Ämter für Kinder- und Jugendwohlfahrt). Mit der im Übereinkommen erfolgten Anerkennung von Kindern als eigene Rechtssubjekte (anstatt als Objekte, über die zwischen Staat und Eltern zu verhandeln ist) wird die Angelegenheit noch komplexer: Kinder treten als Träger eigener Interessen und Rechte sowohl gegenüber ihren Eltern als auch gegenüber der Gesellschaft auf. In der Folge entwickeln sich neue Institutionen wie Kinderbeauftragte, Kinderombudsmänner sowie Kinder- und Jugendanwaltschaften. Wo aber unterschiedliche Subjekte ihre Interessen formulieren, kann es auch zu Interessenskonflikten kommen. Dies betrifft sowohl die Familie als auch andere für den Alltag von Kindern wesentliche Sphären wie die Schule oder die Kommunalpolitik.

Besonders sensible Bereiche im neuen Dreieck der Interessen von Eltern, Kindern und Staat beziehungsweise im Viereck der Interessen von Vater, Mutter, Kindern und Staat sind Scheidungen und Trennungen der Eltern sowie Mißhandlung und Mißbrauch von Kindern. Es ist erst spät erkannt worden, daß Scheidungen und Trennungen bei Vorhandensein von Kindern nicht ausschließlich Angelegenheit der Partner sind, ja daß die Kinder vielfach sogar stärker davon betroffen sind als die Partner selbst. Deshalb laufen in vielen Ländern zur Zeit Bemühungen, Kindern einen Scheidungsbegleiter beizustellen, um die negativen Folgen während des Trennungsprozesses für sie zu minimieren und ihre Interessen für die Zeit danach zu wahren.

Bei der Frage des Kindesmißbrauchs in der Familie liegt das Dilemma zunächst im scheinbaren Widerspruch zweier Aussagen: Einerseits gibt es keinen besseren Ort für Kinder als die Familie, andererseits werden Kinder nirgendwo so oft mißbraucht und mißhandelt wie dort. Das Phänomen erklärt sich daraus, daß Kinder trotz Schulbesuchs den größten Teil ihrer Zeit zu Hause verbringen und dadurch die statistische Wahrscheinlichkeit des Mißbrauchs durch Familienangehörige a priori höher ist. Allerdings wird zunächst davon auszugehen sein, daß Kinder zu Hause am besten betreut werden, und daß sich – im Sinne der Subsidiarität – die Gesellschaft beziehungsweise der Staat nicht in die Angelegenheiten der Familie einmischt. Nur in begründeten Zweifelsfällen kommt es zu einem »im Interesse des Kindes« notwendigen Eingriff. Die Aufgabe der zuständigen Behörden, Gerichte und der Jugendwohlfahrt gleicht dabei einer ständigen Gratwanderung. Jeder möglicherweise nicht notwendige Eingriff wird heftig kritisiert: So hat in den 80er Jahren die Zeitschrift »Der Spiegel« in diesem Zusammenhang Schweden als »Kindergulag« bezeichnet. Wird einmal jedoch nicht oder zu spät eingegriffen und ein Kind wird mißhandelt oder gar getötet, steht die Presse geschlossen gegen »säumige Behörden und unfähige Sozialarbeiter« auf.

Ausgewählte Artikel des Übereinkommens

Achtung der Aufgaben, Rechte und Pflichten der Eltern

Das Übereinkommen gesteht Kindern erstmals den Status von Rechtssubjekten zu und erkennt sie als Träger individueller Rechte an. Gleichzeitig ist der Text des Übereinkommens insgesamt äußerst familienorientiert. Artikel 5 schreibt die dominierende Rolle der Familie für die Primärsozialisation von Kindern fest. Artikel 9 beinhaltet, daß

Kinder nicht gegen ihren Willen von den Eltern getrennt werden dürfen, »es sei denn, daß die zuständigen Behörden in einer gerichtlich nachprüfbaren Entscheidung ... bestimmen, daß diese Entscheidung zum Wohl des Kindes notwendig ist«. Sollte ein Kind von einem oder beiden Elternteilen getrennt sein, so steht ihm das Recht zu, »regelmäßige persönliche Beziehungen und unmittelbare Kontakte zu beiden Elternteilen zu pflegen«. Ferner wird im Fall einer Trennung im Artikel 10 eine wohlwollende, humane und beschleunigte Bearbeitung von Anträgen auf Familienzusammenführung durch die Vertragsstaaten festgelegt. Wird ein Kind vorübergehend oder dauernd aus seiner familiären Umgebung herausgelöst, hat es gemäß Artikel 20 Anspruch auf den besonderen Schutz des Staats sowie auf eine andere Form der Betreuung: »Als andere Form der Betreuung kommt unter anderem die Aufnahme in eine Pflegefamilie, die Kafala nach islamischem Recht, die Adoption oder, falls erforderlich, die Unterbringung in einer geeigneten Kinderbetreuungseinrichtung in Betracht«. Aus der Reihenfolge in der Nennung ersetzender Einrichtungen geht hervor, daß im Übereinkommen familienähnlichen und familienorientierten Formen der Unterbringung der Vorrang gegeben wird.

Integration behinderter Kinder

Artikel 23 des Übereinkommens hebt im Zusammenhang mit behinderten Kindern insbesondere zwei Aspekte hervor, nämlich einerseits die Autonomie des Kindes und seine aktive Teilnahme am Leben der Gemeinschaft, andererseits seinen Bedarf an besonderer Betreuung und Unterstützung. Es scheint, daß die verschiedenen Länder diese zwei Anliegen in der Vergangenheit unterschiedlich gewichtet haben. So legten manche Länder größeren Wert auf die besondere Betreuung, vernachlässigten dabei jedoch den Aspekt der Integration, während in anderen Ländern die Situation umgekehrt war. Meines Erachtens ist das Übereinkommen so zu interpretieren, daß beiden Bedürfnissen in gleichem Maß Rechnung zu tragen ist. Das heißt am Beispiel der Schule: Die Integration behinderter Kinder in der Regelschule ist zu fördern, gleichzeitig ist jedoch darauf zu achten, daß die aus der Behinderung resultierenden besonderen Bedürfnisse der Kinder ebenfalls Beachtung finden. Im Bereich körperlicher Behinderungen sind im Verlauf der letzten Jahre insbesondere in den Industriestaaten große Fortschritte erzielt worden. Im Bereich der geistigen Behinderungen sind jedoch noch viele Fragen offen. Daher sollte bei der Auslegung und Umsetzung des Artikels 23 des Übereinkommens besonders intensiv auf die Probleme und Chancen geistig behinderter Kinder eingegangen werden.

Kinder aus Minderheiten

Besondere Beachtung verdienen Kinder aus Gastarbeiter- und Flüchtlingsfamilien sowie überhaupt alle Kinder, die ethnischen, religiösen oder sprachlichen Minderheiten angehören. Dabei ist die besondere Rolle zu berücksichtigen, die der Familie bei der Betreuung und Förderung der Kinder und ihrer Integration in die Gesellschaft zukommt. Andererseits ist jedoch auch nicht zu übersehen, daß – in einer vorurteilsfreien Situation – Kinder aus Minderheiten besser als Erwachsene in der Lage sind, Brücken zum Gastland zu bauen. Hier ist es Aufgabe der Kindergärten und Schulen, die Rahmenbedingungen zu schaffen, die ausländischen Kindern die Möglichkeit einer vollen Integration in die Gesellschaft bieten. Gleichzeitig wird im Artikel 30 des Übereinkommens das Recht des Kindes bestätigt, »in Gemeinschaft mit anderen Angehörigen seiner Gruppe seine eigene Kultur zu pflegen, sich zu seiner eigenen Religion zu bekennen und sie auszuüben oder seine eigene Sprache zu verwenden«.

Kinder in besonderen Risikosituationen

Eine ganze Reihe von Artikeln beschäftigt sich mit besonderen Risikosituationen wie Mißhandlung und Mißbrauch, Kinderarbeit, sexueller Ausbeutung, Krieg. Die Signatarstaaten verpflichten sich, all diese Formen des Mißbrauchs mit allen Mitteln zu unterbinden beziehungsweise die Schäden, die Kinder dadurch erleiden, möglichst gering zu halten. Ein Blick auf die »Landkarte« der besonderen Gefährdungen von Kindern belehrt uns jedoch, daß diese guten Absichten bis jetzt Worte geblieben sind, in der Dritten Welt wie auch im Herzen Europas. Kinderarbeit und Kinderprostitution in den Übergangsgesellschaften Mittel- und Osteuropas sowie der Krieg im ehemaligen Jugoslawien sind nur die drastischsten Beispiele dafür. Jedoch auch in Westeuropa können wir nicht an der Tatsache vorbeigehen, daß die rein materielle Besserstellung von Familien und Kindern in der Zeit seit dem Zweiten Weltkrieg nicht ausgereicht hat, um das Phänomen der »sozialen Gefährdung« von Kindern endgültig zu eliminieren. Neue und alte Gefährdungen von Kindern und Jugendlichen verlangen nach neuen Lösungen.

Schlußfolgerung und Ausblick

Das Übereinkommen über die Rechte des Kindes ist das Ergebnis eines Kompromisses. Es ist jedoch kein Minimalkompromiß. Zwar beinhaltet es weniger als einige sich erhofft hatten, jedoch mehr als manche ursprünglich zugestehen wollten. Was weiter geschehen wird, hängt maßgeblich davon ab, wie dem Geist des Übereinkommens auf nationaler und internationaler Ebene Rechnung getragen wird.

Inwieweit trägt das Übereinkommen dazu bei, daß Kinder nicht die größten Opfer im Transformationsprozeß Osteuropas zur Marktwirtschaft zu bringen haben? Hat das Übereinkommen einen positiven Einfluß auf die Situation von Kindern in den kriegsgeschüttelten Ländern Ex-Jugoslawiens oder in anderen Erdteilen gehabt? Konnte das Übereinkommen die Kinder Somalias und Ruandas vor Gewalt und Hungertod retten? Dies sind äußerst schwierige Fragen, und allzu großer Optimismus wäre fehl am Platz.

Aber auch die reichen Länder Westeuropas sind gefordert, ihren Beitrag zur Umsetzung des Übereinkommens zu leisten. Wird diese Umsetzung in einer defensiven Grundhaltung vollzogen, wird nicht viel dabei herauskommen. Wird das Übereinkommen jedoch zum Anlaß genommen, eingefahrene oder gar eingerostete Praktiken im Umgang mit Kindern in Frage zu stellen und mit neuen Formen zu experimentieren, hat sich der Aufwand möglicherweise gelohnt. Auch dabei wird es erforderlich sein, einen pragmatischen Mittelweg zwischen Maximal- und Minimalpositionen sowie zwischen verschiedenen Rechtsgrundsätzen zu finden.

Was die Situation und Betreuung von Kindern in besonderen Risikosituationen betrifft, ist es von größter Bedeutung, im Kraftfeld zwischen Staat und Familie auch die zivile Gesellschaft zu stärken und die nicht-staatlichen Organisationen auszubauen. Die bisherige Erfahrung hat gezeigt, daß diese oftmals die einzigen Hoffnungsträger für die Kinder sind, die weder von ihren Eltern noch vom Staat Hilfe erwarten können.

Literatur

FILLER, E. et al. (Hg.; 1994): Kinder, Kinderrechte und Kinderpolitik. Eurosocial Report 50.

HEILIÖ, P.-L., LAURONEN, E. (Hg.; 1993): Politics of Childhood and Children at Risk – Provision, Protection and Participation. Eurosocial Report 45.

DEMAUSE, L. (1977): Hört ihr die Kinder weinen? Eine psychogenetische Geschichte der Kindheit. Frankfurt a.M.

QVORTRUP, J. (Hg.; 1987): The Sociology of Childhood. International Journal of Sociology.

QVORTRUP, J. et al. (Hg.; 1994): Childhood Matters. Social Theory, Practice and Politics. Aldershot.

RAUCH-KALLAT, M., PICHLER, J. W. (Hg.; 1994): Entwicklung in den Rechten der Kinder im Hinblick auf das UN-Übereinkommen über die Rechte des Kindes. Wien, Köln, Weimar.

ROSENCVEIG, J.-P. (1989): Droits de l'enfant. De l'amour au respect. In: Le Monde. 22. Nov. 1989.

SGRITTA (1993) in: HEILIÖ, P.-L., LAURONEN, E. (Hg.).

UNICEF (1990): First Call for Children: World Declaration and Plan of Action from the World Summit for Children and Convention on the Right of the Child. New York.

UNICEF (1996): The State of the World's Children. Oxford and New York.

WINTERSBERGER, H. (1994): Sind Kinder eine Minderheitsgruppe? Diskriminierung von Kindern gegenüber Erwachsenen. In: RAUCH-KALLAT, M., PICHLER, J. W. (Hg.), S. 73–104.

WINTERSBERGER, H. (1994): Kinder aus Minderheiten: die Bürde eines doppelten Minderheitsstatus. Stimme von und für Minderheiten. Nr. 10.

WINTERSBERGER, H. (1994): Costs and Benefits – the Economics of Childhood. In: QVORTRUP, J. et al.: Childhood Matters. Social Theory, Practice and Politics. Aldershot: S. 213–248.

Richard Pichler

Kinder und Jugendliche im Mittelpunkt

Die Arbeit von SOS-Kinderdorf für Kinder in Not

Ziele und Grundsätze

SOS-Kinderdorf International ist ein privates, politisch und konfessionell ungebundenes Sozialwerk. Es ist die Dachorganisation aller nationalen SOS-Kinderdorf-Vereine.

Ziel von SOS-Kinderdorf ist es, verwaisten und in Not geratenen Kindern ungeachtet ihrer ethnischen Zugehörigkeit, Nationalität und Religion eine Familie, ein ständiges Zuhause und eine solide Vorbereitung auf ein Leben in Selbständigkeit zu bieten.

Derzeit werden in 361 SOS-Kinderdörfern und 1119 Zusatzprojekten (Kindergärten, Schulen, Jugendeinrichtungen, Ausbildungs- und Produktionszentren, Sozialzentren ...) in 125 Ländern insgesamt 215.000 Kinder und Jugendliche betreut.

Die Hauptaufgabe der SOS-Kinderdorf-Arbeit ist die Langzeitbetreuung von Kindern und Jugendlichen, für die niemand mehr sorgen kann oder will, bis zu deren Verselbständigung. Die besondere Stärke der SOS-Kinderdörfer basiert daher auf einem Betreuungskonzept, das entwurzelten Kindern den Aufbau neuer verläßlicher und tragfähiger Beziehungen in einer familiennahen Struktur ermöglicht.

Die von Hermann Gmeiner 1949 initiierte SOS-Kinderdorf-Idee hat in ihrer Umsetzung die Fremdunterbringung von Kindern weltweit reformiert. Fachleute bezeichnen die SOS-Kinderdorf-Familie als gute Alternative zur natürlichen Familie. Das tragende Element im SOS-Kinderdorf ist die dauerhafte Lebensgemeinschaft der SOS-Kinderdorf-Familie. In ihr leben im Durchschnitt sechs bis acht Kinder beiderlei Geschlechts und verschiedener Altersstufen mit ihrer SOS-Kinderdorf-Mutter zusammen.

Die Konzeption

Mutter

Jedes Kind, das in ein SOS-Kinderdorf aufgenommen wird, bekommt eine SOS-Kinderdorf-Mutter, die seine ständige Bezugsperson wird. Sie übernimmt stellvertretend die Aufgaben der leiblichen Eltern, wenn diese nicht mehr für ihr Kind sorgen können. Die Kinderdorf-Mutter bezieht ein eigenes Gehalt, verfügt über ein von der Anzahl der betreuten Kinder abhängiges Haushaltsbudget und führt ihren Haushalt selbständig und eigenverantwortlich. Sie wird von einer Familienhelferin in ihren Aufgaben unterstützt. Überall auf der Welt werden die Frauen, die sich für den Beruf der SOS-Kinderdorf-Mutter entscheiden, sorgfältig ausgewählt und geschult.

Geschwister

In SOS-Kinderdorf-Familien werden Kinder bis zum zehnten Lebensjahr (bei Geschwistergruppen auch ältere Kinder) aufgenommen. Leibliche Geschwister werden nicht getrennt, sondern leben in derselben SOS-Kinderdorf-Familie. Jungen und Mädchen unterschiedlichen Alters wachsen miteinander auf.

Haus

Jede SOS-Kinderdorf-Familie bewohnt ihr eigenes Haus. Das Haus bietet die Geborgenheit und Sicherheit, die das Kind braucht. Es gibt ihm das Vertrauen, ein Zuhause zu haben. Die Lebensgemeinschaft im eigenen Haus bildet den Rahmen für die Entwicklung neuer tragfähiger und verläßlicher Beziehungen.

Dorf

Ein SOS-Kinderdorf besteht meist aus zehn bis fünfzehn Familienhäusern. Die Dorfgemeinschaft stellt eine wertvolle Erweiterung der SOS-Kinderdorf-Familie dar. Die größere miterziehende Gemeinschaft gibt dem Kind die Möglichkeit, seiner Entwicklung förderliche Kontakte auf breiter Basis zu knüpfen. Der Besuch öffentlicher Schulen und Kontakte zur Nachbarschaft fördern die Integration der Kinder in die jeweilige Umgebung.

Jedes SOS-Kinderdorf hat einen Dorfleiter (bzw. eine Dorfleiterin), der in seiner Aufgabe von einem Assistenten und von pädagogischen wie psychologischen Fachkräften unterstützt wird.

Zusatzeinrichtungen

Die SOS-Kindergärten

In der Regel sind den SOS-Kinderdörfern SOS-Kindergärten angeschlossen. Ziel ist es – aufbauend auf den pädagogischen Konzepten von Fröbel und Montessori – die Kinder in ihren Interessen und Fähigkeiten im sozialen, intellektuellen und handwerklichen Bereich schon früh zu fördern und zur Schulreife zu führen. Die SOS-Kindergärten werden sowohl von SOS-Kinderdorf-Kindern als auch von Kindern aus der Nachbarschaft besucht. Besondere Berücksichtigung bei der Aufnahme finden Kinder aus sozial schwachen Familien.

Die SOS-Jugendeinrichtungen

Die SOS-Jugendeinrichtungen verstehen sich als weiterführende Einrichtungen der SOS-Kinderdörfer. Wenn der Beginn einer Berufsausbildung oder der Wechsel in eine höhere Schule einen Ortswechsel notwendig machen, übersiedeln die Jugendlichen in eine SOS-Jugendeinrichtung. Dies ist der erste Schritt in Richtung einer begleiteten Verselbständigung. Den SOS-Jugendlichen stehen Jugendhäuser, Jugendwohngemeinschaften und Jugenddörfer zur Verfügung. Ziel und Aufgabe der SOS-Jugendeinrichtungen ist es, die Jugendlichen auf dem Weg in die Selbständigkeit zu begleiten und gemeinsam mit ihnen realistische Zukunftsperspektiven zu erarbeiten. Verantwortungsgefühl und Entscheidungsfähigkeit werden weiterentwickelt, vermehrte Mitverantwortung im Haushalt wird verlangt. Ebenso steht die Unterstützung von Gruppen- und Teamgeist, die Förderung von Kontakten zu Verwandten und Freunden, aber auch zu Institutionen, Behörden, zu Arbeitgebern, zum Jugendamt und anderen im Vordergrund.

Die SOS-Hermann-Gmeiner-Schulen

SOS-Kinderdorf-Kinder besuchen nach Möglichkeit öffentliche Schulen. SOS-Hermann-Gmeiner-Schulen werden dort gebaut, wo die Infrastruktur im Umfeld von SOS-Kinderdörfern nicht genügend schulische Einrichtungen aufweist und somit unzureichende Bildungschancen gegeben sind. SOS-Hermann-Gmeiner-Schulen stehen sowohl Kindern aus der Umgebung als auch SOS-Kinderdorf-Kindern offen. Kinder sozial schwacher Eltern werden bei der Aufnahme vorrangig behandelt. SOS-Hermann-Gmeiner-Schulen wollen Modellschulen sein, das bedeutet Klassen mit maximal 30 bis 40 Schülern, qualifizierte und engagierte Lehrer, gutes und ausreichendes Schulmaterial sowie baulich solide Räumlichkeiten.

Die SOS-Ausbildungs- und Produktionszentren

SOS-Ausbildungs- und Produktionszentren geben SOS-Jugendlichen sowie jungen Menschen aus der Nachbarschaft die Möglichkeit, eine fachlich fundierte, qualifizierte und ihren Möglichkeiten angepaßte Berufsausbildung zu erhalten. Sozial benachteiligte Jugendliche werden bevorzugt aufgenommen. Die Ausbildungsrichtung und die Produktion richten sich nach den Erfordernissen des lokalen Marktes. Die Zentren müssen jedoch nicht profitorientiert arbeiten, da in erster Linie den Jugendlichen eine Startchance gegeben werden soll. Ziel der Ausbildung ist ein Lehrabschluß. Die Zeugnisse und Diplome der SOS-Ausbildungszentren sind staatlich anerkannt.

Die SOS-Hermann-Gmeiner medizinischen Zentren

Besonders in außereuropäischen Ländern, in denen dem Großteil der Bevölkerung keine medizinische Grundversorgung zugänglich ist, errichtet SOS-Kinderdorf eigene, dem lokalen Bedarf angepaßte medizinische Einrichtungen. Die SOS-Hermann-Gmeiner medizinischen Zentren tragen dazu bei, den allgemeinen Gesundheitszustand der Bevölkerung zu verbessern, leisten durch Aufklärung und Impfprogramme sinnvolle Gesundheitsvorsorge, helfen mit, die Säuglingssterblichkeit zu senken, und bieten Erste Hilfe bei Unfällen an. Sie stehen in erster Linie bedürftigen Familien aus der Nachbarschaft offen. Zudem kommen sie allen Kindern und Jugendlichen zugute, die in einer SOS-

Kinderdorf-Einrichtung wohnen oder betreut werden, sowie SOS-Kinderdorf-Mitarbeitern und deren Angehörigen.

Die SOS-Hermann-Gmeiner-Sozialzentren

Das Angebot der SOS-Hermann-Gmeiner-Sozialzentren richtet sich nach der Bedarfslage und der vorhandenen sozialen Infrastruktur des jeweiligen Umfelds. Sie sind in ihrer Konzeption sehr unterschiedlich angelegt. In erster Linie geht es darum, Familien in der Nachbarschaft von SOS-Kinderdorf-Einrichtungen auf lange Sicht über die Armutsgrenze zu heben und deren soziale Kompetenzen zu stärken. SOS-Hermann-Gmeiner-Sozialzentren stehen Menschen in besonders schwierigen Lebenssituationen wie alleinerziehenden Müttern, Frauen und Familien unterhalb der Armutsgrenze sowie Frauen mit Kindern aus Krisen- und Kriegsgebieten offen. Ebenso zählen Kinder und Jugendliche in Schwierigkeiten, aus zerrütteten Familien, aus Heimen und anderen Institutionen sowie Straßenkinder zur Zielgruppe.

SOS-Nothilfeprogramme

Grundsätzlich bietet SOS-Kinderdorf Langzeithilfe an. Trotzdem ist es in speziellen Krisensituationen (Naturkatastrophen, Krieg) notwendig, schnell zu handeln. In Ländern, in denen SOS-Kinderdorf eigene Einrichtungen unterhält, ist aufgrund der bereits bestehenden Infrastruktur eine Basis für die Durchführung von effizienten Nothilfeprogrammen gegeben. Die Art der Hilfestellung richtet sich nach den Erfordernissen der jeweiligen Situation. Das Hilfespektrum reicht von der Errichtung von Notkliniken, Ausspeisungszentren und Notunterkünften bis zur Bereitstellung von Hilfspaketen für die notleidende Bevölkerung. In den meisten Fällen gehen ursprüngliche SOS-Nothilfeprogramme in klassische SOS-Kinderdorf-Einrichtungen über.

Nachstehend einige Beispiele für SOS-Nothilfeprogramme der letzten Jahre:

Mosambik:
1988: Aufgrund der Nahrungsmittelknappheit und der drohenden Hungersnot wird ein Nothilfeprogramm für die dem SOS-Kinderdorf Tete benachbarten Dörfer organisiert (vitamin- und nährstoffreiche Nahrung für Kinder, Frauen und alte Menschen).
1992: Ein ähnliches Nothilfeprogramm wird durchgeführt.

1994: Ein weiteres Mal werden die umliegenden Dörfer von Tete unterstützt. Diesmal beteiligen sich auch die SOS-Jugendlichen aktiv an der Durchführung.

Somalia:
Mogadischu, 1991 bis heute: Nach Ausbruch des Bürgerkrieges wird ein groß angelegtes Nothilfeprogramm gestartet. Die bestehende SOS-Mutter-Kind-Klinik und die SOS-Hermann-Gmeiner-Schule, die in ein Lazarett umfunktioniert wird, bieten lange Zeit die einzige medizinische Versorgung für tausende Verletzte, unterernährte Kinder, schwangere Frauen und alte Menschen. Durch ein Ausspeisungsprogramm werden ganze Familien versorgt, sauberes Trinkwasser wird zur Verfügung gestellt. Auch heute noch bieten die SOS-Einrichtungen Hilfe für notleidende Menschen. Neben Geburtshilfe, Versorgung von Verletzten, Ausgabe von Nahrungsmitteln an schwerst unterernährte Kinder wird auch Vorsorgemedizin im Rahmen von Impfprogrammen und anderen Programmen angeboten.

Indien:
Latur, 1993: Aufgrund des verheerenden Erdbebens werden tausende Menschen obdachlos. In Latur, einer vom Erdbeben besonders betroffenen Region, errichtet SOS-Kinderdorf eine Zeltstadt für obdachlose Familien. In der Folge wird ein SOS-Kinderdorf gebaut, in dem Kinder aus den Notunterkünften ein neues Zuhause finden.

Bosnien:
1994: Siehe dazu den Beitrag von K. Sokolić.

Mexiko:
1994: Nachdem der Aufstand der Indios niedergeschlagen wird und viele Indios ihre Heimatdörfer verlassen müssen, mietet SOS-Kinderdorf ein Haus an, in dem 200 Personen untergebracht und verpflegt werden können. Auch therapeutische und medizinische Betreuung wird angeboten.

Ruanda:
1994: Siehe dazu den Beitrag von E. Ullmann.

Sri Lanka:
1995: Nach kriegerischen Auseinandersetzungen im bürgerkriegsgeschüttelten Sri Lanka sorgt SOS-Kinderdorf für Nahrung und Bekleidung. Ein Flüchtlingslager für 60 singhalesische Flüchtlingsfamilien wird errichtet. In Nuwara Eliya werden tamilische Familien mit Nahrung, Kleidung und Baumaterialien unterstützt.

Menschliche und professionelle Hilfen von SOS-Kinderdorf

Unser Leitmotiv ist, alle unsere Handlungen stets am Kind und am Jugendlichen auszurichten. Die Qualität unserer menschlichen wie fachlichen Arbeit zu sichern und beständig weiterzuentwickeln, ist uns dabei besonders wichtig.

Die Kinder, die in ein SOS-Kinderdorf kommen, haben niemanden mehr, der für sie sorgen kann oder will (Tod eines oder beider Elternteile, Krankheit eines oder beider Elternteile, Erziehungsunfähigkeit, Desinteresse der Eltern, Scheidung, Armut). Es sind Kinder auf der Flucht, vertrieben, heimatlos; Kinder, die als »Kinder der Sünde« weggelegt oder verstoßen wurden; Kinder aus randständigen Herkunftsmilieus im Teufelskreis sozialer Verelendung; Kinder, die von einem Pflegeplatz zum nächsten weitergeschoben wurden; Kinder also, die vor ihrer Aufnahme in ein SOS-Kinderdorf vielfach traumatische Schicksalsschläge erleiden mußten. Diese Kinder nehmen ihre Vergangenheit ins SOS-Kinderdorf mit und stellen eine besondere Herausforderung für die SOS-Kinderdorf-Mütter und die anderen Mitarbeiter dar. Welche Hilfen bietet SOS-Kinderdorf derart betroffenen Kindern?

Es ist zuallererst die verläßliche Beziehung zu ihrer SOS-Kinderdorf-Mutter und die Geborgenheit und Sicherheit in der Kinderdorffamilie, die den traumatisierten Kindern helfen, wieder Vertrauen und Lebenshoffnung zu schöpfen. In den Kinderdorffamilien erhalten die Kinder ein hohes Maß an Zuwendung und werden so akzeptiert, wie sie sind. Schritt für Schritt entwickeln sie ein positives und realistisches Selbstwertgefühl, das die wesentliche Grundlage für die Entwicklung zu einer selbstverantwortlichen und gemeinschaftsfähigen Persönlichkeit ist. In diesem Sinne wirkt das SOS-Kinderdorf als »therapeutisches Milieu«, wenngleich die SOS-Kinderdörfer keine explizit therapeutischen Einrichtungen sind. Die SOS-Kinderdorf-Mutter wird auf ihre Erziehungsaufgabe entsprechend vorbereitet. In Aus- und Weiterbildungsprogrammen lernt sie verschiedene Möglichkeiten kennen, wie sie das Kind ermutigen kann, über seine Vergangenheit, die vorausgegangenen Beziehungen, über Verlust und Trennung, über andere traumatische Schicksalsschläge zu sprechen, seine Gefühle durch Spiel, Zeichnen und andere Formen auszudrücken. Der SOS-Kinderdorf-Mutter stehen darüber hinaus vielfältige Hilfen zur Verfügung wie beispielsweise die Möglichkeit, Supervision in Anspruch zu nehmen, in Gesprächsrunden die eigene Arbeit zu reflektieren oder sich durch den Dorfleiter, den pädagogischen Mitarbeiter, den Psychologen beraten und unterstützen zu lassen.

Für besonders belastete Kinder ist es zusätzlich notwendig, heilpädagogisch-therapeutische Hilfen anzubieten. SOS-Kinderdorf betreibt eigene Spezialeinrichtungen und hat entsprechende Fachleute angestellt. Es werden aber auch externe Beratungsstellen oder Therapeuten in Anspruch genommen. Um die ihm anvertrauten Kinder und Jugendlichen bei der Heilung ihrer Wunden zu unterstützen, schöpft SOS-Kinderdorf eine Vielzahl von Möglichkeiten aus.

Darüber hinaus bietet es auch Infrastruktur und helfende Ressourcen für Kinder und Erwachsene aus der Umgebung an: Beratungsstellen, medizinische Zentren, Sozialzentren können in Anspruch genommen werden.

Schließlich betreibt SOS-Kinderdorf auch Lobbying für den Schutz von Kindern. Das Hilfswerk versucht durch öffentlich zugängliche Seminare und Tagungen, durch Fachpublikationen und durch die Darstellung seiner Arbeit und seiner Ziele in den Medien das Problembewußtsein für die Bedürfnisse und das Leiden von Kindern zu stärken. Seit 1995 wird SOS-Kinderdorf International von der UNO als »NGO in consultative status (Category II) with the Economic and Social Council of the United Nations« eingestuft.

Unsere Vision von einer besseren Zukunft für Kinder ist, daß irgendwann einmal keine SOS-Kinderdörfer mehr nötig sind.

»Redet nicht, tut etwas!« (Hermann Gmeiner)

SOS-Kinderdorf International *tut* sehr viel, damit Kinder ihre Trennungs-, Mißbrauchs- und Gewalterfahrungen überwinden können. Ziel unserer Arbeit ist es, daß diese Kinder allmählich wieder Vertrauen in ihre Mitmenschen gewinnen und neue Lebenshoffnung schöpfen. SOS-Kinderdorf setzt dabei auf seine Stärke, die *kontinuierliche* und *langfristige* Hilfe für die Betroffenen. Der Not so vieler Kinder und Jugendlicher in aller Welt kann dadurch natürlich kein Ende gesetzt werden. Für jene Kinder und Jugendlichen jedoch, die SOS-Kinderdorf mit seinen Maßnahmen erreicht, übernimmt es langfristig die Verantwortung und eröffnet ihnen dadurch eine neue Lebensperspektive.

Ich habe die Hoffnung, daß sich immer mehr Menschen für die Achtung der Grundrechte von Kindern und Jugendlichen einsetzen, um so der Not und dem Elend von Kindern präventiv zu begegnen.

ELIN HORDVIK

Was ist ein psychisches Trauma?

Methoden zur Behandlung

Was ist ein psychisches Trauma?

Ein psychisches Trauma entsteht durch ein extremes Ereignis, das unerwartet und plötzlich eintritt, das lebensbedrohend ist oder als solches empfunden wird und die betroffene Person ganz intensiv über deren Sinneswahrnehmungen trifft (ETH/PYNOOS 1985).

Solche Traumata können beispielsweise durch folgende Erlebnisse entstehen: sexuellen oder anderen gewalttätigen Übergriffen zum Opfer fallen; das Morden in Kriegssituationen oder (Natur-)Katastrophen miterleben; jemanden auffinden, der Selbstmord verübt hat; Zeuge eines Autounfalls werden.

Manche Kinder sind wiederholt solchen traumatischen Erlebnissen ausgesetzt, wie Kinder im Krieg. Sie sind unmittelbar mit Zerstörung und Mord konfrontiert, manche mit persönlichen Verlusten wie der Trennung von ihrer Familie, dem Verlust ihres Zuhauses und manchmal sogar ihres Landes, ihrer Sprache und ihrer Kultur.

Reaktionen nach einem Trauma

Nach solchen Erlebnissen können vielfältige Reaktionen und Emotionen auftreten. Die unmittelbaren Reaktionen können als Schockzustand charakterisiert werden: Ein Gefühl der Unwirklichkeit, emotionale Gefühllosigkeit oder Verwirrtheit sowie physische Reaktionen wie Zittern, Frieren oder Übelkeit treten auf. Zu den Langzeitfolgen zählen Angst, Verletzbarkeit, Depressionen und Pessimismus, Reizbarkeit und Wut, Schlafstörungen, extreme Müdigkeit oder Konzentrationsstörungen sowie das wiederholte und unkontrollierbare Wiedererleben des Ereignisses.

Die Intensität des Erlebnisses für die betroffenen Kinder und deren starke psychische Reaktionen werden offenbar zu wenig erkannt. Die vorherrschende Meinung zu einem kindlichen Trauma scheint immer noch zu sein, daß »Vergessen das beste sei« (Dyregrov 1993).

Warum unterschätzen wir die Reaktionen der Kinder?

In vielen Kulturen ist es nicht üblich, mit Kindern zu sprechen oder ihnen zuzuhören. Die Erwachsenen erfahren daher nicht, was die Kinder wirklich erlebt haben. Ich habe auch den Eindruck, daß Erwachsene die Reaktionen der Kinder oft deshalb unterschätzen, weil es für sie schmerzhaft ist, erkennen zu müssen, daß Kinder wirklich Schreckliches und möglicherweise Gefährliches erlebt haben. Im allgemeinen wollen Erwachsene Kinder vor schmerzhaften Erfahrungen und Emotionen schützen und möchten vermeiden, daß kleine, schuldlose Kinder zu Zeugen schrecklicher Taten werden.

Zudem hat der Erwachsene manchmal das gleiche Trauma erfahren wie das Kind, und die Geschichten und Schmerzen des Kindes erinnern ihn an das Erlebnis, das er selbst eigentlich verdrängen möchte.

Kinder reagieren auch häufig anders als Erwachsene. Deshalb sind sich die Erwachsenen über den Zusammenhang zwischen dramatischen Erlebnissen und dem Verhalten des Kindes nicht immer im klaren. So sind depressive Kinder häufig aktiv und ruhelos, depressive Erwachsene hingegen eher träge und in ihrem Tempo verlangsamt. Kinder leiden ferner unter enormen Stimmungsschwankungen – in einem Augenblick sind sie zu Tode betrübt, im nächsten himmelhoch jauchzend. Dieses Verhalten befremdet und verwirrt Erwachsene, weshalb sie vielleicht davon ausgehen, daß Kinder »leicht damit fertig werden«.

Kinder erkennen sehr schnell, wenn sie besser nicht offen reden oder ihre Gefühle zeigen sollten. Sie spüren, wenn Erwachsene ihre starken Gefühle nicht ertragen können und wollen ihre eigenen Beschützer schützen: »Ich wollte sie nicht aufregen, das hätte alles nur noch schlimmer gemacht«, ist eine häufig geäußerte Reaktion traumatisierter Kinder.

Kinder neigen also dazu, Gedanken und Gefühle zu unterdrücken, was oft durch die Haltung der Erwachsenen noch verstärkt wird.

Warum »einfach vergessen« nicht möglich ist

Klinische Erfahrungen und moderne Untersuchungen haben gezeigt, daß Zeit allein die seelischen Wunden der Kinder nicht heilt, so wichtig eine sichere Umgebung, ausreichende Ernährung und die medizinische Versorgung körperlicher Verletzungen auch sind (Terr 1991). Kinder mit extremen und/oder wiederholten traumatischen Erlebnissen sind besonders anfällig für die Entwicklung pathologischer Symptome. Ihre Lebensqualität kann sich vermindern, wenn ihre psychischen Traumata nicht behandelt werden. Die Therapie sollte daher so bald wie möglich begonnen werden.

Weil das traumatische Erlebnis so dramatisch, extrem, plötzlich und möglicherweise lebensbedrohend ist und so intensiv über die Sinne wahrgenommen wird, prägt es sich im Gedächtnis des Kindes ein. Dieses tief eingeprägte Erlebnis ist ein Störfaktor, der das Kind ständig begleitet und es immer wieder überwältigt, auch wenn das Kind gar nicht daran denken will. Die Erinnerungen an das Erlebnis können die Gedanken- und Gefühlswelt des Kindes beherrschen und in unterschiedlichen Situationen wieder hochkommen, etwa wenn sich das Kind auf die Schule konzentrieren oder einschlafen sollte.

Wie können wir traumatisierten Kindern helfen?

Fachleute sind sich einig, daß Kindern nach traumatischen Erlebnissen geholfen werden kann, indem man sie mit jenen Situationen, die ihre emotionalen Reaktionen hervorrufen, *konfrontiert* und sie ermutigt, das eingeprägte traumatische Erlebnis *auszudrücken.*

Im folgenden werden einige Methoden vorgestellt, die Kindern helfen können, das Erlebte mitzuteilen. Diese Verfahren können von Nichtfachleuten, Lehrern und anderen Erwachsenen, die mit Kindern zu tun haben, angewandt werden. Ferner gibt es andere, spezifischere Methoden, die von Psychotherapeuten eingesetzt werden, wie verschiedene Formen der Psychotherapie, Reizüberflutung, Hypnose,

EMDR (Eye Movement Desentization and Reprocessing), auf die ich hier nicht näher eingehen kann.

Warum ist es wichtig, das Erlebnis zum Ausdruck zu bringen?

Den meisten Kindern tut es gut, zu hören, daß andere Kinder unter den gleichen Reaktionen und Gefühlen leiden wie sie selbst, oder von einem Erwachsenen zu hören, daß andere Kinder die gleichen Reaktionen, Sorgen, Ängste und Phantasien haben. Dies vermittelt dem Kind das Gefühl, »normal« zu sein. Im Gespräch hat der Gesprächspartner zudem die Möglichkeit, die Gedanken, Gefühle und Reaktionen des Kindes zu unterstützen und zu fördern. Der Erwachsene kann auf diese Weise auch mögliche Mißverständnisse bezüglich des Ereignisses korrigieren.

Indem das Kind über sein traumatisches Erlebnis spricht, es vor einem Zuhörer in Worte faßt, entsteht ein chronologischer Überblick über das Geschehene. Dies kann eine kognitive Struktur schaffen und das Chaos ein wenig ordnen, wodurch beim Kind das Gefühl entsteht, das Problem unter Kontrolle zu haben.

Kinder wenden viel Kraft und Energie auf, furchterregende und überwältigende Gefühle zu unterdrücken. Ein Gespräch scheint diese furchterregenden Gefühle und Gedanken abzuschwächen und reduziert so die Spannung. Sie empfinden es meist als eine Erleichterung, über schwierige Probleme zu sprechen, und nutzen diese Möglichkeit deshalb gern.

Einbeziehen von Kindern in Bräuche und Rituale nach einem Todesfall

Wenn ein Kind einen persönlichen Verlust durch einen Todesfall erlitten hat, ist es wichtig, ihm die Gelegenheit zu geben, den Leichnam zu sehen und an den Zeremonien und Ritualen teilzunehmen. Dabei ist allerdings notwendig, daß das Kind gut vorbereitet wird, daß es in die Zeremonien wirklich miteinbezogen und dabei aktiv unterstützt wird und daß es danach darüber reden und seine Gefühle und Gedanken mit jemandem teilen kann.

Methoden der Hilfe[1]

Diese Methoden haben alle eines gemeinsam: Dem Kind soll die Chance gegeben werden, sich zu artikulieren, Sachverhalte, Gedanken, Reaktionen und Sorgen mit anderen zu teilen und aufgrund seiner Erzählungen Beistand von anderen zu erfahren (Raundalen 1994).

Sprechen

Manche Kinder werden ihren Eltern oder anderen Erwachsenen spontan von ihrem Trauma, ihrem Erlebnis erzählen. Dabei ist es äußerst wichtig, daß der Erwachsene das Kind reden läßt und fähig ist, den Erzählungen *zuzuhören.*

Obgleich es viele Kinder gibt, die spontan über ihr Erlebnis sprechen, gibt es auch Kinder, die nur sehr zaghaft oder gar nicht mit jemandem darüber reden. Insbesondere Teenagern fällt es manchmal leichter, mit Freunden oder Gleichaltrigen anstatt mit den Eltern oder anderen Erwachsenen zu sprechen.

Wenn das Kind nicht von sich aus die Initiative ergreift, Erwachsenen seine traumatischen Erfahrungen mitzuteilen, sollten die Erwachsenen diese Verantwortung übernehmen und dem Kind die Möglichkeit geben, darüber zu sprechen und das Problem von sich aus anzugehen.

Dies kann in Einzelgesprächen, aber auch in einer Gruppe, etwa der Klassengemeinschaft, geschehen. Es ist dabei äußerst wichtig, eine Atmosphäre zu schaffen, in der sich das Kind oder der Jugendliche geborgen und sicher fühlt.

Wenn man mit Kindern über traumatische Erlebnisse spricht, ist es wichtig zu zeigen, daß man Zeit und Interesse hat, indem man das Kind während des Gesprächs ansieht. *Aktives Zuhören* ist hier besonders wichtig. Dies bedeutet, auf die Erzählungen des Kindes entsprechend zu reagieren: durch Nicken, durch Mimik, die seinen Äußerungen entspricht, durch Fragen, die sich auf seine Erzählungen beziehen.

---

1 In diesem Zusammenhang möchte ich meinen Kollegen Atle Dyregrov, Magne Raundalen und Marianne Straume vom Kriseninterventionszentrum Bergen meinen aufrichtigen Dank aussprechen. Zahllose Gespräche und Vorträge sowie eine gute Zusammenarbeit mit ihnen liegen diesem Beitrag zugrunde.

Der Erwachsene sollte das Kind einfach reden lassen, ihm aber gleichzeitig zeigen, daß er zuhört, indem er auf seine Äußerungen reagiert und ihm bei sehr emotionalen Erzählungen zur Seite steht, indem er seine Hand hält oder es lobt, weil es imstande ist, sich jemandem anzuvertrauen. Selbst wenn das Kind zu weinen beginnt, soll es dennoch unbedingt weitererzählen. Es mag vielleicht schmerzhaft sein, weiterzureden, aber es schadet dem Kind nicht. Ein Gefühlsausbruch hat sogar einen hohen therapeutischen und erleichternden Wert.

Der Erwachsene kann das Kind zum Erzählen ermutigen, indem er ihm detaillierte Fragen stellt. Anfangen sollte man mit dem Sachverhalt, den Fakten. Im zweiten Schritt fragt man nach seinen Gedanken, Sinneseindrücken und Gefühlen. Wichtig dabei ist, das Kind zu fragen, *welcher Eindruck am schlimmsten war und welche Erinnerung daran am schlimmsten ist.* Dies ermöglicht dem Kind, sich auf seine stärksten Eindrücke zu konzentrieren. Kinder fokussieren ihre Aufmerksamkeit individuell verschieden – und es ist dieser individuelle Fokus, auf den es ankommt.

Ebenso wichtig ist es, dem Kind Feedback zu geben, indem man ihm sagt, daß es ihm hilft, mit jemandem über seine Probleme zu sprechen, daß seine Reaktionen normal und verständlich sind und daß diese Reaktionen normalerweise im Lauf der Zeit schwächer werden. Wesentlich ist, dem Kind zu vermitteln, daß man seine Gefühle sehr ernst nimmt, und ihm behutsam die Hoffnung zu geben, daß sich seine Situation mit der Zeit verbessern wird.

Das Sprechen mit Kindern in einer Gruppe, beispielsweise in der Klassengemeinschaft, kann sehr hilfreich sein. Die Kinder können so ihre Erfahrungen, Gefühle und Sorgen austauschen. Zu hören, daß andere Kinder ähnliche Erfahrungen, Gedanken und Gefühle plagen, kann das Kind stärken und einen normalisierenden Effekt haben. Die Arbeit in Gruppen stellt allerdings höhere Anforderungen an den Gruppenleiter, da er auch auf die Dynamik innerhalb der Gruppe achten muß.

Wenn Kinder in einer Gruppe über ihre traumatischen Erfahrungen sprechen, sollte sich diese Gruppe aus Kindern zusammensetzen, die in etwa die gleichen Erfahrungen gemacht haben. Wenn ein Kind ein besonders schlimmes Erlebnis hatte, das sich sehr von den Erlebnissen der anderen unterscheidet und mit intensiven und furchterregenden Sinneseindrücken verbunden ist, sollte man allein mit diesem Kind sprechen, um die anderen nicht der Gefahr eines weiteren Traumas auszusetzen.

Zeichnen

Für einige Kinder ist Sprechen nicht die geeignete Ausdrucksform. Insbesondere jüngere Kinder – Kinder im Vorschulalter – können sich besser durch Zeichnungen mitteilen. Die Vorgehensweise ist aber im Prinzip dieselbe: Das Kind soll detailliert »erzählen« (zeichnen, malen), was geschehen ist – seine Gedanken, Gefühle und seine schlimmste Erinnerung daran.

Der Erwachsene kann Fragen stellen und Bemerkungen machen, dem Kind unterstützend zur Seite stehen, normalisieren, Informationen geben und Mißverständnisse beseitigen. Fragen, die das Kind dazu anregen sollen, seine Erlebnisse zu zeichnen, können beispielsweise sein: »Kannst du für mich zeichnen, wie es war, als ... passierte?« oder »Kannst du für mich zeichnen, wie es war, als jemand dir erzählte, was passiert ist?« und »Kannst du den schlimmsten Augenblick, den schlimmsten Eindruck, deine schlimmste Erinnerung daran zeichnen?« Diese Zeichnungen sollten vertraulich – wie ein Tagebuch – behandelt werden und nicht öffentlich im Klassenzimmer aufgehängt werden.

Schreiben

Für einige Kinder – eher Schulkinder – ist das Schreiben über das traumatische Erlebnis eine der wirksamsten Methoden. Neben den oben erwähnten Wirkungen scheint das Schreiben noch zusätzlich die Wirkung eines »Safes« zu haben. Das betroffene Kind braucht sich nicht anzustrengen, um sich zu erinnern, da es die Geschichte schriftlich festgehalten hat. Wenn es sich erinnern und die Geschichte lesen will, braucht es nur den »Safe« zu öffnen. Wenn es die Geschichte, das Erlebnis vergessen will, bannt es diese aus seiner Erinnerung in ein Buch oder auf ein Blatt Papier. Formen, traumatische Erlebnisse niederzuschreiben, sind beispielsweise das Führen eines Tagebuches sowie das Schreiben von Aufsätzen oder Geschichten über das Geschehene (Raundalen 1994).

In einer Klasse kann ein Korrespondenzbuch zwischen Lehrer und Schüler, das Ergänzen von Sätzen (»Ich hatte schreckliche Angst, als ...«, »Der schlimmste Tag in meinem Leben war ...«) oder das Schreiben von Aufsätzen (»Mein Leben – früher, jetzt und in der Zukunft«) ein Ansatz für den Dialog zwischen Lehrer und Kind sein. Die zu ergänzenden Sätze beziehungsweise der Titel des Aufsatzes müssen auf die jeweilige Situation, das jeweilige traumatische Erlebnis abgestimmt werden. Diese schriftlichen Äußerungen können im Anschluß als Ausgangspunkt für ein Gespräch mit dem Kind herangezogen werden.

Spielerisches Darstellen

Kleine Kinder stellen sowohl ihre negativen als auch ihre positiven Erfahrungen spontan spielerisch dar. Für sie ist dies eine wichtige Form, sich zu artikulieren. Das Spiel kann entweder spontan sein oder aber von jemandem strukturiert und geführt werden, wie in therapeutischen Sitzungen.

Weitere Darstellungsformen sind Rollenspiele, Singen oder rituelle Tänze, welche die »Geschichte«, das Geschehene, Gefühle und mögliche Lösungen wiedergeben. Neben der positiven Wirkung, die das Ausdrücken des Erlebten für das Kind hat, stellen diese Methoden auch eine wirkungsvolle Art der Kommunikation mit den Eltern oder anderen Erwachsenen dar, die auf diese Weise von den Sorgen und Gedanken der Kinder erfahren. Viele afrikanische Kulturen sind reich an solchen traditionellen künstlerischen Darstellungsformen. Diese Herangehensweise wird auch bei Kindern mit Kriegstraumatisierungen eingesetzt.

Religion

In Krisenzeiten oder nach traumatischen Erlebnissen werden religiöse oder existentielle Fragen für viele Menschen besonders wichtig. Der Glaube ist dann sehr stark und allgegenwärtig. Verse im Koran zu lesen, zu Gott zu beten, ihm ihre Sorgen, Erinnerungen und ihr Leid anzuvertrauen, kann für Kinder eine enorme Erleichterung bedeuten. Manche Kinder haben erzählt, daß sie in der Nacht Zeichnungen neben ihr Bett gelegt haben, damit Allah ihren Schmerz sehen konnte (Raundalen 1994).

Schlußbemerkung

Kinder mit traumatischen Erfahrungen können starke Reaktionen zeigen. Diese Reaktionen werden von Erwachsenen häufig unterschätzt, müssen aber unbedingt angesprochen werden, um die Entwicklung negativer und möglicherweise pathologischer Spätfolgen zu verhindern.

Man kann das Leid und den Schmerz des Kindes lindern, indem man ihm die Möglichkeit gibt, seine Erfahrungen und Reaktionen zum Ausdruck zu bringen; indem man ihm über das Geschehene alle notwendigen Informationen gibt, so daß es besser verstehen kann, was passiert ist; und indem man ihm zur Seite steht und es in schwierigen Fragen berät.

Ich habe versucht, Erwachsene zu ermutigen, die Verantwortung zu übernehmen, selbst aktiv zu werden, auf das Kind zuzugehen und ihm die Gelegenheit zu geben, sich mit seinen extremen Erfahrungen auseinanderzusetzen.

Ebenso wichtig ist es allerdings, dem Kind auch Pausen zu gönnen, es nicht andauernd über das Geschehene reden zu lassen, ihm auch die Zeit zu geben, zu »vergessen« und ganz einfach nur Kind zu sein.

Wenn das Kind selbst die Initiative ergreift, muß der Erwachsene diese Gelegenheit wahrnehmen und entsprechend reagieren. Andererseits dürfen wir dem Kind nicht die alleinige Verantwortung für seine »Öffnung« überlassen. Zu bestimmten Zeiten, das heißt in einem gewissen Rhythmus, muß der Erwachsene das Kind ermutigen, sich auf das erlebte Trauma zu konzentrieren. Dies kann den Schmerz des Kindes lindern und ihm helfen, sich für seine Zukunft zu stärken.

Literatur

Dyregrov, A. (1993): The interplay of trauma and grief. In: *Occational Paper* Nr. 8: Trauma and crisis management. Association for Child Psychology and Psychiatry Occational Papers.

Eth, S., Pynoos, R. S. (1985): Post-traumatic stress disorder in children. Washington DC.

Raundalen, M. (1994): Guidelines for helping war-traumatized children. UNICEF, Rwanda.

Terr, L.C. (1991): Childhood traumas: An outline and overview. American Journal of Psychiatry, 148, 10:20.

Schlußbemerkung

Kinder mit traumatischen Erfahrungen [illegible] Verhaltensauffälligkeiten zeigen. Diese [illegible] von [illegible] [illegible] [illegible] [illegible] [illegible] [illegible] [illegible] und möglicherweise pathologische [illegible] zu verhindern.

Man kann [illegible] [illegible] [illegible] [illegible] [illegible] [illegible] Ängste und Reaktionen [illegible] Ausdruck zu bringen [illegible] [illegible] [illegible] [illegible] [illegible] [illegible] [illegible] was [illegible] [illegible] [illegible] [illegible] [illegible] Fragen [illegible]

[illegible] [illegible] [illegible] [illegible] [illegible] zu [illegible] [illegible] [illegible] [illegible] [illegible] für die Gefühle [illegible] [illegible] [illegible] [illegible] Erfahrungen [illegible]

[illegible] [illegible] [illegible] [illegible] Kind [illegible] [illegible] [illegible] über die [illegible] [illegible] [illegible] [illegible] die Zeit zu geben [illegible] [illegible] [illegible] [illegible] [illegible] Wenn das Kind [illegible] [illegible] [illegible] [illegible] [illegible] diese Gefühle [illegible] [illegible] [illegible] [illegible] [illegible] [illegible] [illegible] [illegible] Kind [illegible] [illegible] [illegible] [illegible] [illegible] Öffnung [illegible] [illegible] zu [illegible] [illegible] [illegible] [illegible] Kind [illegible] [illegible] [illegible] [illegible] das Kindergartenkind [illegible] das [illegible] Trauma [illegible] [illegible] [illegible] Seite des Kindes [illegible] und ihm hilft, sich für seine Zukunft [illegible]

Literatur

[illegible] (1990): The [illegible] [illegible] [illegible] [illegible] NCB [illegible] [illegible] Association for Child Psychology and [illegible] Occasional Papers.

[illegible] S.; [illegible] R. F. (1985): Post-traumatic stress disorder in children. Washington DC.

[illegible] (1991): Guidelines for helping traumatized children [illegible]

Terr, L. C. (1991): Childhood traumas: An outline and overview. American Journal of Psychiatry 148: [illegible]

Trennung

HELMUTH FIGDOR

»... und hab' nicht mehr gewußt, wer ich eigentlich bin.«

Scheidungskinder[1]

Man könnte das, was die Trennung von einem geliebten Menschen psychisch anrichtet, kaum treffender ausdrücken als jener Elfjährige kurz vor Abschluß seiner knapp zweijährigen Psychotherapie. Mit dem Satz »... und hab nicht mehr gewußt, wer ich eigentlich bin« faßte er zusammen, was der Auszug des Vaters bei ihm damals auslöste. Warum Trennungen nicht »bloß« Enttäuschung und Trauer nach sich ziehen, sondern so oft als *Selbstverlust* erlebt werden, hängt damit zusammen, daß jede Liebesbeziehung uns selbst verändert, wir ein Stück des geliebten Menschen in uns hereinnehmen, uns mit ihm identifizieren. Die Auswirkung der Trennung auf Kinder ist noch dramatischer, weil ein großer Teil der Persönlichkeitsentwicklung auf Identifizierungen mit wahrgenommenen Aspekten der Eltern beruht. Die Trennung läßt somit das Kind nicht nur (mehr oder weniger) einsam, sondern buchstäblich halbiert zurück, wobei es möglicherweise gerade die »männlichen« Anteile seines Selbst – Gefühle der Stärke, Unabhängigkeit – verliert.

Seit über zehn Jahren beschäftige ich mich intensiv mit den traumatischen Auswirkungen, die eine Scheidung bei Kindern haben

1 Überarbeitete und aktualisierte Fassung eines Aufsatzes, der unter dem Titel »Zwischen Trauma und Hoffnung. Eine psychoanalytische Studie über Scheidungskinder« im Sigmund Freud House Bulletin 1/1988 erschienen ist. – Einige psychoanalytische Fachausdrücke, die bei psychoanalytisch weniger versierten Lesern nicht unbedingt vorauszusetzen sind, werden in Fußnoten näher erläutert.

kann. Ich stelle im folgenden einige zentrale Erkenntnisse aus einem Forschungsprojekt[2] vor, das ich im Rahmen der Sigmund-Freud-Gesellschaft, Wien, leitete. Man könnte natürlich die Frage stellen, inwieweit die Trennungserfahrungen, die Kinder im Zuge der Scheidung ihrer Eltern machen, repräsentativ sind für Kinder, die *beide* Eltern *für immer* verlieren, wie es ja bei einigen der Kinderdorfkinder der Fall ist. Aufgrund der (therapeutischen) Erfahrung mit Kindern und Erwachsenen, die ihre Mutter und/oder Vater durch Tod verloren, läßt sich jedoch sagen, daß der Unterschied nicht sehr groß ist. Im Grunde genommen ist das gar nicht so überraschend:

- 40 % der geschiedenen Väter brechen den Kontakt zu ihren Kindern vollständig ab, etwa 75 % aller Scheidungskinder haben drei Jahre nach der Trennung ihrer Eltern keinen regelmäßigen Kontakt mehr zu ihrem Vater.
- Im Zuge der Scheidung und der von mir als Nach-Scheidungs-Krise bezeichneten Zeit verändert sich für viele Kinder auch das innere Bild der Mutter, besonders Gefühle der Geborgenheit und des Geliebt-Werdens gehen verloren.
- Selbst bei jenen Kindern, die ihre Väter auch weiterhin sehen können, hinterläßt die Scheidung (traumatische) Trennungsspuren. Wiederum drückte das ein Kind treffender aus, als es eine theoretische Erklärung vermöchte: »Mein Vater versicherte mir, er liebe mich genauso wie zuvor. Aber wirklich glauben konnte ich ihm das nicht. Denn *ich* würde nie jemanden verlassen, den ich liebhabe.« (Mitunter kann das Gefühl, die Liebe eines geliebten Menschen verloren zu haben, noch bitterer sein als der »unverschuldete« Verlust dieses Menschen, von dem ich mir sicher bin, er *würde* mich lieben, wenn er noch da wäre.)

---

2 Eine ausführliche Darstellung der Forschungsergebnisse findet sich in FIGDOR 1991.

Bisherige Forschungsergebnisse (Literaturübersicht)

Reaktion der Kinder

Die Scheidung der Eltern und die Wiederverheiratung des fürsorgenden Elternteils sind die häufigsten Anlässe für das erstmalige Auftreten von Symptomen, die Eltern veranlassen, ihre Kinder bei Kinderpsychiatern vorzustellen (Bühler/Kächele 1978). Typische Symptome sind: Enuresis (Bühler/Kächele 1978); Unruhe, Schlaflosigkeit, Freßsucht (Wallerstein/Kelly 1980); Verhaltensauffälligkeiten, vor allem disziplinäre Schwierigkeiten in der Familie und in der Schule (Guidubaldki/Perry 1985; Kalter/Plunkett 1984) und Diebstähle (Bühler/Kächele 1978); psychosomatische Symptome wie Magenschmerzen, Kopfschmerzen, Akne und anderes mehr (Doust 1983; Wallerstein/Kelly 1980). Häufig gehen mit diesen Symptomen Konzentrations-, Lernschwierigkeiten und ein allgemeiner Abstieg in den Schulleistungen einher (Bedkower/Oggenfuss 1988; Bernardt 1986; Guidubaldki/Perry 1985; Leahy 1984; Wallerstein/Kelly 1980). Der Großteil der Kinder, deren Eltern sich scheiden ließen, zeigt sichtbare Irritationen im Gefühlsbereich: Angst, Ruhelosigkeit und Trauer (Kalter/Plunkett 1984; Leahy 1984; Wallerstein/Kelly 1980); bei fast allen Kindern ist ein deutlicher Anstieg des Aggressionspotentials zu bemerken, das sich in Form von Ärger oder Wut an einem oder beiden Elternteilen oder auch an anderen Kindern entlädt (Bühler/Kächele 1978; Bernhardt 1986; Guidubaldky/Perry 1985; Kalter/Plunkett 1984; Wallerstein/Kelly 1980). Viele Kinder reagieren auch mit verstärkter Abhängigkeit und/oder sozialem und emotionalem Rückzug (Guidubaldki/Perry 1985).

Natürlich können diese Reaktionen nicht am *juridischen Akt* der Scheidung festgemacht werden. Im psychologischen Sinn beginnt das Scheidungstrauma spätestens mit der Ehekrise.

Die Ehekrise

Zwar bedeuten Auseinandersetzungen zwischen Eltern nicht unbedingt, daß sie dadurch bereits schlechte Eltern sind (Wallerstein/Kelly 1980), doch gelingt es den Eltern eher selten, ihre Krise vor den Kindern geheim zu halten. Streitereien oder gar Tätlichkeiten zwischen den Eltern rufen bei Kindern regelmäßig große Angst hervor. Selbst wenn solche Szenen sehr selten vorkommen, können sich Kinder noch Jahre danach deutlich daran und an den Schmerz und die Angst, die sie empfunden hatten, erinnern (WALLERSTEIN/KELLY 1980; WOLCHIK/SANDLER/BRAUER/FOGAS 1985).

Kinder sind sehr sensibel für Stimmungsschwankungen der Eltern, insbesondere, wenn ein Elternteil unglücklich ist und leidet (WOLCHIK/SANDLER/BRAUER/FOGAS 1985). Nicht selten geraten Kinder in die Rolle des Ehetherapeuten, versuchen, die Eltern oder einen Elternteil zu trösten oder Maßnahmen zu ergreifen, welche eine Wiederversöhnung oder Wiedervereinigung der Eltern herbeiführen sollen (BERNHARDT 1986; WILLE 1985 a,b; WOLCHIK/SANDLER/BRAUER/FOGAS 1985). Häufig haben die Symptome der Kinder primär diesen Zweck. Sie sollen die Eltern von ihren Eheproblemen ablenken und diese sich in der Sorge um das Kind wieder verständigen. Viele Kinder versuchen, dieses Ziel auch dadurch zu erreichen, daß sie sich bemühen, ihren Eltern möglichst wenig Ärger zu machen und sich besonders angepaßt zu verhalten (BERNHARDT 1986; PSYCHOANALYTIC INTERFERENCES 1983).

Ein besonderes Problem für die Kinder entsteht dadurch, daß die Eltern ihre Auseinandersetzungen nicht nur nicht vor dem Kind verbergen, sondern versuchen, das Kind in diese Auseinandersetzungen zu ihren Gunsten miteinzubeziehen: Der Ehepartner wird mit abfälligen Bemerkungen bedacht, an das Kind wird die Erwartung herangetragen, sich als Verbündeter zu verhalten; der Verkehr mit dem anderen Elternteil wird untersagt oder wenigstens mißbilligt; oft versuchen die Eltern, ihre Kinder auch als Detektive zu benutzen, indem sie sie über den Ehepartner ausfragen oder ihnen untersagen, gewisse Dinge weiterzuerzählen. Solche Konstellationen bringen das Kind in einen schweren Loyalitätskonflikt. Einerseits liebt es nach wie vor beide Eltern, andererseits fürchtet es, daß die Absage an die Bündniserwartungen zum Verlust der Liebe dieses Elternteils führt (BERNHARDT 1986; DOUST 1983; LEAHY 1984; WALLERSTEIN/KELLY 1980; WILLE 1985 a,b).

Diese Probleme betreffen sowohl die Ehekrise, die der Scheidung vorausgeht, als auch in vielen Fällen die Zeit nach der Scheidung, in der viele Eltern ihre Auseinandersetzungen weiterführen. Gerade die Einbeziehung der Kinder in diese Auseinandersetzungen ist häufig nach der Scheidung noch viel stärker als davor.

Die Bedeutung der Scheidung oder der endgültigen Trennung der Eltern für die Kinder

Zu dieser Frage liefern die bisherigen Arbeiten nicht viel Material. Die wichtigsten Erkenntnisse beziehen sich auf die Vorstellung der Kinder von den Gründen, die zur Scheidung der Eltern geführt haben.

Eltern glauben häufig, daß das Kind unter der Scheidung weniger leiden würde, wenn es die Gründe für die Scheidung verstehen kann. Es hat sich jedoch herausgestellt, daß das Verständnis der Kinder in keinem Zusammenhang steht mit den Gefühlen, welche die Trennung der Eltern hervorruft (Leahy 1984). Meist ist es so, daß die Eltern nur glauben, die Kinder hätten die Gründe für die Scheidung verstanden. Die Kinder hingegen machen sich von den Gründen der elterlichen Scheidung ihr eigenes Bild. Eine der häufigsten Phantasien der Kinder geht in die Richtung, daß sie annehmen, die *Schuld* an der Scheidung liege bei *ihnen*. Dieser Eindruck entsteht durch eine Reihe von Umständen:

- Da die Kinder bereits vor der Scheidung versuchten, die Eltern wieder miteinander zu versöhnen, muß ihnen die Scheidung als (schuldhaftes) Versagen ihrer eigenen Bemühungen erscheinen. Je jünger die Kinder sind – und je größer damit ihre Omnipotenzphantasien – desto eher erscheint ihnen die Scheidung als schuldhaftes Versagen (Burgner 1985; Wille 1985 a,b).
- Kleine Kinder erleben die Scheidung oft als Strafe, als Vergeltung für verbotene Handlungen, Phantasien, für Schlimmsein (Burgner 1985; Kalter/Plunkett 1984).
- Die Egozentrik der Kinder, das heißt der Glaube, alles drehe sich nur um sie, bringt sie dazu anzunehmen, daß nur sie der Grund für die Trennung der Eltern sein können; sei es, daß die Eltern sich in Erziehungsfragen uneinig waren (was ja oft auch der Realität entspricht – und von den Eltern den Kindern häufig auch mitgeteilt wird) (Bernhardt 1986; Leahy 1984; Wallerstein/Kelly 1980); sei es, daß sie annehmen, die Eltern – oder wenigstens ein Elternteil – mögen eben keine Kinder mehr (Kalter/Plunkett 1984); sei es schließlich, daß die Eltern dem Kind schon früher mitteilten, nur seinetwegen bisher beisammengeblieben zu sein, wodurch es den Eindruck gewinnt, eben nicht gut genug gewesen zu sein (Paul 1980).

Der Anteil der Kinder, der sich selbst die Schuld an der Scheidung der

Eltern zuschreibt, wird – je nach Alter und Untersuchung – auf 30 % bis 50 % geschätzt (LEAHY 1984; WALLERSTEIN/KELLY 1980).

Ein weiteres Erlebnis, das die Scheidung für die Kinder mit sich bringt, ist ein mehr oder weniger großer Verlust an Macht. Zum einen vermißt das Kind den zweiten Elternteil als Zufluchtsmöglichkeit und Bündnispartner; Loyalitätskonflikte vermitteln ihm ein Gefühl der Hilflosigkeit; und schließlich begrenzt auch das eigene Versagen im Bemühen um die Wiedervereinigung der Eltern die Möglichkeiten der Kontrolle der lebenswichtigen Beziehungen.

Die Enttäuschung, die Trauer und das Gefühl der Machtlosigkeit führen bei den Kindern zu einem Absinken ihres Selbstbewußtseins (KALTER/PICKAR/LESOWITZ 1984; LEAHY 1984). Dazu kommt häufig die Scham gegenüber Außenstehenden, etwa dem Lehrer oder den Klassenkameraden, über keine »richtige« Familie zu verfügen. Jedes Gespräch über das Thema Familie oder Vater wird für diese Kinder zur Qual (KALTER/PICKAR/LESOWITZ 1984).

Diese Probleme stehen auch hinter dem festgestellten Anstieg der Aggressionen. Die Wut der Kinder richtet sich gegen den Vater, der unverläßlich war, das Kind verlassen hat, oder auch gegen die Mutter, die den geliebten Vater weggeschickt hat (BERNARDT 1986; WALLERSTEIN/KELLY 1980).

Die ungebrochene Sehnsucht der Kinder nach dem Vater und der Wiedervereinigung der Eltern (KALTER/PICKAR/LESOWITZ 1984; WALLERSTEIN/KELLY 1980; WILLE 1985 a,b) kennzeichnet die Situation des überwiegenden Teils der Scheidungskinder – und zwar noch Jahre nach der Scheidung.

Kritische Überlegungen zu den Forschungsergebnissen und zur Konzeption unseres Forschungsprojekts

Über den Zusammenhang zwischen Symptomen und Persönlichkeitsentwicklung

Betrachtet man diese Ergebnisse, so stellt sich die Frage: Muß das so sein? Gibt es gar keine Chance, daß die Kinder eine Scheidung auch gut bewältigen können? So gesichert die berichteten Ergebnisse auch sein mögen, ist doch bezüglich ihrer Aussagekraft für die Persönlichkeitsentwicklung der Scheidungskinder Vorsicht geboten: Es wäre denkbar, daß die Scheidung deshalb der häufigste Anlaß der Erstvorstellung von Kindern bei Kinderpsychiatern ist, weil es Eltern leichter fällt, über Erziehungsschwierigkeiten zu sprechen oder Hilfe in Anspruch zu nehmen, wenn die »Schuld« einem »äußeren« Ereignis anlastbar ist und nicht (eventuellem) persönlichem Versagen. So gesehen bietet die Scheidung auch eine Chance: Möglicherweise hätten Kinder mit (von der Scheidung unabhängigen) Problemen ohne die Scheidung der Eltern gar keine Hilfe erhalten.

Die geschilderten Symptome sind nicht *scheidungsspezifisch.* Symptome werden bekanntlich nicht von äußeren Ereignissen unmittelbar induziert, sondern sind letzten Endes die Konsequenzen spezifischer, individueller Erlebnisweisen und Abwehrprozesse[3]. Daher

---

3 Nach psychoanalytischer Auffassung ist das Seelenleben des Menschen wesentlich dadurch gekennzeichnet, daß wichtige Bedürfnisse, Strebungen und Gefühle immer wieder mit entgegengesetzten Bedürfnissen, Strebungen und Gefühlen in Konflikt geraten (z. B. Autonomiebestrebungen mit Anlehnungsbedürfnissen, Liebesregungen mit aggressiven Regungen, aggressive Impulse mit verinnerlichten moralischen Haltungen, usw.). Kann das Individuum diese Konflikte im Alltag nicht unterbringen – etwa über die entsprechende Toleranz der Objekte oder durch die Zuhilfenahme symbolischer Lösungsmöglichkeiten (Denken, Kunst, Phantasie, Spiel), verursachen diese Konflikte Gefühle wie vor allem Scham und Angst – Angst vor Vergeltungen, aber auch Angst vor den eigenen Strebungen. Werden diese Scham- und Angstgefühle unerträglich, bleibt dem Individuum nichts anderes übrig, als die unerträglich gewordenen Konflikte *abzuwehren*, indem ein Teil des Konflikts aus dem Bewußtsein *verdrängt* wird. Aber auch im Unbewußten behalten sie ihre Kraft, drohen immer wieder ins Bewußtsein durchzubrechen, weshalb sie – auch das geschieht unbewußt – durch die sogenannten *Abwehrmechanismen* einer »Bearbeitung« unterzogen werden, die zu (neurotischen) Symptomen führt. Aus Haß wird dann etwa übermäßige Liebe oder Angst um das betreffende Objekt (Overprotectiveness), aus Schmutzlust wird das Bedürfnis nach peinlicher Sauberkeit und Ordnung (Zwangssymptome), aggressive Bedürfnisse werden gegen die eigene Person gerichtet (Depression) oder auf andere Objekte verschoben (Phobien), Affekte in körperliche Reaktionen umgewandelt und anderes mehr. Besonders Kinder sind durch innerpsychische Konflikte überlastet, weshalb der größte Teil unserer Verdrängungen in der frühen Kindheit stattfindet. Sie bilden den lebenslangen Untergrund für neurotische Reaktionen. Um ein gewisses Ausmaß an Abwehr kommt kein Mensch herum, wir könnten sonst gar nicht miteinander leben oder zielstrebig handeln. Ob aus den Abwehrprozessen neurotisches Leid erwächst, hängt von der Intensität der die Konflikte begleitenden Ängste, von der Art der Abwehrmechanismen ab.

schließen auch massive Scheidungssymptome noch nicht die Möglichkeit aus, daß dem betroffenen Kind geholfen werden kann, seine Probleme *anders* zu bewältigen.

Die Tatsache, daß Scheidungen zu massiven Reaktionen (Symptomen) der Kinder führen, heißt noch nicht, daß diese Kinder bei Aufrechterhaltung der kompletten Familie keine Symptome entwickelt hätten.

Der aus psychoanalytischer Sicht wichtigste Vorbehalt betrifft den entwicklungspsychologischen Stellenwert der Symptome. Das Auftreten von Symptomen ist nämlich nicht gleichbedeutend mit einer a priori gegebenen Einschränkung von Entwicklungschancen. Ein Bruch in den Lebensverhältnissen, wie die Scheidung ihn darstellt, *muß* Reaktionen nach sich ziehen, sofern das Kind zu beiden Eltern eine gute und stabile Objektbeziehung[4] aufbauen konnte. Vielmehr würde das Fehlen von Reaktionen bedenklich stimmen, könnte es doch ein Hinweis auf vorweg bereits gestörte Objektbeziehungen sein. Symptome haben nicht lediglich einen pathologischen Aspekt, sondern auch eine Schutzfunktion. Nicht umsonst spricht Hartmann davon, daß die Symptombildung unter Umständen die »bestmögliche Lösung eines Konfliktes« sein kann. Schließlich ist noch zu bedenken, daß Reaktionen auf dramatische Ereignisse gar nicht »neurotisch« im eigentlichen Sinn sein müssen, selbst wenn sie wie neurotische Symptome aussehen. »Passagere Entwicklungsstörungen« (Anna Freud) und »Erlebnisreaktionen« (Walter Spiel) erscheinen äußerlich wie neurotische Symptome, verschwinden jedoch ersatzlos im Zuge eines neuen Schritts der Ich-Entwicklung, sei es durch Älterwerden oder durch eine entsprechende (pädagogisch-therapeutische) Stützung, ohne daß zugrundeliegende Konflikte bearbeitet werden müßten.

Daß Scheidungsreaktionen keine irreversiblen Beeinträchtigungen der Persönlichkeitsentwicklung sein müssen, wird auch durch die einzige uns bekannte psychoanalytisch orientierte Untersuchung unterstützt: Wallerstein und Kelly wiesen nach, daß innerhalb von fünf Jahren bei vielen Kindern die Symptome verschwunden waren und alters-, geschlechts- und persönlichkeitsspezifische Differenzen sich ausgeglichen hätten. Etwa 40 % der Kinder haben nach Einschätzung von Wallerstein und Kelly die Scheidung befriedigend bewältigt.

---

4 Als *Objektbeziehung* bezeichnet man in der Psychoanalyse das subjektive Bild, das sich ein Individuum von seiner Beziehung zu einem anderen (= »Objekt«) macht.

Diese (schon viel optimistischer stimmende) Einschätzung verstärkt sich durch solche Untersuchungen, die sich speziell mit *Interventionsmöglichkeiten* befassen. Eine besondere Rolle spielen hierbei die ausführliche Information der Kinder (BERNHARDT 1986; DARDE 1983; WALLERSTEIN/KELLY 1980); die Vermeidung von Loyalitätskonflikten (siehe oben); die Entlastung der Mutter von sozialen und ökonomischen Problemen; und schließlich befriedigende Besuchsregelungen, die dem Kind erlauben, auch nach der Scheidung eine gute Beziehung zum weggeschiedenen Elternteil aufrechtzuerhalten (DOUST 1983; LEAHY 1984; SCHWEITZER/WEBER 1985; WALLERSTEIN/KELLY 1980). Als hilfreich werden von einigen Autoren auch präventive Programme eingeschätzt. Sie können im Rahmen der Grundschule, etwa in Form eines Projektthemas realisiert werden, an dessen Bearbeitung alle Kinder, also auch solche aus vollständigen Familien, teilnehmen (KALTER/PLUNKETT 1984; PEDRO-CARROLL/COWEN/HIGHTOWER/GUARE 1986).

Allerdings muß darauf hingewiesen werden, daß der fehlende eindeutige Zusammenhang von Symptomen und Entwicklungsbeeinträchtigung auch *gegen* eine allzu optimistische Einschätzung der Bewältigungschancen des Scheidungstraumas sprechen kann. Wenn nämlich das Auftreten des Symptoms noch nicht unbedingt auf das Vorliegen einer Entwicklungsbeeinträchtigung verweist, so bedeutet auch der *Wegfall* noch lange nicht, daß eventuell vorliegende psychische Konflikte befriedigend gelöst werden konnten. Es sei denn, man würde *Anpassung* – im Sinne von Symptomfreiheit – als Kriterium für psychische Gesundheit fassen, was freilich einer psychoanalytischen Betrachtung radikal widerspricht. Zweitens reicht es angesichts der gesellschaftlichen Bedeutung der Scheidung wohl nicht aus, Auswirkungen der Scheidung lediglich in der Dimension von (psychischer) Pathologie versus Normalität zu beurteilen.

Unser Forschungsansatz

Die obigen Überlegungen skizzieren bereits den Ansatzpunkt und die Interessensrichtung unserer Untersuchung. Folgende Fragen standen im Vordergrund:

- Wie *erlebt* das Kind die Scheidung? Dabei ging es uns insbesondere um die unbewußte Bedeutung, welche die Scheidung für das Kind haben kann.
- Wie *bewältigt* das Kind dieses Erlebnis? Dabei interessierten uns

die Abwehrprozesse, die Symptombildung und die Modifikationen der Objektbeziehungen.
- Und schließlich: Was *bedeutet* die spezifische Bewältigung (bestimmte Bewältigungsformen) des Scheidungserlebnisses für die weitere Entwicklung des Kindes?

Natürlich ist das Scheidungserlebnis, die Art seiner Bewältigung als auch seine längerfristige Auswirkung auf die Persönlichkeitsentwicklung nicht unabhängig von *äußeren Variablen* wie der ehelichen Konstellation vor der Scheidung, der spezifischen Umstände der Scheidung und Nach-Scheidungs-Zeit und der von den Eltern ausgehenden Impulse zur Gestaltung der familiären Interaktionen. Bei der Betrachtung dieser äußeren Variablen und deren Wechselwirkung mit den innerpsychischen Vorgängen bei Scheidungskindern wollten wir unser Augenmerk insbesondere auf jene legen, die zum einen für eine günstige Persönlichkeitsentwicklung *förderlich* und zum anderen veränder- und beeinflußbar sind. Schließlich sollten Chancen und Wege *entsprechender Beeinflussung* untersucht werden.

Die wichtigsten Ergebnisse

Unmittelbare Scheidungsreaktionen und die Nach-Scheidungs-Krise

Eine unserer Ausgangshypothesen war, daß das Scheidungserlebnis für das Kind um so belastender sein werde, je größer die Intensität und Güte der Objektbeziehung zum »Vater«[5] war. Tatsächlich dürfte dieser Zusammenhang im Hinblick auf Gefühle wie Trauer, Kränkung und der Angst, den Vater ganz zu verlieren, bestehen – obwohl das Ausmaß der Angst darüber hinaus abhängig ist von früheren, unbewußten Trennungs-, Kastrations- und anderen Ängsten, die durch die Scheidung aktiviert werden. Aber wir haben mit der Zeit gelernt, zwischen den spontanen Gefühlsreaktionen auf das *Scheidungserlebnis* (im eigentlichen Sinn) und der der Scheidung unmittelbar nachfolgenden Zeit – dem *Geschiedensein-Erlebnis* – zu unterscheiden. Zwar ruft das Scheidungserlebnis mitunter massive (offene oder oft auch

5 Der Einfachheit halber bezeichne ich im folgenden den weggeschiedenen Elternteil als »Vater« und den sorgetragenden Elternteil als »Mutter«.

unsichtbare) Affekte hervor, das Kind hat sich dadurch jedoch selbst noch nicht verändert. Es scheint die Zeit nach der Scheidung zu sein, die für die Art und Weise der Bewältigung des Scheidungserlebnisses und für die weitere Entwicklung des Kindes bedeutsamer ist. In dieser Zeit steht jedoch weniger der (abwesende) Vater, sondern die Mutter im Mittelpunkt der seelischen Konflikte, und zwar nicht bloß deshalb, weil die Mutter die primäre Bezugsperson darstellt, sondern vor allem aufgrund der Tatsache, daß die Scheidung das *mütterliche Objekt* verändert. Determinanten dieser Veränderung der Mutter sind:

- die psychischen, sozialen und ökonomischen Belastungen, die sich für die Mutter aus der Scheidung ergeben;
- Belastungen, die aus den erwähnten, unmittelbaren, affektiven Reaktionen des Kindes stammen;
- spezifische, aus der Scheidung stammende neue Gefühlsqualitäten der Mutter gegenüber dem Kind, wie Schuldgefühle, Kränkung, auf das Kind projizierte Schuld an der Scheidung, Aggressionen gegen das Kind als Repräsentant des Vaters und anderes mehr.

Diese Faktoren stellen Dispositionen zu folgenden Einstellungs- und Verhaltensänderungen der Mutter dar: ein geringeres Maß an Empathie; eine geringere Toleranz gegenüber den Bedürfnissen und Ansprüchen des Kindes; eine Erhöhung der Ansprüche an das Kind – insbesondere was seine Anpassung und Selbständigkeit betrifft; Unsicherheit, Schwäche und Launenhaftigkeit, die dem Kind ein geringeres Gefühl der Geborgenheit vermitteln (oft kommt es geradezu zum Rollentausch zwischen Mutter und Kind); Angst und Hilflosigkeit der (alleingelassenen) Mutter gegenüber den Reaktionen des Kindes und, damit zusammenhängend, eine verstärkte Neigung zu affektiven Reaktionen; oder auch ein verstärkter Anpassungsdruck und eine Tendenz zu Konfliktverleugnung; häufige Konzentration auf die jüngeren Kinder; Regression in die Abhängigkeit von den eigenen Eltern, wodurch die Mutter zur Schwester und die Großeltern zu den Eltern werden; und anderes mehr. Diese Veränderungen können dazu führen, daß das Kind gewissermaßen seine Mutter »nicht wiedererkennt«.

Die Veränderung der Mutter-Kind-Beziehung geht aber nicht nur von der Mutter aus. Phantasien wie: »Ich hätte nie gedacht, daß sie mir das antut!« (nämlich den Vater wegzuschicken); oder: »Sie hat den Papa vertrieben, um mich zu bestrafen!«; die Verschiebung von Aggressionen gegen den Vater auf die Mutter; aber auch die Erkenntnis, daß Liebe nicht ewig dauert und somit auch die Liebe der Mutter zum Kind möglicherweise nicht garantiert ist und anderes mehr, führen zu einem Oszillieren zwischen (auf die Mutter gerichteten) Trennungsängsten und Aggressionen, welche durch die beschriebenen, realen Verhaltensänderungen der Mutter eine fatale Bestätigung zu erfahren scheinen.

Auf diese Weise haben Scheidungskinder nicht nur den Vater verloren, sondern auch einen Teil der Mutter, nämlich den gütigen und liebevollen Teil des mütterlichen Bildes. (Weshalb es psychologisch durchaus angebracht wäre, von Scheidungs*waisen* zu sprechen.) An diesem Punkt, an dem Angst und Aggression sich gegenseitig verstärken, kommt die Abwesenheit des Vaters nochmals ins Spiel. Mutter und Kind sind in ihrer Liebe und in ihrem Haß voneinander abhängig, ohne daß ein drittes Entlastungs- und Zufluchtsobjekt die Spannung mindern könnte. Dieser Wegfall der väterlichen »Triangulierungsfunktion« bedeutet einen faktischen Machtzuwachs der Mutter, was die beschriebenen Konflikte und damit vor allem die Angst derart zu steigern vermag, daß es schließlich zu einem *Zusammenbruch der Abwehr* des Kindes kommt. Dadurch werden abgewehrte Konflikte wieder akut, wobei die Regression auf überwundene Entwicklungsstadien der Objektbeziehung zur Mutter die zentrale Rolle spielt. Das erklärt auch das Phänomen, daß für das Ausmaß der Nach-Scheidungs-Reaktion des Kindes nicht – wie ursprünglich angenommen – die Intensität und Güte der Objektbeziehung zum Vater, sondern die Konfliktbelastung der Objektbeziehung zur Mutter verantwortlich ist.

Der Verlust der väterlichen »Triangulierungsfunktion«

Sehr oft haben die heftigen Gefühlsirritationen der Kinder nach der Scheidung noch einen weiteren Grund: Häufig zeigten die projektiven Tests, die wir mit den Kindern machten, eine hohe Konfliktbelastung der Objektbeziehung zur Mutter, die zweifelsfrei aus früheren Entwicklungsstadien (also vor der Scheidung) stammt, ohne daß die Eltern von irgendwelchen Symptomen oder sonstigen Auffälligkeiten der Kinder zu jener Zeit berichten konnten.

Davon abgesehen, daß es sich dabei natürlich auch um Unehrlichkeit oder Verleugnungen der Eltern handeln kann, fanden wir in diesen Fällen durchweg eine Objektbeziehung des Kindes zum Vater, die in der Lage war, diese Konflikte zu entschärfen und nicht zum (symptomatischen) Ausbruch kommen zu lassen. Dabei ist nicht so sehr die Intensität der Vaterbeziehung wichtig, sondern ganz spezifische, die Objektbeziehung des Kindes zur Mutter entlastende, *qualitative* Aspekte: etwa emotionelle Wärme des Vaters bei einer tendenziell überfordernden Mutter; ein die Selbständigkeit des Kindes zulassender Vater bei einer überbehütenden Mutter; mehr Konflikttoleranz des Vaters bei einer stark aggressionsscheuen Mutter; die Solidarität des Vaters mit dem Kind bei einer Koalition der Mutter mit dem Geschwister.

In diesen Fällen pendelt das Kind gewissermaßen zwischen den Eltern und holt sich von jedem das notwendige Maß an Befriedigung oder Entlastung. Dabei kommt es auch gar nicht so sehr auf eine häufige Anwesenheit des Vaters an. Es genügt oft, daß sich das Kind die vom Vater ausgehende entlastende Haltung vorstellt.

Diese *»Triangulierungsfunktion«* des Vaters kann durch die Scheidung teilweise oder ganz wegfallen. Die (wenn auch vielleicht nur vorübergehende) Unterbrechung der Vater-Kind-Beziehung oder die bloße Angst des Kindes, den Vater zu verlieren, liefert es der Mutter vollständig aus und läßt den bisher latenten Konflikt mit ihr akut werden.

Eine besondere Form der Triangulierung, wie sie in Konfliktfamilien häufig zu finden ist, bezeichnen wir als *»aggressive Triangulierung«*. Darunter ist das Phänomen zu verstehen, daß der Konflikt zwischen den Eltern das Kind in *seinem* Konflikt zu einem Elternteil entlastet. Das geschieht zum Beispiel so, daß das Kind an den Aggressionen des Vaters gegen die Mutter »partizipiert« und auf diese Art und Weise seine Beziehung zur Mutter aggressionsfrei zu halten vermag. Solange es sich hier um vorübergehende Koalitionen handelt, kann das für das Gleichgewicht der Objektbeziehungen des Kindes durchaus förderlich sein. Die »aggressive Triangulierung« kann aber auch schwerwiegende Veränderungen nach sich ziehen:

- Nimmt etwa die (unbewußte) Identifizierung des Kindes mit den Aggressionen des Vaters gegen die Mutter ein zu großes Ausmaß an, kann es passieren, daß es zu einer »Über-Ich-Lücke«[6] kommt,

6 Zwischen dem 4. und 7. Lebensjahr verinnerlicht das Kind Norm- und Werthaltungen, die es an seinen Eltern wahrnimmt. Die sich auf diese Weise bildende psychische Instanz nannte Freud das »Über-Ich«. Was früher an Geboten, Verboten und Werturteilen von den äußeren Objekten (v.a. den Eltern) den Triebbedürfnissen des Kindes entgegengehalten wurde, spielt sich nun als innerpsychischer Konflikt ab. Ein (triebeinschränkendes)

so daß das Kind seine Aggressionen nicht mehr beherrscht und es zu einer aggressiven Veränderung der Objektbeziehung zur Mutter kommt;

- Oder die an den Vater delegierte und immer weiter ansteigende Aggression entzieht sich dadurch der Verfügbarkeit durch das Kind und wird zu mächtig. Die latente Angst der Kinder vor der »Magie« der eigenen Aggressionen gewinnt dadurch geradezu an Realität. Solche Kinder neigen dazu, ihre Aggressionen zu verdrängen, was oft einhergeht mit einer Identifizierung mit der Mutter und einem libidinösen Abzug von der Objektbeziehung zum Vater.

Diese »aggressive Triangulierung« in der Vor-Scheidungs-Zeit dürfte bei vielen Kindern, die bisher brav und unauffällig waren, für das plötzliche Auftreten massiver Aggressionen, insbesondere gegen die Mutter, mitverantwortlich sein. Diese Mütter erleben dann schmerzlich, daß das Kind die (aggressive) Stelle des Vaters ihnen gegenüber vertritt, weil das stellvertretende Ausleben der Aggressionen über den Vater die primäre Form dieser Kinder war, die eigenen Aggressionen zu bewältigen. Es liegt auf der Hand, welch große Angst ein solcher Anstieg des eigenen Aggressionspotentials gegenüber der Mutter den Kindern machen muß – und das gerade in einer Zeit, wo man auf sie völlig angewiesen ist.

Altersabhängige Scheidungsreaktionen

Natürlich hängt die Art der Scheidungsreaktion auch vom Alter der Kinder ab (Wallerstein/Kelly 1980). Die für uns viel wichtigere Frage war jedoch, ob das Alter zum Zeitpunkt der Scheidung auf das Ausmaß der Traumatisierung einen Einfluß hat. Die Erkenntnisse über die kompensatorische und aggressive Triangulierung wiesen uns aber in diesem Zusammenhang auf einen wichtigen Tatbestand hin: Das Ausmaß der psychischen Irritation stellt nicht nur eine Folge der Trennung der Eltern dar, sondern ist ebenso sehr von der Vorgeschichte, also von den psychologischen Sozialisationsbedingungen *vor* der Scheidung,

---

Über-Ich ist für das soziale Zusammenleben unerläßlich. Ein lückenhaftes Über-Ich kann zu asozialen Verhaltensweisen führen, ein zu strenges, triebfeindliches Über-Ich jedoch die innerpsychischen Konflikte (s. Anmerkung zu *Abwehrmechanismen*) so zuspitzen, daß es zur Ausbildung von Symptomen kommt, unter denen das Individuum später leidet.

abhängig. Da erstens nicht nur die Trennung der Eltern, sondern auch aggressive Konflikte zwischen Vater und Mutter traumatisierend wirken können, und da zweitens die in der Nach-Scheidungs-Krise aufbrechenden inneren Konflikte auf frühere psychische Belastungen verweisen, die sehr wohl – direkt oder indirekt – mit Krisen der Elternbeziehung zu tun haben können, scheint der Zeitpunkt der Scheidung selbst von sekundärer Bedeutung zu sein. Oft reichen die Konflikte der Eltern Jahre zurück, mitunter bis zur Geburt des Kindes. Gerade die Geburt des ersten Kindes bedeutet überraschend häufig einen Bruch in der Beziehung der Partner, der schließlich zur Scheidung führt. Daher fanden wir bei vier- bis sechsjährigen Scheidungskindern Traumatisierungen aus frühester Kindheit, die durch die Scheidung lediglich sichtbar aufbrachen, die Persönlichkeitsentwicklung dieser Kinder aber auch bestimmt hätten, wäre es nicht zur Scheidung gekommen.

Was nun die Frage betrifft, in welchem Alter eines Kindes die Scheidung der Eltern sich auf die Entwicklung des Kindes mehr oder weniger ungünstig auswirkt, ist grundsätzlich zu sagen, daß die mittel- und längerfristigen negativen Auswirkungen um so geringer zu sein scheinen, je älter die Kinder zum Zeitpunkt der Scheidung sind. Am ungünstigsten ist die Situation von Kleinkindern unter vier Jahren, die bereits eine neurotische Entwicklung vor der Scheidung eingeschlagen hatten. Bei diesen Kindern ist die Gefahr einer schweren Ich-Störung und einer Borderline-Entwicklung nicht auszuschließen.

Betrachtet man jedoch die Psychodynamik des Scheidungserlebnisses, so ist diese Aussage von geringem praktischen Wert. Wenn es nämlich stimmt, daß das Scheidungstrauma wesentlich in einer Reaktivierung früherer Objektbeziehungskonflikte besteht, so erklärt sich die eventuell geringere Belastung älterer Kinder dadurch, daß sie bereits eine längere Periode einer günstigen Entwicklung hinter sich haben. Dieser Vorteil würde jedoch wegfallen, wenn der spätere Scheidungszeitpunkt nur dadurch zustande kommt, daß Eltern, trotz massiver ehelicher Konflikte, die Scheidung lediglich des Kindes wegen hinausschieben.

Ein weiterer Einwand ist gegen eine generelle Befürwortung eines möglichst späten Scheidungszeitpunktes vorzubringen. Bisher haben wir die Scheidung lediglich im Hinblick auf die durch sie ausgelösten, entwicklungsrelevanten, psychodynamischen Prozesse betrachtet. Die in der Literatur berichteten Forschungen (s. o.) zeigen jedoch, daß auch den der Scheidung folgenden Sozialisationsbedingungen ein bedeutender Stellenwert zukommt. Zu den für die weitere Entwicklung des Kindes günstigen Bedingungen zählt zweifellos der Fall, daß es der Mutter gelingt, eine *neue Partnerschaft* einzugehen, die es dem Kind ermöglicht, einen Ersatz für das – zumindest zum Teil – verlorene väterliche Liebes-, Identifizierungs- und Triangulierungsobjekt zu finden. Verständlicherweise ist diese Chance jedoch um so größer, je früher die Scheidung der Eltern stattgefunden hat.

Geschlechtsspezifische Scheidungsreaktionen

Unsere Untersuchungen haben ergeben, daß Jungen durch die Scheidung unmittelbar mehr belastet zu sein scheinen als Mädchen. Das stimmt auch mit der Literatur überein (Guidubaldki/Perry 1985; Leahy 1984; Wallerstein/Kelly 1980). Dabei spielen mehrere Faktoren eine Rolle, die – jeweils in unterschiedlicher Gewichtung und Kombination – feststellen lassen:

- Die häufig bei Scheidungskindern zu beobachtende »Wiederannäherung« (verstärkte Abhängigkeit) dürfte von vielen Müttern bei Mädchen unbedenklicher gefunden werden und auch weniger auffallen.
- Die alleinerziehende Mutter gewinnt an Stärke, wodurch sich Jungen, die sich eigentlich als Vertreter des »starken Geschlechts« fühlen, besonders schwach erleben, während sich Mädchen – insbesondere in der post-ödipalen Phase – mit einer starken Mutter gut identifizieren können.
- Damit hängt oft eine größere Bereitschaft der Mädchen zusammen, ihren Müttern im Haushalt beizustehen, was der Mutter Entlastung bringt, während die größere Abhängigkeit der Jungen für sie meistens nur Belastung ist.
- Auch erinnern Jungen die Mütter eher an den Vater, wodurch die Mutter-Kind-Beziehung mehr belastet wird.

Von daher wäre zu erwarten, daß Jungen möglicherweise einen Stiefvater nötiger haben und ihn daher besser akzeptieren würden als Mädchen, was sich auch zu bestätigen scheint (s. a. Clingempeel/Ievoli/Brand 1984; Wallerstein/Kelly 1980 und Abschnitt »Neue Partnerschaften der Eltern«).

Kinder ohne sichtbare Scheidungsreaktionen

Ein Wort gilt es zu jenen Kindern zu sagen, die nach außen hin keine oder scheinbar nur positive Reaktionen auf die Scheidung zeigen, wenn sie etwa ruhiger und braver werden; sich in der Schule mehr bemühen; selbständiger werden; oder sogar ihre Symptome *verlieren*.

Wir konnten eine Reihe solcher Kinder untersuchen. Es handelte sich meist um die »problemlosen« Geschwister jener Kinder, derentwegen die Eltern zur Beratung kamen. In allen diesen Fällen mußten wir feststellen, daß es sich dabei nur um eine besondere Form der Bewältigung der im Zuge der Scheidung aktivierten Ängste handelte. Vereinfacht ausgedrückt haben wir es bei diesen Kindern mit einer neurotischen Anpassung zu tun, häufig verbunden mit deutlichen Anzeichen einer künftigen depressiven Entwicklung.

Überrascht waren wir, wieviele Kinder die Information über die Scheidung oder die Tatsache der (plötzlichen) Trennung laut Auskunft der Eltern ohne unmittelbare affektive Reaktionen hinnahmen. Selbst wenn man jene Fälle abzieht, in welchen die Eltern die (vorhandenen) Reaktionen der Kinder nicht wahrgenommen haben, nicht wahrnehmen wollten oder verdrängt haben, scheint die *Verleugnung* von Trennungsschmerz oder Angst vor vollständigem Objektverlust eine überaus häufige Spontanabwehr von Kindern zu sein. Oft mag dabei auch die Erwartungshaltung der Eltern, ihre Hoffnung, es würde die Kinder nicht zu sehr treffen, die sich den Kindern subtil vermittelt, eine Rolle spielen. Eine Ausnahme bilden nur ganz junge Kinder, die noch keine eigenständige Objektbeziehung zum Vater aufgebaut hatten und sein Wegbleiben daher kaum realisieren.

Der Fall dagegen, daß die familiäre Situation für das Kind so belastend war, daß es sich – ohne jede Verleugnung, Spaltung, Verschiebung – durch den Weggang des Vaters ausschließlich befreit fühlt und der Trennung auch keine größere Konfliktbelastung der Objektbeziehung zur Mutter folgt, dürfte zu den überaus seltenen Ausnahmen zählen. Wir sind solchen Kindern bislang noch nicht begegnet.

Zwischen Trauma und Hoffnung

Kehren wir zu den unmittelbaren Scheidungsreaktionen der Kinder zurück: ihrer Trauer, ihren Ängsten, Aggressionen und Schuldgefühlen, die sich alle auf ganz unterschiedliche Art und Weise äußern können. Wenn wir uns die Bildungsmechanismen neurotischer Symptome (vgl. Fußnote 3) vor Augen halten, kommen wir zu dem Schluß, daß ein Großteil der kindlichen Scheidungsreaktionen gar keine neurotischen Symptome im eigentlichen Sinne darstellen, sondern geradezu das Gegenteil: die Auflösung (verfestigter) Abwehrstrukturen und damit zusammenhängend die Folgen des Durchbruchs von (verdrängten) Triebwünschen und Ängsten.

Natürlich kann es sich dabei nicht um einen stabilen Zustand handeln, weil aktivierte Triebkonflikte notwendig neuerliche Abwehrprozesse in Gang setzen. Genau an diesem Punkt des Geschehens steht das Kind aber vor einer Gabelung seines künftigen Entwicklungsweges »zwischen Trauma und Hoffnung«: Jene »posttraumatischen Abwehrprozesse« stellen nämlich das vor der Scheidung bestehende Gleichgewicht nicht einfach wieder her. Die Massivität, mit der frühere psychische Konflikte innerhalb einer kurzen Zeit wieder aufbrechen, und die Kumulation der beteiligten Ängste führen dazu, daß das wiedererlangte Gleichgewicht weit »neurotischer« ist als das frühere. Auf der anderen Seite birgt die Auflösung der alten Abwehrstrukturen für die künftige Entwicklung der Kinder auch eine Chance in sich.

Wenn nämlich psychische Konfliktlösung bedeutet, einen Ausgleich oder Kompromiß zwischen Befriedigung und Angstvermeidung in die Wege zu leiten und (insbesondere bei kleinen Kindern vor der Latenzphase[7]) die Ängste wesentlich von der Umwelt, das heißt den Objekten, ausgehen, so folgt daraus, daß ein Eingriff in diesen Prozeß der neuerlichen »posttraumatischen Konfliktlösung« dessen Richtung beeinflussen kann.

Wenn es gelingt, Kindern beim Ausdrücken ihrer Sehnsüchte und Wünsche zu helfen und ihnen in realitätsadäquater Weise entgegenzukommen; ihnen die Gelegenheit zu geben, Enttäuschung, Kränkung, Wut angstfrei auszudrücken und den Eltern zu helfen, diese Äußerungen auch annehmen zu können; aktualisierte Ängste, Angstphantasien (Vernichtungsängte, Wiederverschlingungsängste, Kastrationsängste, Trennungsängste) zu entlasten – und zwar verbal wie nonverbal –, besteht eine gute Chance, neuerlichen pathogenen Abwehrprozessen vorzubeugen.

---

7 Als *Latenzphase* bezeichnet die Psychoanalyse die Zeit nach dem 7. Lebensjahr bis zur Pubertät. In dieser Phase hat sich das Über-Ich des Kindes (vgl. Fußnote 6) ausgebildet und die Abwehr der frühkindlichen Konflikte (vgl. Fußnote 3) stabilisiert.

Unter Umständen ereignet sich sogar noch mehr: Üblicherweise ist die Durchbrechung der Abwehr nur im Rahmen eines psychotherapeutischen Settings möglich. Die Erschütterung durch das Scheidungstrauma und die damit verbundene (teilweise) Auflösung verfestigter Abwehrformationen eröffnen bei einer gleichzeitigen gezielten Stützung auch die Chance einer Korrektur eventuell bereits vor der Scheidung eingeleiteter neurotischer Entwicklungen. Das heißt, daß – in günstigen Fällen – eine pädagogische Hilfe durch die Scheidungseltern in der Lage ist, *therapeutische Effekte* im eigentlichen Sinn zu erzielen, die über bloße Anpassung und aktuelle Symptomfreiheit hinausgehen und Entwicklungschancen des Kindes wiedereröffnen.

In diesem Zusammenhang ist berichtenswert, daß Kinder mit dem Scheidungserlebnis um so besser zurechtkamen, je toleranter sich die Mutter in der Phase aktivierter Angst den spontanen Regressionsneigungen[8] gegenüber verhielt. Diese Erfahrung läßt sich im Rahmen des vorgestellten Konzepts von der Dynamik des Scheidungserlebnisses gut erklären: Es ist plausibel, daß eine solche Toleranz den akuten Abwehrdruck auf freiwerdende Trieb- und Aggressionsneigungen mindert. Je höher dagegen dieser Druck, desto wahrscheinlicher ist die Aktivierung massiver und damit pathogener Abwehrmechanismen.

Die meisten Autoren sind sich darüber einig, daß eine günstige Entwicklung der Kind-Vater-Beziehung nach der Scheidung für die Entwicklungschancen des Kindes von überragender Bedeutung ist. Scheidungskinder mit einer guten Beziehung zum Vater verfügen über ein höheres Selbstbewußtsein (Leahy 1984), während sich Kinder von Vätern, die sich nicht um sie kümmern, unwichtig und gekränkt fühlen (Kalter/Pickar/Lesowitz 1984) und in ihrem Selbstbewußtsein und in ihrer sozialen Reife hinter ihren Altersgenossen zurückbleiben (Wallerstein/Kelly 1980). Scheidungskinder mit einer guten Vaterbeziehung haben weniger Symptome und vermögen sich besser an die neue Lebenssituation anzupassen (Doust 1983; Leahy 1984).

Grundsätzlich bestätigen unsere Untersuchungen diese Erkenntnisse. Jedoch wurden wir in einigen Fällen auf das Problem hingewiesen,

---

8 Die Regressionen von Scheidungskindern sind eine Begleiterscheinung der Auflösung der Abwehrstrukturen. Sie äußern sich etwa in Unselbständigkeit, Anschmiegsamkeit, dem Wunsch, die Mutter zu kontrollieren, Angst vor dem Alleinsein, Weinerlichkeit, Einnässen.

daß die Realisierung einer guten, von Loyalitätskonflikten möglichst befreiten Beziehung zwischen Kind und Vater nicht ausschließlich an den ungelösten Partnerschafts- und Scheidungsproblemen der Eltern (Bernhardt 1986; Doust 1983) zu scheitern droht. Die Ablehnung der Beziehung zum Vater kann *auch vom Kind* kommen. Es handelt sich dabei kaum um die Folge einer unmittelbaren Beeinflussung durch die Mutter, sondern um das Ergebnis unbewußter Konfliktverarbeitung: sei es, daß das Kind die Schuld an der Scheidung dem Vater gibt (oder auf ihn projiziert) und die erlittene Kränkung über das Verlassenwerden mit Wut beantwortet; sei es, daß die Schuldgefühle das Kind fürchten lassen, der Vater könnte sich rächen; oder daß die Ambivalenzkonflikte des Kindes in seinen Objektbeziehungen zu den Eltern so stark werden, daß es der Angst durch die Spaltung in die »gute Mutter« und den »bösen Vater« zu entgehen sucht (natürlich ist auch der umgekehrte Fall möglich).

In diesen Fällen bedarf es großer Behutsamkeit (und unter Umständen auch einer fokussierten therapeutischen Hilfe), die es dem Kind ermöglicht, das Risiko einzugehen, sich mit seinem Vater von neuem einzulassen. Andernfalls hat die Kind-Vater-Beziehung wenig Aussicht, dem Kind zu helfen. Darüber hinaus kann es unter Umständen zu einer Erschütterung der Vertrauensbeziehung zur Mutter kommen, die es in den Augen des Kindes nicht schafft, es vor dem (gefürchteten) Vater zu schützen.

Langfristige Entwicklungsfolgen der Scheidung

Es sind grundsätzlich zwei Arten von langfristigen Scheidungsfolgen zu unterscheiden: die unspezifischen und die spezifischen Scheidungsfolgen. Als *unspezifische* Scheidungsfolgen bezeichne ich eine allgemein erhöhte Disposition, künftigen schwierigen Lebenssituationen weniger gut gewachsen zu sein als Menschen ohne traumatische Trennungserfahrungen und darauf mit neurotischen Symptomen oder Verhaltensweisen zu reagieren, die den realen Problemen wenig angemessen sind und daher psychisches Leid prolongieren, verstärken oder überhaupt hervorrufen. Die besondere Qualität dieser Symptome und Reaktionen hängt jedoch weniger mit den konkreten Trennungserfahrungen zusammen als mit anderen, vom Trennungstrauma unabhängig bestehenden Persönlichkeitseigenschaften, deren Ausbildung mit dem ersten Lebenstag beginnt. Der Grund für diese erhöhte *neu-*

rotische Disposition liegt in der oben beschriebenen Radikalisierung der psychischen Konflikte während und nach der Scheidung. Die Bedrohlichkeit der Konflikte, die in der sogenannten posttraumatischen Abwehr aus dem Bewußtsein verbannt werden mußten, ist um einiges höher als die jener Konflikte, die im Laufe der Zeit – vor der Scheidung – ganz allmählich abgewehrt wurden oder sogar erfolgreich bewältigt werden konnten.

Als *spezifische* Scheidungsfolgen bezeichne ich dagegen besondere Charaktereigenschaften, Erlebnisweisen und Handlungsbereitschaften, die mehr oder weniger direkt auf das Trennungstrauma zurückgehen. Sie betreffen vor allem den Umgang mit Aggressionen, das geschlechtsspezifische Selbstbild, das Selbstwertgefühl, die Adoleszenzkonflikte, die verinnerlichten Modelle künftiger Partnerschaften sowie typische Strategien zur Lösung von Beziehungskonflikten (Figdor 1991 u. ausführlich bei Figdor in Vorb.). Als Beispiel möchte ich nur einen Aspekt herausgreifen: die Auswirkung der Trennung vom Vater auf das geschlechtsspezifische Selbstbild.

Wir müssen uns dazu vorstellen, was es für ein kleines Mädchen bedeutet, wenn die große Liebe der frühen Lebensjahre sich dadurch auszeichnet, daß der allererste Mann, der als Liebespartner auftrat, es verlassen hat. Scheidung ist nämlich nicht bloß schicksalhafter Verlust des einen Elternteils, sondern immer auch ein Verlassenwerden. Aus ihrer egozentrischen Weltsicht heraus ist es vielen Kindern ganz unbegreiflich, daß sich der Vater von ihnen trennt – auch wenn er sich mit der Mutter nicht mehr versteht: »Ist denn nicht unsere gegenseitige Liebe wichtiger als die Streitereien mit der Mutter? Daß er geht, kann deshalb doch nur heißen, daß er mich nicht oder nicht genug liebt!«

Das heißt, jede Trennung ist immer auch ein Verrat an der Liebe zwischen dem Kind und dem weggehenden Elternteil. Sie ist mit großen narzißtischen Kränkungen verbunden und mit großen Einbußen am Selbstwertgefühl der Kinder. Wer von uns schon einmal von einem Partner verlassen worden ist, weiß, daß das immer mit Überlegungen einhergeht wie: »War ich vielleicht nicht gut genug, schön genug, klug genug? Habe ich seine oder ihre Erwartungen nicht erfüllt?« Jedes Verlassenwerden nimmt uns auch ein Stück unseres Selbstwertgefühls.

Ebenso läßt sich unschwer verstehen, daß es für den kleinen Jungen nicht gleichgültig sein kann, wenn jener Mensch, der ihm seine sexuelle Rollenidentität vermittelt, der sein großes Vorbild darstellt, plötzlich weg ist. Denn der Junge lebt mit einer Frau zusammen, die er zwar liebt, die aber gleichzeitig Familienoberhaupt ist, also das Sagen hat und die Stärkere ist. Der Junge wächst somit unter Sozialisationsbedingungen heran, in denen er stets die Frau als die Starke, Beherrschende und sich, den »Mann«, als den Kleinen, Beherrschten erlebt.

Es läßt sich leicht denken, daß derartige Erfahrungen aus früher Kindheit auch für das Schicksal späterer Partnerschaften nicht günstig sind: Sei es, daß solche Kinder in hohem Maß von ihren Müttern abhängig sind und dann sehr lange in dieser Abhängigkeit bleiben; sei es, daß sie sich Hals über Kopf in die erste Partnerschaft stürzen, die es ihnen ermöglicht, aus dieser Abhängigkeit herauszukommen; oder – wenn wir an das Phänomen der *Übertragung*[9] denken – daß diese Phantasien und unbewußten Muster vom anderen Geschlecht auf den späteren Partner übertragen werden: Der Mann sieht, erwartet oder fürchtet dann in seiner eigenen Frau (unbewußt) die ihn einst beherrschende Mutter, beziehungsweise umgekehrt die Frau in ihrem Mann den Vater, der sie einst verlassen und verraten hat und von dem sie (natürlich auch unbewußt) dasselbe erwartet oder fürchtet. Mitunter kommt es vor, daß schon die Wahl der Partner entsprechend getroffen wird: daß Männer unbewußt tatsächlich solche beherrschenden Frauen und die Frauen solche Männer suchen, die sie dann tatsächlich verlassen. Selbst wenn das nicht der Fall ist, sind schon die diesbezüglichen Phantasien und Befürchtungen ungünstige Startbedingungen für eine Partnerschaft. In diesen Zusammenhängen liegt auch einer der Gründe, warum so viele Scheidungen von Männern und Frauen vollzogen werden, die einst selbst Kinder von Eltern waren, die sich scheiden ließen.

Angesichts der gravierenden Langzeitfolgen der Scheidung könnte sich die Frage aufdrängen, ob es als Eltern pädagogisch überhaupt *verantwortbar* ist, sich scheiden zu lassen. In diesem Zusammenhang ist jedoch daran zu erinnern,

- daß die Alternative zur Scheidung ja nicht eine glückliche, sondern eine konfliktbehaftete Partnerschaft wäre, und von den Elternkonflikten ebenfalls pathogene Einflüsse ausgehen;

---

9 Unter *Übertragung* versteht man in der Psychoanalyse das Phänomen, daß bei allen sozialen und emotionalen Beziehungen unbewußt auf den Partner – mehr oder weniger stark – Aspekte von Beziehungen oder Beziehungsmuster aus der eigenen Kindheit projiziert werden: Bedürfnisse, Erwartungen, Gefühle, damit verbundene soziale Strategien und anderes mehr.

– daß ein Teil der langfristigen Scheidungsfolgen auch auf das Konto der belastenden familiären Sozialisationsbedingungen *vor* der Scheidung zurückgeht.

Und noch etwas ist zu bedenken: Scheidung ist nicht gleich Scheidung. Wie gestaltet sich das Zusammenleben nach der Trennung? Wie gut können die Bezugspersonen das Kind unterstützen? Ich habe bereits darauf hingewiesen, daß sogar dem traumatischen Zusammenbruch eine quasi therapeutische Chance innewohnt (die allerdings in der Regel professioneller Unterstützung der Erwachsenen oder auch der Kinder bedarf; vgl. FIGDOR 1994 u. 1997).

Neue Partnerschaften der Eltern

Auch neue Partnerschaften der Eltern, vor allem der Mutter, gehören zu den Chancen, das Trennungstrauma gut zu bewältigen, besonders was die spezifischen Langzeitfolgen betrifft. Ob sich ein neuer Partner der Mutter tatsächlich auf die Persönlichkeitsentwicklung des Kindes positiv auswirkt, ist freilich nicht vorweg auszumachen. Nicht umsonst ist die Wiederverheiratung ein ebenso häufiger Anlaß für das erstmalige Auftreten von Symptomen wie die Scheidung selbst. Von den vielen Faktoren, die hier zusammenspielen, dürften unserer Erfahrung nach zwei von besonderer Bedeutung sein:

– Auf der Seite des Kindes: Ihm wird die Akzeptierung des neuen Partners der Mutter um so leichter fallen, je vollständiger es die im Zuge der Scheidung aktivierten oder entstandenen Trennungsängste gegenüber der Mutter überwunden hat und daher den Verlust des mütterlichen Objekts an den neuen Mann nicht fürchten muß. (Ob dies der Fall ist, läßt sich allerdings den äußerlichen Verhaltensweisen des Kindes nach nicht immer beurteilen; vgl. Abschnitt »Kinder ohne sichtbare Scheidungsreaktionen«). Eine Ausnahme bildet der Fall, daß der neue Partner den Vater unmittelbar ersetzt. Sollte das Kind zu diesem (schon vor der Scheidung) eine gute Beziehung aufgebaut haben, kann es sein, daß dadurch die beschriebenen Auswirkungen der Scheidung auf die Objektbeziehung zur Mutter aufgefangen werden. Das Scheidungstrauma bleibt gewissermaßen latent, was spätestens dann deutlich wird, wenn auch diese neue Beziehung zu Ende geht.
– Auf der Seite des Stiefvaters (aber auch der Eltern) kommt es we-

sentlich darauf an, ob es gelingt, zwischen Stiefvater und Kind eine Beziehung so behutsam aufzubauen, daß das Kind nicht in einen Loyalitätskonflikt zwischen seinem (immer noch geliebten) Vater und dem (grundsätzlich ersehnten) neuen männlichen Objekt gerät.

Schlußwort: Scheidung, Tod und Krieg

Ich habe viel mit Scheidungskindern gearbeitet, habe Patienten, die in ihrer Kindheit einen Elternteil durch Tod verloren, und habe seit zwei Jahren ein 10jähriges bosnisches Flüchtlingskind in Therapie, das seine gesamte Familie verloren hat. So verschieden die Anlässe und die Art der Trennung, so unterschiedlich die Einzelheiten der individuellen Schicksale auch sind, die Ähnlichkeiten der Traumatisierung sind bemerkenswert. Ich hoffe, daß nun, nachdem ich versucht habe zu zeigen, welche psychodynamischen Prozesse das Scheidungstrauma ausmachen, diese Übereinstimmungen nicht mehr so überraschen, sondern erklärlicher sind:

- die Gefühlsüberschwemmung, mit Trauer, Wut, Verzweiflung, Angst, Schuldgefühlen;
- der plötzliche bis allmähliche Zusammenbruch der Abwehr, der alte psychische Konflikte wieder an die Oberfläche spült;
- die neuerliche »posttraumatische« Abwehr auf einem pathogenen Niveau, die dem Kind jedoch auch ein gewisses Maß an Anpassung an die neuen Lebensumstände ermöglicht;
- die sogenannten spezifischen Langzeitfolgen des Trennungserlebnisses, die sich bei jeder Art von Trennung einstellen.

  Bei allen drei Gruppen besteht auch eine Chance, die das Aufgefangen-Werden in einem neuen Heim mit sich bringt. (Bedenkt man in diesem Zusammenhang, welch große Bedeutung dabei die Wiedergewinnung der Triangulierungsmöglichkeiten durch den neuen Partner der Mutter für die psychische Entwicklung des Kindes hat, läßt sich abschätzen, daß die SOS-Kinderdörfer – bei allem Segensreichtum dieser Einrichtung – in dieser Hinsicht ein nicht zu unterschätzendes strukturelles Defizit aufweisen, in dem sie sich wesentlich auf die »Mutter-Familie« beschränken.)

Dennoch soll nicht verhehlt werden, daß es auch Unterschiede gibt. Ich neige allerdings dazu, diese Unterschiede eher als quantitative zu verstehen: Da ist für manche Scheidungskinder die große Chance, mit Hilfe einer kontinuierlichen Beziehung zum Vater das Trennungstrauma gut zu bewältigen. Kinder, deren Väter gestorben sind, allerdings auch sehr viele Scheidungskinder, haben diese Chance nicht. Der zweite Unterschied betrifft die Mütter: Auch wenn ein Scheidungskind in seinem Erleben einen Teil des »guten« Mutterbildes verliert, macht es natürlich einen Unterschied, ob es nicht nur den Vater, sondern auch die Mutter körperlich, also vollständig verliert. *Ein* Unterschied ist freilich nicht nur gradueller Natur: Der *Schrecken,* dem Kinder im Krieg ausgesetzt sind, läßt sich mit nichts vergleichen. Ein Mensch, wie alt auch immer, kann nach einem solchen Ereignis nicht mehr derselbe sein wie zuvor, weil sich die Welt von einer Seite gezeigt hat, die wir und unsere Kinder bestenfalls aus Alpträumen kennen. Nicht die Trennung, sondern das Unfaßbare, das Grauen ist es, was Kinder, die dem Krieg entronnen sind, tatsächlich wesentlich von Scheidungskindern unterscheidet.

Literatur

BEDKOWER, J., OGGENFUSS, F. (1980): Scheidungskinder und Schule. In: Familiendynamik 5: 242–271.

BÜHLER, H., KÄCHELE, ST. (1978): Die Ehescheidung als pathogener Faktor – eine kinder- und jugendpsychiatrische Untersuchung. In: Praxis der Kinderpsychologie und Kinderpsychiatrie 27/8: 269–298.

BERNHARDT, H. (1986): Eltern-Kind-Beziehungen in Scheidungsfamilien. In: Fragmente 22: 99–114.

BURGNER, M. (1985): The oedipal experience: effects on development of an absent father. In: The Int. Journ. of Psa. 66: 311–320.

CLINGEMPEEL, U. G., IEVOLI, R., BRAND, E. (1984): Structural complexity and the quality of stepfather-stepchild relationships. In: Fam. Process 23/4, 547–560.

DARDE, M. (1983): L'embrouille. In: Soins Gynécologie – Obstétrique – Puéric – Pédiatrie 25/26: 39–41.

DOUST, M. (1983): Family breakdown. In: Nursing 20/2: 584–585.

FIGDOR, H. (1991): Kinder aus geschiedenen Ehen. Zwischen Trauma und Hoffnung. Mainz, 5. Auflage 1995.

FIGDOR, H. (1994): Zwischen Aufklärung und Deutung. Zur Methode und Technik psychoanalytisch-pädagogischer Beratung von Scheidungseltern. In: EGGERT-SCHMID, NOERR u. a. (Hg.): Das Ende der Beziehung? Frauen, Männer, Kinder in der Trennungskrise. Mainz.

FIGDOR, H.: Hilfen für geschiedene Eltern und ihre Kinder. Zwischen Trauma und Hoffnung. Bd. 2 (Arbeitstitel; in Vorb.)

GUIDUBALDKI, J., PERRY, J. D. (1985): Divorce and mental health sequilae for children: a two-year follow-up of a nationwide sample. In: Journal of the Am. Academy of Child Psychatry 24: 531–537.

IRVIN, H. H., BENJAMIN, M., TROCME, N. (1984): Shared parenting: an empirical analysis utilizing a large data base. In: Fam. Process 23/4: 561–569.

KALTENBORN, K. F. (1986): Das kommunikative Verhalten des Scheidungskindes in der kinderpsychiatrischen Exploration. In: Fragmente 22: 149–166.

KALTER, N., PICKAR, J., LESOWITZ, M. (1984): School-based developmental facilitation groups for children of divorce: A preventive intervention. In: Am. Journal of Orthopsychiatry 54/4: 613–623.

KALTER, N., PLUNKETT, J. W. (1984): Children's perceptions of the causes and consequences of divorce. In: Journal of the Am. Acad. of Child Psychiatry 23: 326–334.

LEAHY, M. (1984): Findings from research on divorce: Implications for professional's skill development. In: Am. Journal of Orthopsychiatry 54/2: 298– 317.

LIMBACH, J. (1986): Die Existenzsicherung von Müttern. In: Fragmente 22: 181–202.

PAUL, N. L. (1980): Die Scheidung als äußerer und innerer Prozeß. In: Familiendynamik 5: 229–241.

PEDRO-CARROLL, J.L., COWEN, E. L., HIGHTOWER, A. D., GUARE, J. C. (1986): Preventive intervention with latency-aged children of divorce. In: Am. Journal of Community Psychology 14/3: 277–290.

Psychoanalytic interferences concerning children of divorced parents. Panel report (1983): In: Journal Am. Psychoanalytic Assoc. 31/1: 247–258.

RUDIN, J. (1983): L'aide aux systèmes familiaux en rupture. In: Soins Gynécologie – Obstétrique – Puéric – Pédiatrie 25/26: 51–54.

SCHWEITZER, J., WEBER, G. (1985): Familientherapie mit Scheidungsfamilien: Ein Überblick. In: Praxis der Kinderpsychologie und Kinderpsychiatrie 34: 96–100.

TROJE, H. J. (1986): Zum Begriff des »Fehlverhaltens« als Anknüpfungspunkt für Scheidungsfolgen In: Fragmente 22: 49–72.

WALLERSTEIN, J. S., KELLY, J. B. (1980): Surviving the breakup. New York.

WILLE, A. (1985 a): Scheidungskinder. In: Schweizer Archiv für Neurologie, Neurochirurgie und Psychiatrie 136/6: 91–93.

WILLE, A. (1985 b): Loyalitätskonflikte bei Scheidungskindern. In: Helv. Paediatr. Acta 40/5: 341–348.

WOLCHIK, S. A., SANDLER, I. N., BRAUER, S. L., FOGAS, B. S. (1985): Events of parental divorce: Stressfulness ratings by children, parents and clinicians. In. Am. Journal of Community Psychology 14/1: 59–74.

Karl Hrdina

Wenn ich mich in jemand anderen verwandeln könnte …

Traumatisierung durch Trennung und Verlust

»Man bat einen Rabbi, dessen Großvater ein Schüler des Baalschem gewesen war, eine Geschichte zu erzählen. ›Eine Geschichte‹, sagte er, ›soll man so erzählen, daß sie selber Hilfe sei.‹ Und er erzählte: ›Mein Großvater war lahm. Einmal bat man ihn, eine Geschichte von seinem Lehrer zu erzählen. Da erzählte er, wie der heilige Baalschem beim Beten zu hüpfen und zu tanzen pflegte. Mein Großvater stand und erzählte, und die Erzählung riß ihn so hin, daß er hüpfend und tanzend zeigen mußte, wie der Meister es gemacht hatte. Von der Stunde an war er geheilt. So soll man Geschichten erzählen.‹«

M. Buber, Erzählungen der Chassidim

Der Titel dieses Beitrags ist vom Wortlaut her einem sehr gebräuchlichen psychologischen Test, dem Satzergänzungstest, entnommen und stellt einen von etwa 50 unvollendeten Sätzen dar, die ein Klient aus eigener Phantasie ergänzen soll. Als ehemaliger Psychologe der Heilpädagogisch-Therapeutischen Station der SOS-Kinderdörfer in Österreich habe ich diesen Test rund 300 Kindern vorgelegt, die von ihren Angehörigen getrennt leben mußten oder sie verloren hatten, unter ihnen allerdings nur wenige Vollwaisen. Ungefähr 100 von ihnen waren in der unmittelbaren Trennungssituation und zur Bearbeitung und Klärung ihrer weiteren Unterbringung in die Station aufgenommen worden. Der größere Teil der Kinder lebte schon vor seiner Aufnahme eine geraume Zeit in einer SOS-Kinderdorf-Familie und war wegen massiver Erziehungsschwierigkeiten zu uns geschickt worden.

Dieser Satz schien mir immer schon einen wichtigen Punkt im Selbstbild dieser von Trennung oder Verlust betroffenen Kinder anzusprechen. Nicht, daß sich nicht fast alle Kinder oder auch Erwachsene irgendwann einmal in jemand anderen verwandeln wollten, und sei es nur, um ihren Phantasien Raum zu geben.

Die Wahl dieses Titels soll außerdem darauf hinweisen, daß ich mich in meinem Beitrag nicht nur punktuell mit dem Trennungserlebnis befassen möchte, sondern auch mit den Auswirkungen einer Trennung auf die Persönlichkeit und das weitere Leben des Kindes. Als Psychologe, der für SOS-Kinderdorf tätig ist, setze ich mich eingehend mit der Fremdunterbringung von Kindern auseinander, die aufgrund verschiedenster Umstände nicht mehr bei ihren Eltern leben können.

Die Fragen lauten daher: Wie wirken sich Trennung oder Verlust auf den Lebenslauf der betroffenen Kinder aus? Ergeben sich aus den Erkenntnissen im SOS-Kinderdorf Handlungskonsequenzen für die Betreuungsverantwortlichen? Inwiefern lassen sich solche Erkenntnisse auch über das SOS-Kinderdorf hinaus verallgemeinern?

Das Angebot von SOS-Kinderdorf für betroffene Kinder

Die Intention der Organisation SOS-Kinderdorf besteht darin, Kindern zu helfen, die hinsichtlich ihrer Betreuungssituation in Not sind und sich von ihren bisherigen Bezugspersonen trennen müssen oder mußten. Unser wichtigstes Anliegen ist es, diesen Kindern jene Aufwuchsbedingungen zu bieten, durch die sie ihre Entwicklung zu sozial integrierten Menschen möglichst gut fortsetzen können. Bettelheim formuliert dieses Ziel folgendermaßen:

»Selbstachtung und ein Gefühl, das Leben sei wert, gelebt zu werden, können zu Selbständigkeit führen. Das sind die wesentlichen Bestandteile seelisch-geistiger Gesundheit; echte Autonomie ist die Folge, und sie ist die größte Leistung des Menschen.« (Der Weg aus dem Labyrinth).

Zentrale Grundlage des pädagogischen Konzeptes ist die SOS-Kinderdorf-Familie mit ihrem kontinuierlichen und stabilen Beziehungsangebot, die im Vergleich zur natürlich entstandenen Familie neben den herkömmlichen pädagogischen Aufgaben verstärkt auch heilende und identitätsbildende Aufgaben hat.

Basierend auf den jahrelangen Erfahrungen und Erkenntnissen über die spezifische Situation der uns anvertrauten Kinder haben wir im Laufe der Jahre zusätzliche Maßnahmen eingeführt oder entwikkelt, um den Grundbedürfnissen der Kinder nach Selbstachtung und einer Lebensperspektive gerecht werden zu können. Diese Maßnahmen sind unter anderem:

- ein geplantes und gut koordiniertes Aufnahmeverfahren, durch das der Übergang in die neue Betreuungssituation für das Kind so schmerzlos wie möglich gestaltet werden soll;
- das Angebot einer psychotherapeutischen Begleitung für Kinder und Jugendliche sowie die psychologische Beratung der SOS-Kinderdorf-Mütter in Erziehungsfragen;
- die Zusammenarbeit mit den Herkunftsfamilien der Kinder (»Elternarbeit«), die für die Identitätsentwicklung der Kinder notwendig ist;
- die regelmäßige Überprüfung der Perspektiven des Kindes;
- das Angebot einer Aufnahme in die Heilpädagogisch-Therapeutische Station von SOS-Kinderdorf.

Entsprechen die Ergebnisse den Erwartungen? Diese Frage müssen wir uns – abgesehen von der Kontrollverpflichtung gegenüber der Öffentlichkeit – für die Kinder und im eigenen selbstkritischen Interesse permanent stellen. Es geht dabei nicht nur darum, die Organisation als Ganzes zu reflektieren, sondern auch darum, immer wieder Teilaspekte im Hinblick auf ihre mögliche Weiterentwicklung zu hinterfragen. Das heißt, auch wenn sich das Modell »SOS-Kinderdorf als kontrollierbarer und lenkbarer Pflegeplatz« insgesamt bewährt hat, sehen wir es als unsere Aufgabe, Aspekte wie beispielsweise den Aufnahmevorgang von Kindern oder die Zusammenarbeit mit den Angehörigen regelmäßig kritisch mit dem neuen Stand der Erfahrungen und des Wissens zu vergleichen. Ganz besonders stellt sich auch die Frage, wie die Auswirkungen der Trennung selbst in die Überlegungen hinsichtlich der adäquaten Betreuungsmaßnahmen einzubeziehen sind.

Was bedeutet die Trennungssituation für das Kind?

Die Trennung von den Eltern als existentielle Krisensituation hat besondere Auswirkungen auf das Selbstbild und Weltbild des Kindes. Meinen Erfahrungen nach dominiert unmittelbar nach der Trennungssituation oft ein passives Geschehenlassen; offene Gefühlsreaktionen wie Trauer und Wut, Fassungslosigkeit oder auch Erleichterung sind eher selten. Alle Sinne sind erwartungsvoll, meist etwas ängstlich auf die neue Umgebung gerichtet.

Fragen der eigenen Schuld an der Trennung, Solidarität mit den Eltern, Hoffnung auf das Kommen der Eltern, Fragen des Selbstwertes kommen erst mit der Zeit zum Tragen und sind die entscheidenden Aspekte für die weitere Entwicklung des Kindes.

Als Gründe für Trennungen lassen sich drei Kategorien unterscheiden: *Überforderung der Eltern, Vernachlässigung des Kindes sowie Verletzung des Kindes durch die Eltern.* Je nach Trennungshintergrund ergeben sich auch unterschiedliche psychische Auswirkungen für die Kinder.

Welche Bedürfnisse hat das Kind nach einer Trennung?

Im Fall einer Trennung ist das Kind im Hinblick auf die *gegenwärtige Situation* als Betroffener zu achten. Seine emotionale Befindlichkeit ist bei allen Handlungen wichtig zu nehmen und zu berücksichtigen. In der Folge ist für das Kind eine Auseinandersetzung mit dem retrospektiven wie auch dem perspektivischen Aspekt des Geschehens notwendig. Beide Aspekte erscheinen mir von grundlegender Bedeutung für die weitere Entwicklung des Kindes zu sein.

Der *retrospektive Aspekt* richtet sich auf das bereits Geschehene und bezieht sich auf das Erklärungsbedürfnis des Kindes wie des Erwachsenen. Erklärung bedeutet Sicherheit, setzt sich mit der Schuldfrage auseinander und bestimmt gemeinsam mit anderen Faktoren auch wesentlich den Selbstwert eines Menschen.

Mindestens ebenso wichtig, wenn nicht noch wichtiger ist der *Blick voraus.* Bei jeder Maßnahme muß sich der Betreuer fragen, ob für das Kind eine reale Perspektive enthalten ist (Wer ist die primäre Bezugsperson, wo ist der zentrale Lebensraum des Kindes, für wie lange wird er das sein?).

Durch die Berücksichtigung aller drei Zeitaspekte – Vergangenheit, Gegenwart und Zukunft – wird der Realitätsbezug des Kindes unterstützt.

Erklärungsbedürfnis

Die Erklärung des bisherigen Geschehens ist für das Kind und seine weitere Entwicklung wichtig: Wie hat das Kind die Trennung erlebt? Wie beurteilt es seine eigene Rolle im Zusammenhang mit dem, was geschehen ist? Der Blick richtet sich in die Vergangenheit. Immer wieder wird gefragt, ob es sinnvoll ist, in der Vergangenheit zu wühlen und alte Wunden aufzureißen. Zum einen geschieht diese Auseinandersetzung als psychischer Mechanismus ohnehin automatisch, und zum anderen bestimmen wir unsere Handlungen oft aus der Interpretation des vergangenen Geschehens.

Meine Erfahrung zeigt, daß das Kind immer seine eigene, individuelle Erklärung dafür hat, was geschehen ist, und auch dafür, wer die Schuld daran trägt. Unsere Aufgabe dabei ist es zu helfen, etwaige destruktive Erklärungssysteme des Kindes aufzuweichen und aufzulösen. Die Schuldfrage hat viele Facetten. Nach S. Freud lassen sich Schuld- und Minderwertigkeitsgefühle oft gar nicht unterscheiden, und diese Ansicht möchte ich anhand eines Beispiels verdeutlichen:

A. ist der Meinung, ein böses Kind zu sein: Sie hat eine Herdplatte aufgedreht, so daß die Feuerwehr anrücken mußte. Sie hat das Baby ihrer Mutter vom Sessel gestoßen. Außerdem besteht der Verdacht, daß ihr der neue Mann der Mutter (A. wird von der Großmutter aufgezogen) nahegetreten ist. A. ist während ihrer Kindheit – sie lebt seit ihrem 6. Lebensjahr im SOS-Kinderdorf – sehr distanzlos und sexuell stark ansprechbar. Sie interpretiert ihre Fremdunterbringung eindeutig als Folge ihrer vermeintlich bösen Taten. Die Logik heißt: Schuld als Folge von Bösartigkeit; als bösartiges Kind auch nicht wert, geliebt zu werden.

Wenn es im Fall von sexuellem Mißbrauch, körperlicher Mißhandlung des Kindes oder dem Selbstmord eines Elternteils zu einer Trennung kommt, fühlt sich häufig das *Kind* am Zerbrechen der Familie schuldig und glaubt, für seine Fremdunterbringung selbst verantwortlich zu sein.

Das Einbeziehen der Angehörigen in den Klärungsprozeß, der nie zu Ende ist, kann die Realitätssicht und die Identitätsbildung des Kindes in einem positiven Sinn fördern. Scheitert dieser Prozeß, besteht die Gefahr einer Realitätsverkennung und der Verfestigung eines negativen Selbstbildes beim Kind.

Dabei ist die Häufigkeit der Besuchskontakte zu den Angehörigen für ein Gelingen dieses Prozesses nicht ausschlaggebend. Hierin können in manchen Fällen sogar Stolpersteine für das Kind liegen: Es besteht die Gefahr der Ausbeutung des Kindes (»Meine Mutter kann ohne mich nicht leben, ist vielleicht sogar suizidgefährdet«), der Rivalität mit neuen Kindern und Partnern (»Du bist in erster Linie mir und nicht deinen neuen Familienmitgliedern verpflichtet«) sowie des Auslebens von Vergeltungsbedürfnissen.

Lebensperspektive

Neben dem Verstehen des bisherigen Geschehens als mitbestimmenden Faktor für die Identität und den Selbstwert eines Kindes ist die Auseinandersetzung mit seiner Zukunftsperspektive das zweite grundlegende Bedürfnis des Kindes, ohne dessen Berücksichtigung seine Entwicklungschancen beeinträchtigt sind. Bleibt es nur bei der Suche nach Erklärungen, so dreht sich alles im Kreis. Die weiteren wesentlichen Fragen für das Kind lauten: Wo gehöre ich hin? Wie lange bleibe ich?

Damit das Kind Neues annehmen und in sein Leben integrieren kann, müssen Unklarheiten weitestgehend beseitigt und seine aktuellen Konflikte gelöst werden. Ein Kind, das sich an einem Ort nicht einleben, seine Unterbringung nicht akzeptieren kann, kann sich auch nicht entwickeln. Destruktivität für die gesamte Gruppe ist die Folge.

Die Fortsetzung oder Herstellung der Beziehung zu den Angehörigen kann für das Kind – abgesehen von der Funktion der Identitätsbildung – auch wertvolle Aufgaben im perspektivischen Sinn erfüllen. Dabei kann es sich sowohl um Unterstützung in seinen aktuellen Lebensbedingungen handeln (materiell, Freizeit, gemeinsame Aktivitäten) als auch um eine mögliche Zukunftsplanung, wie beispielsweise eine spätere Übersiedelung zu den Angehörigen. Hierzu wieder ein Beispiel:

B.s SOS-Kinderdorf-Mutter steht kurz vor der Pensionierung. Seine leibliche Mutter lebte als Jungprostituierte ein ziemlich unstetes Leben und stimmte dem Vorschlag der Sozialarbeiterin zu, B. im SOS-Kinderdorf unterzubringen. Als er zehn Jahre alt ist, meldet sie sich wieder bei ihm. Sie hat es mit Hilfe ihres jetzigen Mannes geschafft, ein ›neues Leben‹ zu beginnen. Ab diesem Zeitpunkt kommt es zu regelmäßigen Besuchen. Nach Ende der Schulpflicht soll B. zu ihr übersiedeln, verbunden mit der Bedingung, die Schule positiv abzuschließen. Die Übersiedelung zur Mutter gelingt, heute übt B. einen hochqualifizierten Beruf aus.

Besonders im Zusammenhang mit dem Verhältnis von SOS-Kinderdorf zu den Angehörigen des Kindes möchte ich auf die Wichtigkeit einer Zukunftsperspektive für das Kind hinweisen. Unrealistische Versprechungen, Konkurrenz unter den Erwachsenen um die Gunst der Kinder, das Austragen von familiären Spannungen eröffnen dem Kind keine Perspektive, können äußerst destruktiv wirken und für das Kind alles in Frage stellen. Wir sollten dies in schwierigen Situationen beachten.

Die häufigsten Probleme und Kränkungen, die sich im Kontakt des Kindes mit seiner Herkunftsfamilie ergeben, sind die heimlichen Ankündigungen der Eltern, die Kinder bald wieder zu sich zu nehmen. Dies ist zwar menschlich verständlich, führt aber immer wieder zu großen Enttäuschungen auf allen Seiten.

Daß die Auseinandersetzung mit der Herkunftsfamilie eine für das Kind notwendige, aber für alle Beteiligten nicht immer leichte Aufgabe ist, läßt sich unschwer erahnen. So birgt das Verhältnis der SOS-Kinderdorf-Mutter zur leiblichen Mutter des Kindes schon per se Problempotential in sich, das manchmal als versteckte Konkurrenz und manchmal als offener Konflikt zum Vorschein kommt.

C. (10 Jahre alt), der von seiner Mutter schwer mißhandelt worden war, erklärte seiner Kinderdorfmutter bei Konfrontationen häufig, daß sie nicht seine richtige Mutter sei, ihm nichts an ihr liege und sie ihm nichts zu sagen habe. Seine Mutter unterstützte C. darin und versprach ihm immer wieder, einen Rückführungsantrag zu stellen. Die Kinderdorfmutter stimmte einer Beurlaubung des Kindes vor allem deshalb zu, um es selbst erkennen zu lassen, wie gut es ihm bei ihr selbst ginge. Ihre Enttäuschung war groß, als es ihm bei seiner Mutter wirklich gut gefiel.

Trennung – ja oder nein? Was ist die richtige Unterbringung?

Die Erörterung dieser Fragestellung mag überraschend erscheinen, da gesetzlich klar geregelt ist, wer die Entscheidungsinstanzen für die Fremdunterbringung von Kindern sind. Ganz sicher ist es nicht die aufnehmende Institution oder Familie, die diese Entscheidung trifft. Trotzdem sollte sich auch der Helfer der Entscheidungsabläufe und seiner eigenen Rolle darin bewußt sein, geschieht es doch gar nicht so selten, daß er sich als »Fachmann« in die Rolle gedrängt sieht, eine entscheidende Stellungnahme abzugeben, die ihm nicht zusteht und die möglicherweise spätere Kooperationsmöglichkeiten verbaut. Hier gilt es, sein eigenes Helfer- oder auch Geltungsbedürfnis zu kontrollieren.

Bewußt sollte uns auch sein, daß das Wissen um Unterbringungsmöglichkeiten (ihre Aufnahmebereitschaft und Qualität) das Entscheidungsverhalten der verantwortlichen Stellen beeinflußt und auch langfristig Auswirkungen auf die Entwicklung des Angebotes der Jugendwohlfahrt hat. So ist es nicht sinnvoll, sich auf Problemstellungen einzulassen, mit denen man sich unweigerlich überfordert, nur um die augenblickliche Situation zu entschärfen; dies kann letztlich nur zum Nachteil aller Beteiligten führen.

Daraus ergibt sich folgende Fragestellung: Lassen sich aus dem Verhalten der aufzunehmenden Kinder Hinweise für betreuerische und organisatorisch wichtige Entscheidungen ableiten? Wo sind im Verhalten der Kinder jene für uns erkennbaren »Stellen«, an denen wir mit unseren Überlegungen ansetzen müssen?

Ich möchte versuchen, mich diesen »Stellen« zu nähern, und meine Betrachtungen sowohl auf nonverbale als auch verbale Äußerungen der Kinder sowie auf ihr Verhalten in der Zeit der Trennung und nach der Eingewöhnung richten. Befassen wir uns zunächst mit der Situation der Kinder zum Zeitpunkt der Trennung, vor ihrer möglichen Aufnahme in ein SOS-Kinderdorf. Dabei geht es immer um zwei Aufgabenstellungen: den Kindern die Möglichkeit zu bieten, die Trennung so gut wie möglich zu bewältigen, und die richtige Entscheidung für ihre künftige Betreuung zu treffen.

Zwei Geschwister, D. (8 Jahre, weibl.) und E. (14 Jahre, männl.), übersiedeln mit ihrer Mutter in ein Frauenhaus, da sie Schutz vor dem letzten Lebensgefährten der Mutter suchen. Nach einem Monat zieht die Mutter zu einem neuen Freund und läßt die Kinder zurück, der Aufenthaltsort der Mutter bleibt unbekannt. Bei der Frage der Übersiedelung der Kinder in ein SOS-Kinderdorf (nach mehr als einem Monat in der Heilpädagogisch-Therapeutischen Station) ist D. dem Vorschlag gegenüber sehr aufgeschlossen, E. lehnt dies hingegen kategorisch ab. Er meint, für seine Schwester D., zu der er ein sichtbar gutes Verhältnis hat, sei dies sicher die beste Lösung, er selbst könne aber nach seinen Erfahrungen keine Mutter mehr als Autorität akzeptieren und möchte daher lieber in eine Betreuungseinrichtung ohne »Mutter«. Dem Wunsch beider Kinder wird auf unseren Vorschlag hin auch vom Jugendamt entsprochen; die spätere positive Entwicklung der Kinder bestätigt die Richtigkeit dieser Entscheidung.

F. (9 Jahre, männl.) verweigert den Schulbesuch, bei Konflikten sucht er regelmäßig für mehrere Tage Zuflucht bei der Großmutter, die einige Häuser weiter wohnt. Ambulante Beratung und stationäre Aufnahme in eine Klinik ändern nichts. Er selbst will bei seiner Mutter (und dem Stiefvater und zwei Halbgeschwistern) wohnen bleiben. Verwandtschaft und Jugendamt sind jedoch für seine außerfamiliäre Unterbringung, so daß schließlich seine Aufnahme ins SOS-Kinderdorf erfolgt. Auch seine bisherige Entwicklung bestätigt die Richtigkeit dieser Entscheidung.

Diese zwei Beispiele sollen stellvertretend für die meisten unserer Erfahrungen darauf hinweisen, daß die verbale Zustimmung eines Kindes zu seiner neuen Unterbringung oder gar zur Trennung selbst ausschlaggebend für diese Entscheidung sein *kann,* aber nicht sein *muß.* Das, wogegen es sich im Augenblick verständlicherweise wehrt, kann trotzdem das »Richtige«, das Passende sein. Längerfristig gesehen ist es jedoch für das Gelingen unseres Betreuungsangebots Voraussetzung, daß ein Kind seine Unterbringung in einem SOS-Kinderdorf akzeptieren kann.

In diesem Zusammenhang möchte ich auf die Besonderheit der Unterbringung großer Geschwistergruppen hinweisen. Hier sind die ältesten – und damit auch die Kinderdorfmutter – in einer besonders schwierigen Situation. Oft stellen sie die Bindeglieder zu den Eltern dar und fühlen sich nach der Trennung als deren Stellvertreter besonders verantwortlich für die jüngeren Geschwister:

G. (12 Jahre, männl.) hat schon vor dem Tod seiner Mutter die väterliche Autorität (drei Zwillingspaare, ein Ältester und ein Jüngster) übertragen bekommen. Er übt sie auch im SOS-Kinderdorf weiter aus und hat daher heftige Auseinandersetzungen mit der Kinderdorf-Mutter. Als er sie schlägt (»Frauen haben sich unterzuordnen«), kommt es zu seiner langfristigen Aufnahme in die Heilpädagogisch-Therapeutischen Station.

Auch wenn die Unterbringung von Geschwistergruppen generell angestrebt wird, ergeben sich für die einzelnen Kinder oft ganz unterschiedliche Bedingungen. Auch innerhalb einer Geschwistergruppe kann die neue Situation für ein Kind Erleichterung, für das andere neue Belastungen mit sich bringen.

Neben dem Akzeptierenkönnen der neuen Personen und des fremden Ortes muß das betroffene Kind auch mit den spezifischen Bedingungen der jeweiligen Unterbringungsform zurechtkommen; im SOS-Kinderdorf ist dies die *familiäre Situation,* in der das Kind zukünftig leben wird. Die Verantwortlichen müssen daher gut überlegen, ob die Aufnahme die neue Familie oder das Kind selbst überfordern wird.

So wie sich aus der unmittelbaren verbalen Zustimmung oder Ablehnung eines Kindes zur Trennung oft wenig über den weiteren Verlauf seiner Entwicklung sagen läßt, so kann auch aus seinem Verhalten während dieser dramatischen Phase wenig abgeleitet werden. Wir kennen Fälle, in denen die ganze Familie, einschließlich der Kinder, gegen die Trennung regelrecht ankämpfte, bis hin zu Fällen, in denen die Kinder schon mit ihrem Gepäck vor dem Elternhaus auf das Auto der Sozialarbeiterin warteten, ohne daß sich jemand von ihnen verabschiedete. Nach einiger Zeit sah dann manchmal alles wieder ganz anders aus.

Sicherlich können bei einer Fremdunterbringung schwere Fehler im Hinblick auf die weitere Entwicklung des Kindes gemacht werden. Einfühlungsvermögen und vorbereitende Maßnahmen sind notwendige Voraussetzungen, damit das Kind das Trennungserlebnis nicht als vollkommen unerwarteten, überwältigenden Schicksalsschlag erfahren muß. Eine andere wichtige Erfahrung hat uns gelehrt, daß es besser ist, als künftige Pflegepersonen das Kind nicht von seinem vorhergehenden Zuhause abzuholen, da sich dadurch beim Kind die Auffassung verfestigen könnte, die neue Familie habe die Trennung veranlaßt.

Bei jeder Aufnahme geht es entscheidend darum, daß der Betreuungskontext und die beteiligten Personen innerhalb eines (relativ breiten) Spielraums *zueinander passen*. Dies gilt für jede Art der Fremdunterbringung und bedeutet, daß auf diese Weise ein konstruktiver Betreuungs- und Erziehungskontext geschaffen werden kann, der ein befriedigendes Aufwachsen des Kindes in einer familiären Gemeinschaft ermöglicht. Wenn dieses Zusammenpassen gegeben ist, steht einer günstigen Entwicklung des Kindes – abgesehen von Erziehungsproblemen, wie sie in jeder Familie vorkommen – nichts mehr im Wege.

Ist die Integration des Kindes in die SOS-Kinderdorf-Familie gelungen?

Woran erkennt man, ob ein Kind auf unser Angebot anspricht? Wenn das Kind noch sehr jung ist, ist diese Frage an das Kind selbst zu richten wohl eher ungeeignet. Selbst wenn es antworten könnte, kennt es die Alternativen nicht, kann die Konsequenzen nicht abschätzen und ist sich der auf ihn einwirkenden Einflüsse nicht bewußt. Wieder gilt das *Verhalten* des Kindes als eigentlicher Indikator dafür, wie gut es die Trennung bewältigt hat.

Die Schlüsselfrage ist, ob eine *echte innere Anpassung* des Kindes erfolgt ist. Diese Frage läßt sich meist erst später, mitunter viel später als zum Zeitpunkt der Trennung beantworten. Es ist eine Frage des Könnens und Wollens zugleich, wobei jüngere Kinder mit wenigen Ausnahmen aus einem inneren Bedürfnis heraus eine Beziehung suchen und eingehen. Ich spreche bewußt nicht von der aufgesetzten Erwartung, eine ideale Mutter-Kind-Beziehung herzustellen; eine solche kann nicht vorgeschrieben werden, ist kein »Muß«, sondern ein »Kann«. Bedingung für eine befriedigende Entwicklung ist allerdings, daß das Kind das Betreuungsangebot annehmen kann, wenn auch erst nach längerer Zeit.

Unser Beurteilungskriterium für die Integration eines Kindes heißt demnach Anpassung oder Anpassungsschwierigkeit (Scheinanpassung, Fehlanpassung, Ablehnung). Während das Gelingen echter Anpassung keine weiteren Fragen hinsichtlich kompensierender Maßnahmen aufwirft, wollen wir uns hier in der weiteren Analyse mit Anpassungsproblemen auseinandersetzen, da in diesem Fall betreuerische Konsequenzen zu überlegen sind.

Anpassungsprobleme

Ich möchte als zentrales Anpassungsproblem die sogenannte Scheinanpassung bezeichnen. Sie bezieht sich auf das sichtbare Verhalten des Kindes und weist auf eine Diskrepanz zwischen seinem vorgezeigten (demonstrierten) und seinem »heimlichen« (verborgenen) Verhalten hin. Die scheinbare Einsicht des Kindes steht im Widerspruch zu seinem abweichenden Verhalten (z. B. Unordnung, Unterlassen von Arbeiten und Schulaufgaben, Aggression gegen Schwächere, Diebstahl, Anstiftung, deviante sexuelle Handlungen, Bettnässen).

Ich sehe H. noch heute mit schuldbewußt gesenktem Kopf vor der strafenden Instanz sitzen, die ihm wegen eines Diebstahls ins Gewissen redet. Während einer Unterbrechung durch ein Telefonat – der Erzieher dreht nur kurz seinen Kopf weg – stiehlt H. schnell Geld vom Schreibtisch. Der Erzieher bemerkt es erst nach dem Gespräch und zweifelt an seinen pädagogischen Fähigkeiten.

Dieses Erscheinungsbild wurde oder wird als »Verwahrlosung« bezeichnet. Eine verwahrloste Persönlichkeit ist nicht partnerschaftlich gemeinschaftsbildend, nützt die Gemeinschaft jedoch optimal zu ihrem Vorteil aus, auch zum Nachteil anderer.

»Dissozialität liegt vor, wenn einzelne oder gehäufte Verstöße gegen die von der Mehrheit anerkannten Gesetze oder die herrschende Moral erfolgen. (...) Der Begriff ist primär soziologisch orientiert. Verwahrlosung liegt vor, wenn das permanente sozialwidrige Verhalten oder Handeln einer gestörten oder abnormen Persönlichkeit entspringt. (...) Der Begriff ist vorwiegend psychopathologisch ausgerichtet« (Nissen 1976).

Obwohl sich Nissen vom Verwahrlosungsbegriff eher distanziert und dieser im neubearbeiteten Diagnoseschema ICD-10 auch nicht mehr auftaucht, sind viele in der Praxis verwendete Konzepte weiterhin eher strukturalistisch ausgerichtet. Strukturalistisch heißt eine Theorie dann, wenn die Ursachen des Verhaltens in bestimmten natürlich »gewachsenen« Persönlichkeits- oder auch Familienstrukturen angenommen werden, die nicht direkt erfaßbar sind. Eine Änderung des Verhaltens kann über die Beeinflussung von (mehr oder weniger schwer zugänglichen) mechanistischen Ursache-Wirkungs-Zusammenhängen erfolgen. Das heißt, wenn man zum Beispiel annimmt, daß ein Kind, das all sein Spielzeug zerstört, einem inneren Aggressionstrieb folgt, so kann eine Veränderung dieses Verhaltens nur entweder über eine Verringerung des Aggressionstriebs oder durch den Aufbau entsprechender innerer Hemmungsmechanismen erfolgen.

Nach konstruktivistischer (systemtheoretisch begründeter) Auffassung hingegen sind diese als »Realität« angenommenen Sinneinheiten Konstrukte: »Sinnelemente bestehen aus Elementen und Operationen, die sie selber autopoietisch konstruieren« (Krieger 1996). Eine Folge ist, daß man gemäß dieser Modelle nach den kommunikativen Bedingungen und Auswirkungen von Aggression fragt und nicht mit vorausgesetzten Aggressionsquantitäten operieren muß.

Erklärungsmodelle für Anpassungsprobleme

Zur Erklärung dieser Symptomatik möchte ich vor allem auf diese zwei Denkmodelle, das strukturalistische und das konstruktivistische, hinweisen, aus denen sich spezifische Konsequenzen für die Praxis ableiten lassen. Im Hinblick auf die Frage nach der passenden pädagogischen Reaktion spielt die mögliche Erklärung für das Anpassungsproblem eine wichtige Rolle. Welchem theoretischen Modell entspricht das nach einer Fremdunterbringung so häufig auftretende Phänomen der Scheinanpassung?

Besonders eingehend haben sich tiefenpsychologisch-psychodynamisch ausgerichtete Autoren aus dem Bereich der Kinderpsychologie mit dem Phänomen der Verwahrlosung beschäftigt. ANNA FREUD, BETTELHEIM, WINNICOTT sind auf seiten der Theorie, AICHHORN, MEHRINGER, PICKER als Praktiker zu nennen. Ihre Beiträge gehen von der Annahme aus, daß dem Verhaltensbild der »Verwahrlosung« eine spezifische Persönlichkeitsstruktur entspricht.

ANNA FREUD legt zur Planung der therapeutischen Vorgehensweise vier diagnostische Kategorien fest, die nach der Art innerer Konflikte geordnet sind. Verwahrlosung fällt nach dieser Einteilung in die vierte Kategorie und gilt somit als Abart der infantilen Neurose. Der Unterschied zur echten und damit analysierbaren Neurose besteht darin, daß in der infantilen Neurose der Konflikt zwischen Trieb- und Ich-Instanzen in der Persönlichkeit des Kindes beigelegt ist:

»Wenn die Libidobeziehungen in der Entwicklung zurückbleiben oder durch Ereignisse wie Enttäuschungen am Objekt, Trennung vom Objekt, Objektverlust geschädigt werden, erweisen sie sich als zu schwach, um die Aggressionsmengen zu binden. (...) Wo die Fusion zwischen Aggression und Libido sich nicht durch neue geglückte Objektbindungen wiederherstellt, geht der weitere Entwicklungsweg zur Verwahrlosung und Kriminalität. (...) Die Ich-Instanzen widersetzen sich nicht den regredierten Triebabkömmlingen, sondern passen sich ihnen dadurch an, daß sie selbst regredieren, d. h. auf eine niedrigere Entwicklungsstufe zurückfallen, um auf diese Weise jede Konfliktmöglichkeit zwischen Es und Ich zu beseitigen. (...) Wenn der Analytiker in diesen Fällen mehr sein will als ein Störenfried, muß er darauf hinarbeiten, die inneren Widersprüche zwischen Ich und Es wiederherzustellen, d. h. er muß dieselben Konflikte begünstigen oder sogar hervorrufen, von denen er die eigentlich Neurotischen zu befreien sucht« (A. FREUD 1968).

Aus dieser Erklärung folgt, daß Verwahrlosung wohl eine Folge von Trennung sein kann, aber nicht sein muß; eine Traumatisierung kann auch schon früher stattgefunden haben. Aus dem ersteren Fall, wenn also die Verwahrlosung direkt auf die Trennung zurückgeführt werden kann, ergibt sich vorbeugend die Konsequenz, Trennungssituationen, wo es möglich ist, zu »enttraumatisieren«. In jedem Fall sind zur Behandlung nicht Psychoanalyse oder Psychotherapie vorrangig angezeigt, sondern Verfahren, die auf der Herstellung einer Beziehung basieren.

Winnicott spricht von »antisozialer Tendenz« als Persönlichkeitskorrelat zu Verwahrlosung:

»Die antisoziale Tendenz äußert sich in Stehlen und Lügen, Inkontinenz und allgemeiner Unordentlichkeit. (...) Wenn eine antisoziale Tendenz vorhanden ist, ist auch eine echte Deprivation anzunehmen (nicht nur ein einfacher Mangel); d.h. etwas Gutes, das im Erleben des Kindes bis zu einem bestimmten Zeitpunkt vorhanden war, ist verlorengegangen. (...) In der antisozialen Tendenz sind immer zwei Tendenzen vorhanden. (...) Die eine findet ihren typischen Ausdruck im Stehlen, die andere in der Destruktivität. (...) Das Kind, das einen Gegenstand stiehlt, sucht die Mutter, auf die es ein Recht hat. Mittels der anderen Tendenz sucht das Kind nach jenem Grad von Umweltstabilität, der der durch das impulsive Verhalten erzeugten Beanspruchung standhält. (...) Die geeignete Behandlungsmethode ist die Bereitstellung einer Kinderpflege, die das Kind wiederentdecken und in der es wieder mit den Es-Impulsen experimentieren kann – eine Kinderpflege, die man auf die Probe stellen kann. Die Stabilität der neuen Umweltbedingungen macht die therapeutische Wirkung aus« (1983).

Die Frage der Fusion von aggressiven und libidinösen Persönlichkeitsanteilen erschien mir solange künstlich und akademisch, bis ich Kinder kennenlernte, bei denen diese Fusion nicht zustandegekommen war. Ich hatte im Laufe meiner therapeutischen Arbeit mit ungefähr einem halben Dutzend solcher Kinder zu tun. Alle wurden zunächst mit schweren Verwahrlosungserscheinungen bei uns aufgenommen. Bei allen steigerte sich die Polarität zwischen überangepaßtem und destruktivem Verhalten, je mehr man auf sie persönlich einging.

I. (12 Jahre, männl.) zum Beispiel begann, plötzlich nur noch nach der Schrift zu sprechen und verhielt sich sanft wie ein Lamm. Besonders die Verwendung der Schriftsprache ließ erstaunen, da man sich nicht vorstellen konnte, wo er sie erlernt hatte. Als dieser Zustand einige Wochen andauerte, begann man unter den Mitarbeitern von einer »Wunderheilung« zu sprechen. Sein Verhalten kippte ins volle Gegenteil, als er 13 Jahre alt war. Wir mußten uns von ihm trennen, nachdem er mit einem Kameraden zuerst das Auto der Heilpädagogisch-Therapeutischen Station gestohlen und demoliert hatte und danach abgehauen war.

Die Psychoanalyse nennt vernachlässigende, verwöhnende und inkonsequente pädagogische Haltungen sowie unbewußte ambivalente pädagogische Fehleinstellungen der Eltern als Ursachen für Anpassungsprobleme. Hartmann (nach Nissen 1976) klassifiziert verschiedene Grade der Verwahrlosung: Instabilitätssyndrom (geringe), Assozialitätssyndrom (mittlere), Kriminalitätssyndrom (erhebliche Sozialgefährlichkeit).

Biologisch-strukturell orientiert ist die traditionelle Heilpädagogik, die mit Asperger lange Jahre im SOS-Kinderdorf vertreten war. Verwahrlosung wird hier in erster Linie als charakterliches Problem (»Integrierte Debile«) gesehen, dem durch Beziehung im Sinn von menschlicher Führung zu begegnen ist.

In allen Therapieformen und zugehörigen Schulen, die nicht auf das Einzelindividuum, sondern auf die Familie oder generell auf soziale Systeme ausgerichtet sind, kommt der Begriff »Verwahrlosung« nicht vor, da er eine Einzeldiagnose darstellt: In der strukturellen Familientherapie beispielsweise sind Störungen in der sozialen Anpassung einzelner Personen als Ausdruck dysfunktionaler Familienstrukturen zu sehen. Betont wird, daß in einer funktionierenden Familie die Generationenebenen klar voneinander getrennt sein müssen, die Achtung der jüngeren vor der älteren Generation spielt eine herausragende Rolle, auch bei getrennten Familien (Minuchin und Stierlin). Boszormenyi-Nagy betont die Bedeutung gewachsener familiärer Bindungen:

»Adoptivkinder stehen, wenn sie heranwachsen, vor einem fast unvermeidlichen Problem. Das Freigeben eines Kindes zur Adoption, die Heimlichtuerei ..., all diesen Erscheinungen eignet ein Element des Verweigerns und der Unaufrichtigkeit. (...) Wegen dieses Schleiers der Unaufrichtigkeit ist es zahlreichen Adoptivkindern nahezu unmöglich, ihren Loyalitätskonflikt zu lösen, der darin besteht zu entscheiden, welches Elternpaar ihnen nun wirklich etwas gibt und daher ihre Anhänglichkeit verdient. Welchen Elternpaares Partei sie auch immer ergreifen, sie müssen gegen das andere illoyal sein, oft ohne die Kriterien und das Ausmaß ihrer Dankesschuld dem einen oder dem anderen gegenüber zu kennen« (1992).

Hellingers Verfahren, in dem es in den Beziehungsgefügen strenge Rangfolgen gibt, erscheint klar und wirkungsvoll. Zuerst wird die aktuelle Familiensituation aufgestellt, dann an der Lösung gearbeitet:

»Voriges Jahr hab' ich einmal für SOS-Kinderdorf-Mütter einen Kurs gegeben, der mir größtes Vergnügen bereitet hat. Die waren so aufmerksam! Unter denen gab es die Vorstellung: Das beste für ein Kind ist die eigene Familie, das zweitbeste die Adoptivfamilie und als letzter Ersatz kommt das SOS-Kinderdorf. Da hab' ich ihnen gesagt: Nein, erst kommt die richtige Familie, dann kommt das SOS-Kinderdorf und weit abgeschlagen kommt die Adoptivfamilie. Die Verstrickungen, die wir oft in Adoptivfamilien sehen, die gibt es in den SOS-Kinderdörfern nicht. Die SOS-Kinderdorf-Mütter haben nicht den Anspruch, die richtigen Mütter zu sein. Jede weiß, daß sie nur eine Kinderdorfmutter ist.«

Aus diesen Erklärungsmodellen wird deutlich, daß verwahrlostes Verhalten durchaus mit gestörten Familienstrukturen zu tun hat (Loyalitätsprobleme, Beziehungsunklarheiten), und die Praxis gibt deutliche Hinweise für ihre Stichhaltigkeit.

Einen konstruktivistischen Ansatz, der auf der Wichtigkeit kommunikativer Interaktion und der individuellen Bedeutungsgebung dieser Interaktion basiert, vertreten systemisch orientierte Autoren wie Watzlawick und Simon, deren Ideen in unserem Bereich noch wenig Anwendung gefunden haben. Der Systemiker fragt: Welche Funktion hat dieses Verhalten, wem und wie nützt es? Änderungen erfolgen durch Neuinterpretation, durch Unterbrechung von Kommunikationsmustern. Symptome sind nicht grundsätzlich gut oder schlecht. Interventionen sind hilfreich, wenn sie nützlich sind. Ein Beispiel:

J. (11 Jahre, männl.) ist noch ein Jahr nach seiner Aufnahme in eine SOS-Kinderdorf-Familie nicht führbar, aggressiv und voller Ablehnung. Einige Gespräche über die Umstände der Trennung von seiner Familie und der Aufnahme ins Kinderdorf scheinen Wunder zu wirken: Die Kinderdorfmutter spricht davon, ein völlig verwandeltes Kind vor sich zu haben. Er hatte vorher geglaubt, sie hätte mitentschieden, daß er und seine fünf Geschwister von den Eltern wegkommen.

Praktische Schlußfolgerungen

Aus dem globalen (aber sicherlich nicht vollständigen) theoretischen Exkurs und der Erfahrung, daß sich fast alle vorgeschlagenen therapeutischen Konsequenzen mit Beispielen untermauern lassen, jedoch nicht jede Maßnahme für jeden Fall anwendbar ist, folgt: Das als »Verwahrlosung« bezeichnete Verhalten entspricht keinesfalls einer einheitlichen Persönlichkeitsstruktur, daher gibt es auch kein einheitliches Betreuungskonzept. Pauschalierungen stellen darüber hinaus eine Abwertung der betroffenen Kinder dar und wirken letztlich kontraproduktiv, indem sie destruktive Selbstbestätigungszirkel verstärken.

Offensichtlich sind gleichartige Verhaltensweisen (z. B. Diebstahl) von Person zu Person und auch von Situation zu Situation durch unterschiedlich flexible Sozial- und Persönlichkeitsstrukturen bedingt. Daher steht dem Klienten auch ein mehr oder weniger großer Handlungsspielraum oder unterschiedliche Möglichkeiten zur Verhaltensänderung (Lernen) zur Verfügung. Ähnliche Verhaltensprobleme können unmittelbar mit der Trennung oder den Umständen der Trennung zusammenhängen, können aber ebenso auf schon länger wirksamen Betreuungsdefiziten beruhen.

»Es gibt zwei Grundkonstellationen, die zu Störungen oder zu Problemen führen. Die erste ist, daß jemand identifiziert ist, ohne daß er es merkt. Das sind die systemisch bedingten Verstrickungen. Die zweite Grundsituation, die auf individueller Ebene Störungen bewirkt, ist die unterbrochene Hinbewegung. Jemand wird als Kind auf einer Hinbewegung zu einer Person – meist ist es die Mutter – unterbrochen, sei es durch einen Krankenhausaufenthalt, durch anders bedingte Trennungen oder Erlebnisse, die mit einem starken Gefühl von Zurückgewiesenheit verbunden wurden. (...) Statt daß er also die Hinbewegung weiterführt, bis sie ans Ziel kommt, weicht er zurück, oder er beginnt eine Kreisbewegung, bis er zum gleichen Punkt zurückkommt, und das ist das ganze Geheimnis der Neurose. (...) In meiner Erfahrung sind 50 % aller Probleme, die in Psychotherapien auftauchen, systemisch bedingt und können nur systemisch gelöst werden. Eher sind es sogar 70 %. Der Rest geht meines Erachtens auf Störungen in der Entwicklung zurück, jedenfalls bei Leuten, die ich sehe. Es ist ja so, daß sich das ergänzt. Wenn das Systemische klar ist, kommt oft noch etwas, was man vielleicht emotional aufarbeiten muß. Das geht aber dann alles wesentlich schneller« (HELLINGER zitiert aus WEBER 1993).

Im *systemischen* Bereich laufen Prozesse der (interaktiven) Informationsgewinnung und Verarbeitung ab, Beziehungsmuster sind wirksam. Einflüsse sind auf der Kommunikations- und der Beziehungsebene möglich.

Im Bereich der *(Selbst-)Repräsentanz* haben sich neurotische (Selbst-)Bilder und Verhaltensweisen verfestigt, die in inadäquater Weise auch auf andere als die damit zusammenhängenden Situationen oder Personen ausgeweitet werden. Änderungen können durch Auseinandersetzung mit den zugrundeliegenden Ängsten und die Möglichkeit erzielt werden, neue Verhaltensweisen zu erproben.

Darüber hinaus gibt es noch einen sehr geringen Anteil von Persönlichkeiten, deren emotionale Anpassung außergewöhnlich dysfunktional und therapeutisch schwer zugänglich ist. Wahrscheinlich liegen in diesen Fällen fundamentale Entwicklungsstörungen vor.

Das heißt für die Aufgabe der Fremdunterbringung, daß ein Großteil von Problemen auf der systemischen Ebene bewältigt oder besser noch durch vorbeugende oder begleitende Maßnahmen (z. B. Aufnahmeverfahren, Elternarbeit) verhindert werden kann.

Literatur

BETTELHEIM, B. (1978): Der Weg aus dem Labyrinth, München.

BOSZORMENYI-NAGY, I., SPARK, G. (1992): Unsichtbare Bindungen, Stuttgart.

BUBER, M. (1987): Die Erzählungen der Chassidim, Zürich.

FREUD, A. (1968): Wege und Irrwege in der Kindesentwicklung, Bern u. Stuttgart 1988.

KRIEGER, D. J. (1996): Einführung in die allgemeine Systemtheorie, München.

NISSEN, G. (1976): Dissozialität und Verwahrlosung. In: HARBAUER, H., LEMPP, R., NISSEN, G., STRUNK, P.: Lehrbuch der speziellen Kinder- und Jugendpsychiatrie, Heidelberg u. a.

WEBER, G. (1993): Zweierlei Glück, Heidelberg.

WELTGESUNDHEITSORGANISATION (1992): Internationale Klassifikation psychischer Störungen ICD-10 Kap V(F), Bern.

WINNICOTT, D. W. (1983): Von der Kinderheilkunde zur Psychoanalyse, Frankfurt a. M.

Gertrude Bogyi

Trauerarbeit bei Trennung und Verlust

Ein Fallbeispiel

Tod und Sterben sind Themen, die nach wie vor eher verdrängt und tabuisiert werden, vor allem dann, wenn es darum geht, Kinder und Jugendliche damit zu konfrontieren. Eine Erkenntis aus dem langjährigen Kontakt der Autorin mit betroffenen Kindern und Jugendlichen und deren Familien ist, daß das Totschweigen des Todes ein Problem der Erwachsenen und nicht der Kinder ist. Mit Kindern über den Tod zu sprechen, ihnen die Wahrheit nicht zu verschweigen, soll dann Aufforderung sein, wenn ein Todesereignis eingetreten ist. Im Sinne einer präventiven Maßnahme soll dieser Thematik aber auch sonst – wann immer sich Gelegenheit bietet – nicht ausgewichen werden. Es geschieht nicht selten, daß ein Kind in seiner Trauerarbeit durch das zwar wohlgemeinte, aber unehrliche Verhalten der Erwachsenen behindert wird.

Der Trauerprozeß

Aus der Literatur (Bowlby 1983; Kast 1977; Spiegel 1973) geht hervor, daß viele Autoren verschiedene Phasen im Trauerprozeß unterscheiden. Dies ermöglicht eine Systematisierung dieses vielschichtigen Phänomens mit seinen physischen, psychischen und psychosomatischen Aspekten. Außerdem erleichtert die Herausarbeitung typischer Trauerverläufe die Einordnung bestimmter Verlustreaktionen sowie die Abgrenzung zwischen einem gesunden und einem pathologischen Trauerverhalten. Bei der Auseinandersetzung mit den verschiedenen Phasen der Trauerarbeit wird erkennbar, daß jede Phase spezifische Anforderungen an den Trauernden stellt, woraus jeweils bestimmte

Schwierigkeiten bei der Bewältigung der Trauerarbeit resultieren. Werden diese nicht gelöst, wird die Trauerarbeit behindert oder unterdrückt. Freilich ist anzumerken, daß sich Phasenmodelle immer auf einen kulturellen und gesellschaftlichen Rahmen beziehen und daher nicht ohne weiteres auf Gesellschaften mit einem andersartigen soziokulturellen Hintergrund übertragbar sind.

Üblicherweise werden vier Phasen der Trauerarbeit unterschieden. Die erste Phase wird allgemein als die des Schocks, des Nicht-Wahrhaben-Wollens oder der Betäubung bezeichnet. Die zweite Phase ist eine Zeit der aufbrechenden Emotionen, der Desorganisation und Verzweiflung. Die dritte Phase ist gekennzeichnet durch die Sehnsucht und Suche nach der verlorenen Person. In der letzten Phase kommt es dann zu einem neuen Selbst- und Weltbezug, zur Reorganisation und Adaption.

Im Verlauf der Trauerarbeit müssen verschiedene Aufgaben bewältigt werden. Sich der Trauer überlassen zu können, setzt Vertrauen in das eigene Ich sowie den Beistand und die Toleranz der sozialen Umgebung voraus.

Trauerarbeit bei Kindern und Jugendlichen

Ob ein Kind sich nach dem Tod einer Bezugsperson oder nach einem extrem schockierenden Ereignis in sich selbst zurückzieht, still und verschlossen, depressiv, mißtrauisch und aggressiv wird, oder ob es die Fähigkeit entwickeln kann, sich wieder aktiv mit dem Leben auseinanderzusetzen, hängt einerseits von der Gesamtpersönlichkeit des Kindes ab, andererseits von den situativen Gegebenheiten, einschließlich der Hilfestellungen, die dem Kind geboten werden (Bogyi 1987).

Bezüglich des Trauerverhaltens und der Trauerarbeit bei Kindern und Jugendlichen sind folgende Punkte zu beachten:

- das Alter des Kindes und seine Entwicklungsstufe zum Zeitpunkt des Ereignisses;
- das Vorhandensein oder Nichtvorhandensein innerer Verarbeitungsmöglichkeiten oder Abwehrmechanismen, die dem Kind zur Verfügung stehen;
- die Rolle der verlorenen Person im Gesamtleben des Kindes;
- die Frage, ob es sich um eine wiederholte Verlustsituation handelt;
- die Umstände des dramatischen Ereignisses;

- das Ausmaß an äußeren Hilfestellungen, welche Art von Trost, Erklärung und Hilfe das Kind erhält.

Im Zusammenhang mit dem Alter ist es wichtig zu bedenken, ob das Kind bereits den Todesbegriff, wie wir Erwachsene ihn haben, entwikkelt hat oder nicht. Denn davor macht das Kind verschiedene Stadien durch, bis es schließlich, wenn sein abstraktes Denken so weit entwikkelt ist (etwa um das zwölfte Lebensjahr), zum faktischen Begreifen des Todes kommt.

Einen weiteren Faktor für das Trauerverhalten stellt die Rolle der verlorenen Person im Gesamtleben des Kindes dar. Man muß sich darüber im klaren sein, daß je nach Entwicklungsphase des Kindes die Bezugspersonen eine andere Bedeutung für das Kind haben. Zu berücksichtigen ist dabei nicht nur, was das Kind *verloren hat*, sondern auch, was dem Kind zukünftig *verloren bleibt*.

Wichtig ist auch abzuklären, ob das Ereignis die Reaktivierung eines bereits früher erlebten Traumas darstellt. Immer wieder erleben wir, daß ein Kind die Erstsituation relativ gut verkraftet, es dann aber beim nächsten Ereignis massive Reaktionen zeigt.

Die Umstände des traumatischen Ereignisses spielen eine wesentliche Rolle, denn von ihnen hängt ab, was das Kind zu verarbeiten hat. Die Wirkung des Ereignisses hängt davon ab, wie stark und plötzlich es eintritt und wie verwundbar die seelische Struktur des Kindes zu diesem Zeitpunkt ist.

Schließlich hat auch das soziale Umfeld des Kindes – welche Art von Trost, Erklärung und Hilfe das Kind erhält – Einfluß darauf, wie gut es sein Verlusterlebnis verarbeiten kann.

Schicksalhafte traumatische Ereignisse, durch deren Konsequenz oder Häufigkeit das betroffene Kind das Leben als schwere Belastung erfährt, können zu einem pessimistischen oder resignativen Weltbild und damit zur totalen Entmutigung führen (Bogyi 1987).

Es werden häufig Kinder zu uns geschickt, deren Verlusterlebnis schon weit zurückliegt. Hinter jeder Symptomatik kann letztlich ein nichtverarbeitetes Verlusterlebnis liegen, und da diese oft erst nach einem längeren Zeitraum auftritt, ist der unmittelbare Zusammenhang nicht leicht erkennbar.

Eine Extrembelastung entsteht für ein Kind dann, wenn ein plötzliches oder gewaltsames Todesereignis eintritt, wenn es darüber belogen oder hinweggetäuscht wird, aber auch dann, wenn die Beziehung zum Verstorbenen innerhalb der Familie konfliktreich war, was beim

Kind zu verstärkten Schuldgefühlen führt. Schuldgefühle spielen bei der Reaktion von Kindern auf den Verlust eines Eltern- oder Geschwisterteils eine große Rolle. Weitere Reaktionen äußern sich in der Angst, selbst zu sterben oder alles zu verlieren, und manchmal auch im Wunsch, selbst zu sterben, was dem Wunsch nach Wiedervereinigung mit dem Verstorbenen entspringt. Viele Kinder reagieren überaktiv und in vielen Fällen wird dies irrtümlich als Bewältigung der Trennung aufgefaßt; manche haben aggressive und destruktive Ausbrüche, manche verhalten sich euphorisch – als Schutz dagegen, selbst zu sterben; wieder andere überidentifizieren sich mit dem verstorbenen Elternteil und übernehmen dessen Haltungen (Bogyi 1983).

In der Trauerarbeit von Jugendlichen ist zu bedenken, daß sie sich in der Ablösungsphase von ihren primären Bezugspersonen befinden; hierbei sind sie allgemein auf die Hilfe der Erwachsenen angewiesen. Die Ablösung von einem verstorbenen Elternteil ist für den Jugendlichen ein besonders schwieriger Prozeß.

Jugendliche setzen bei Verlust eines Elternteils häufig die Abwehrmechanismen des Rationalisierens und der Idealisierung ein. Die Verleugnung der eigenen Emotionen, um »sich erwachsen zu verhalten«, führt häufig dazu, daß der Jugendliche extrem affektiv reagiert; nicht selten treten Suizidgedanken aus dem Druck heraus auf, die Situation nicht länger ertragen zu können. Meistens wollen Jugendliche allein mit ihrem Verlusterlebnis fertig werden; sie ziehen sich zurück und wehren jegliches Gespräch ab. Sehr wichtig für sie ist dann die Tragfähigkeit ihrer Beziehung zum verbliebenen Elternteil und das Verständnis der Umwelt für ihre oft agierenden Reaktionen.

Fallbeispiel

Im folgenden sollen die Reaktionen eines Kindes auf ein Verlusterlebnis, seine Trauerarbeit und die von uns gesetzten therapeutischen Interventionen anhand eines Fallbeispiels beschrieben werden:

Aufnahmegrund, aktuelle Situation und familiärer Hintergrund

Die 12jährige Karin wird von einer Sozialpädagogin wegen massiver Aggressionen gegen andere Kinder, die sie vor allem in der Schule zeigt, zu uns gebracht. Sie habe außerdem sehr schlechte Leistungen in der Schule erbracht, sei extrem lernfaul und lehne Lernen insgesamt ab. Karin wiederholt zum Aufnahmezeitpunkt die erste Klasse einer allgemeinbildenden höheren Schule. Sie lebt mit ihren beiden Brüdern Peter, 8 Jahre, und Thomas, 6 Jahre alt, seit 6 Monaten in einer betreuten Wohngemeinschaft.

Zum Zeitpunkt der Aufnahme lag der Tod der Mutter 9 Monate zurück. Sie starb an einem Gehirnschlag, nachdem sie bereits jahrelang an Unterleibskrebs erkrankt und ein Jahr lang bettlägerig war. Die Kinder wohnten nach dem Tod der Mutter noch zwei Monate lang mit ihrem Vater und der Großmutter mütterlicherseits im gemeinsamen Haushalt. Der Vater, als Abteilungsleiter einer angesehenen Firma krankheitshalber frühpensioniert, kam als Hobbymusiker sehr häufig erst morgens nach Hause. Er ist schwerer Alkoholiker. Die Großmutter leidet an Altersdemenz und ist ebenso Alkoholikerin.

Auf Anraten einer Familienhelferin wurde das Jugendamt hinzugezogen. Die Kinder wurden daraufhin für einen Monat in ein Heim überstellt, von wo sie anschließend – trotz zögernder Zustimmung des Vaters – gerne in die Wohngemeinschaft übersiedelten. Insgesamt lebten dort zum damaligen Zeitpunkt 10 Kinder mit zwei männlichen und zwei weiblichen Betreuern.

Die Sozialpädagogen schildern Karin als provokant; sie mache ständig Dinge kaputt und weine nachher »Krokodilstränen«. Sie ziehe ständig eine Show ab, wirke sehr gefühlskalt und ohne Mitgefühl. Sie zeige sich oftmals sehr theatralisch und schnippisch. Ihr gesamtes Verhalten sei fassadenhaft, man komme an sie nicht heran. Karin wolle immer alles haben, sei fast gierig nach materiellen Dingen, wobei für sie nur das wertvoll sei, was sehr teuer ist. Gleichzeitig zeige sie zu den Dingen, die sie besitzt, eine auffällige Beziehungslosigkeit. Sie habe überhaupt keine Freunde und wehre alle Gleichaltrigen ab. Massive Aggressionen zeige Karin in der Schule vor allem gegen Jungen. Ihre Geschwister beherrsche sie sehr, schreie sie immer an und weise sie permanent zurecht. An die Regeln der Wohngemeinschaft habe sie sich, was Ordnung betrifft, total angepaßt – im Unterschied zu ihren Brüdern. In der Wohngemeinschaft sei Karin nicht so aggressiv zu den anderen Kindern wie in der Schule. Sie beschäftige sich sehr gern allein, lese viel, sehe am liebsten fern, bastle aber auch sehr gerne. Bei gemeinsamen Unternehmungen fiele sie durch ihre Widerspenstigkeit auf. Sie vertrage keinerlei Kritik und wehre jegliche freundliche Zuwendung sarkastisch ab. Karin ist ein zartes und blasses Mädchen, das vorzugsweise schwarze Kleidung trägt.

Psychologische Untersuchung

In der psychologischen Testuntersuchung zeigt sich Karin als intellektuell durchschnittlich begabtes Mädchen mit einzelnen Teilleistungsschwächen. In den Persönlichkeitstests treten ihre Affektverdrängung und ihre Affektlabilität, aber auch ihre innere Einsamkeit deutlich zutage. In manchen projektiven Tests sind ihre Gefühlsintensität, ihre Sensitivität und ihr Einfühlungsvermögen deutlich erkennbar. Sie befindet sich ständig in inneren Kämpfen und Konflikten, ist aber nicht imstande, über ihre Gefühle zu sprechen. Im Gegenteil, sie verhält sich abwehrend und abweisend, wann immer ihre eigene Gefühlswelt angesprochen ist.

Therapiebeginn

Aufgrund der problematischen Situation des Mädchens wird eine eindeutige Therapieindikation gestellt. Karin verhält sich anfangs eher ablehnend. Sie meint, niemand und nichts könne ihr helfen, und sie werde schon allein mit allem fertig werden. Nach einem konfrontierenden Erstgespräch, in dem die Problemfelder als real dargestellt werden, stimmt sie dann doch einer Therapie zu.

Die Therapie mit Jugendlichen stellt meines Erachtens die schwierigste Therapieform überhaupt dar. Es kommt darauf an, die Jugendliche einerseits zu motivieren und zu überzeugen, Hilfe in Anspruch zu nehmen, und sie andererseits aber dadurch nicht in die Situation zu bringen, daß sie sich erneut abhängig oder entmündigt fühlt.

So schließen Karin und ich ein Arbeitsbündnis auf der Basis »wir wollen es einmal miteinander probieren«. Sehr bald ist Karin in der Therapie bereit, über den Tod der Mutter oder über die Mutter überhaupt zu sprechen. Zunächst tendiert sie stark dazu, die Mutter zu idealisieren. Sie gibt an, daß »als Mama noch da war, alles anders war«; die Mutter hätte stets für sie gekocht gehabt, wenn sie von der Schule nach Hause kam; sie hätten die Hausaufgaben zusammen gemacht, hätten viel Spaß miteinander gehabt und ähnliches mehr. Nunmehr sei alles so still und ruhig, wenn sie von der Schule nach Hause komme. Mit Vater und Großmutter sei es eine »tote Zeit« gewesen, wobei Karin zunächst ablehnt, über die beiden zu sprechen und meint: »Wenn die beiden tot sind, erzähle ich auch viel von ihnen. Derzeit könnten sie es ja noch erfahren!«

Therapieverlauf

In den Gesprächen über den Tod der Mutter wird Karin immer zugänglicher. Sie erzählt wiederholt vom Anblick der toten Mutter, der sie sehr schockiert hat. Die Mutter verstarb ungefähr um Mitternacht, wurde aber erst am nächsten Tag mittags vom Leichenwagen abgeholt. Das, was sie immer noch störe, sei der Leichengeruch; immer wieder habe sie das Gefühl, alles stinke.

Zunehmend zeigt Karin Schuldgefühle. Sie habe die Mutter in dieser Nacht stöhnen gehört, habe kurz überlegt, die Rettung zu rufen, habe dies aber nicht getan, sondern sich vielmehr unter der Decke verkrochen. Der Vater war in dieser Nacht nicht zu Hause. Der Mutter sei es schon drei Tage vor ihrem Tod sehr schlecht gegangen.

Karin blockt immer wieder ab, erzählt dann aber doch immer mehr, auch von der Verantwortung, die sie zu Hause eigentlich schon jahrelang hatte übernehmen müssen. Sie fühle sich jetzt schuldig, weil sie die Wohnung nie in

Ordnung gehalten habe, weil sie, wenn die Mutter die Nachspeise verboten habe, trotzdem beim Einkaufen heimlich Eis oder Süßigkeiten besorgt habe. Karin mußte übrigens schon sehr lange einkaufen gehen, auch für die Geschwister. Sie gibt an, daß sie für die Brüder immer die häßlichsten Kleider ausgewählt habe. Dies habe die Mutter sehr wütend gemacht, und sie habe Karin daraufhin immer wieder beschimpft. Karin denkt auch daran, daß die Mutter vielleicht länger gelebt hätte, wenn sie sich nicht so über sie hätte ärgern müssen.

In diesem Zusammenhang sagt sie immer wieder, daß sie sich selber nicht möge, daß ihr ohnehin recht geschehe, daß sie keine Freunde habe. Sie habe das Gefühl, daß niemand sie leiden könne, und sie wisse nicht, wohin sie eigentlich gehöre. Die anderen Kinder und Jugendlichen beschimpften sie ständig und sagen, daß sie »verseucht« sei. Dies habe dazu geführt, daß sie zunehmend »verfault« sei, daß sie im vorigen Schuljahr sehr häufig im Bett gelegen sei und nichts mehr gelernt habe. Eigentlich würde sie sehr gerne Freundinnen haben, aber sie habe immer als die Streitsüchtige gegolten, die den anderen alles wegnahm. Schon im Kindergarten sei sie durch ihr schlechtes Benehmen aufgefallen: »Meine Laune habe ich immer an den anderen Kindern ausgelassen!«

Gehaßt habe sie ihren um 4 Jahre jüngeren Bruder eigentlich schon immer. Dieser sei ständig von der Mutter bevorzugt worden. Den um 6 Jahre jüngeren Bruder hingegen möge sie sehr gerne, der sei von Anfang an »ihr Kind gewesen«. Sie gibt an, auch schon vor dem Tod der Mutter viel mit den Brüdern gestritten zu haben, weil diese nicht folgten. Und jetzt, wenn in der Wohngemeinschaft viel gelacht wird, habe sie Schuldgefühle, denn sie dürfe doch eigentlich nicht fröhlich sein. Andererseits lenke die Wohngemeinschaft sie sehr ab; sie müsse dadurch nicht mehr so oft an die Traurigkeit von Zuhause denken.

Sie meint, sie habe schon lange die Ahnung gehabt, daß die Mutter sterben müsse, fand aber beim Vater und bei der Großmutter keinerlei Verständnis für ihre Sorgen. Die Großmutter sei schwerste Alkoholikerin, habe immer wieder ins Bett gemacht und Karin dann ihre Wäsche waschen lassen. Auch der Vater trinke sehr viel und sei dann unzugänglich. Am stärksten schockiert sei Karin gewesen, als sie schon vor einigen Jahren unter dem Bett der Mutter Bierflaschen entdeckte.

Dies ist der Zeitpunkt in der Therapie, wo Karin endlich die Idealisierung ihres Zuhauses aufgeben und massive Aggressionen verbalisieren kann. Gleichzeitig beginnt sie, über ihre Träume zu sprechen: Immer wieder träumt sie von der Mutter und wie deren kalte Hand aus dem Bett hervorschaut. Karin ekelt sehr vor diesem Anblick. Ihre Aggression gegen die Mutter wehrt sie dann aber dahingehend ab, daß sie sagt: »Das war doch alles nur ein Traum und ist doch nichts Böses.«

Fast mit Erleichterung stellt sie fest, daß sie selbst nicht hier wäre, wenn die Mutter noch leben würde. Dies ist allerdings auch der Beginn jener Phase, in der sie die Beziehung zu mir massiv auf die Probe stellen muß. Sie platzt immer wieder zu verschiedensten Zeiten in mein Zimmer und zeigt sich sehr eifersüchtig, wenn andere Kinder oder Jugendliche bei mir sind. Zu ihren eigenen Therapiestunden bleibt sie dann wiederum aus, weil sie sich von mir abgewiesen fühlt, da ich nicht permanent Zeit für sie habe. Sie kommt außerdem immer wieder zu spät und meint, ich könne sie sowieso nicht leiden, ich hätte lediglich aus reiner Neugierde Dinge aus ihr herausgelockt. In Wirklichkeit möge sie mich auch nicht.

Nach diesen deutlichen Aggressionsausbrüchen gegen mich folgt eine regressive Phase. Plötzlich will sie mit der Babypuppe spielen, die sie dann allerdings symbolisch umbringt, indem sie sie ertränkt. Dazu meint sie: »Ich möchte doch eigentlich ein Baby sein.« Wir basteln daraufhin gemeinsam eine Puppe, die uns lange Zeit begleitet. Sie wird gefüttert, umhegt und umsorgt; wir spielen Verstecken, Suchen und Wiederfinden; wir spielen die verschiedensten Rollenspiele. Das Hilfs-Ich – die selbstgebastelte Puppe – unterstützt Karin dahingehend, daß sie selbst nicht zu sehr regredieren muß, was in der Jugendlichentherapie ja immer auch eine Gefahr darstellt. Schließlich spielt sie mit der Puppe viele Szenen von zu Hause nach, so daß die Scheinwelt nach und nach abbröckelt und die ganze Dramatik offensichtlich wird.

Während dieser Zeit verliebt sie sich in einen Jungen aus der Wohngemeinschaft und träumt davon, daß er sie heirate. Gleichzeitig korrigiert sie diesen Wunsch aber wieder, indem sie sagt, ihr größter Wunsch sei doch, daß die Mutter noch lebe und daß sie mit ihr allein in einem Wald wohnen könne.

Im Puppenspiel spielt Karin manchmal die Mutter und drückt aus, wie verhärmt und verbittert diese Frau war. Eines Tages bringt sie mir ihr Tagebuch mit, in das ihr die Mutter geschrieben hat, daß Karin niemandem vertrauen und ständig auf der Hut sein soll.

Karin spricht nun auch zunehmend über ihre Beziehung zum Vater, dem sie schließlich die Schuld am Tod der Mutter gibt. Der Vater sei immer eine sehr schwache Persönlichkeit gewesen, habe sich immer nur zurückgezogen. Auch die Großmutter gebe dem Vater die Schuld an der Krankheit und dem Tod seiner Frau. Karin verbalisiert nun auch ihr Schuldgefühl dem Vater gegenüber; sie habe ihn eigentlich im Stich gelassen, als sie damals sehr froh war, in die Wohngemeinschaft zu kommen und nicht wieder zu ihm nach Hause zurück zu müssen. Eine deutliche Ambivalenz ist spürbar: Einerseits stellt sie sich vor, mit ihrem Vater als schön gekleidete Prinzessin die Oper zu besuchen, andererseits verachtet sie ihn und fühlt sich von ihm im Stich gelassen.

Während der Zeit der Therapie kommt der Vater wegen einer Leberzirrhose ins Krankenhaus, Karin will ihn aber nicht besuchen, weil es dort »so übel rieche«. Zu diesem Zeitpunkt beschäftigt sie sich auch mit dem möglichen Tod des Vaters. Sie kann ihre Angst um ihn anfangs nicht zulassen und wünscht ihm gleichzeitig den Tod. Die Beziehung zum Vater sei getragen von »Verachtung, Mitleid und Schuldgefühl«. Sie berichtet, daß sie vom Vater, wenn er betrunken war, Geld genommen und wahllos ausgegeben habe.

Zeichen der Veränderung – Therapieende

Karins Art, sich zu kleiden, verändert sich zunehmend: Sie zieht sich bunter an und wird von den anderen nicht mehr »Gruftgespenst« genannt, was sie sehr freut. Sie kann mit zwei Mädchen aus ihrer Klasse positiven Kontakt aufnehmen. Auch ihre Beziehung zu den Lehrern bessert sich, als ihr klar wird, daß es auch hier um ihre Beziehungsproblematik geht: Sie zeigt bei Lehrern, die sie mag, schlechte Leistungen und bei Lehrern, die sehr streng zu ihr sind, gute Leistungen. Nach und nach verbessern sich ihre Schulleistungen. Schließlich beginnt sie auch wieder, Klavier zu spielen, und erzählt, daß ihre Mutter immer sehr gut und gerne Klavier gespielt habe. So kann sie sich wieder positiv mit der Mutter identifizieren.

Gegen Therapieende kommen der Vater in ein Pflegeheim und die Großmutter in ein Altersheim. Karin ist nun imstande, beide zu besuchen. Die therapeutische Betreuung endet nach zwei Jahren. Es folgen noch einige Kontakte in größeren Intervallen, und es hat den Anschein, daß Karin nun Trauerarbeit bezüglich ihrer Gesamtsituation leisten kann und wieder fähig und frei ist, sich neu zu binden. Gegen Ende der Therapie äußert sie den Wunsch, Krankenschwester zu werden.

Kontakt mit Bezugspersonen – Verhalten in der Wohngemeinschaft

Mit den Sozialpädagogen halte ich im Verlauf der Therapie kaum Kontakt; es erfolgen nur zwei gemeinsame Gespräche mit Karin. Den Betreuern wird zu einer intensiven Supervision geraten, da Karin in Zeiten des Agierens die Gruppe zu spalten versucht, und sich »gute Mütter« und »gute Väter« oder »böse Mütter« und »böse Väter« sucht. In der Phase der Regression beginnt sie auch in der Wohngemeinschaft, Daumen zu lutschen, beginnt sich noch mehr zurückzuziehen und wirkt für die Sozialpädagogen zunehmend verloren, still und hilflos. Ihre totale Anpassung in Form von Ordnung verliert sie für einige Zeit und genießt die Unordnung und das Chaos. Zum Zeitpunkt, als sie Beziehungen auf die Probe stellen muß, beginnt sie, in der Wohngemeinschaft Geld zu entwenden. Nach diesem Agieren psychosomatisiert sie dann eine Zeit lang, klagt immer wieder über Kopfschmerzen und Übelkeit und holt sich so die Zuwendung der Bewohner und Betreuer der Wohngemeinschaft.

In der Kinder- und Jugendtherapie ist die begleitende Arbeit mit dem Umfeld ein sehr wichtiger Aspekt, den es sehr behutsam zu bedenken gilt. Im Fall von Karin wäre es für mich nicht möglich gewesen, regelmäßigen Kontakt zu den Sozialpädagogen zu halten, da sich Karin dadurch verraten gefühlt hätte.

Interpretation und Fazit

Das Beispiel von Karin zeigt, wie wichtig es ist, die Jugendlichen zu Beginn einer Therapie mit der Problemsituation zu konfrontieren und ihre Gefühle wie Aggression, Wut oder Regression zuzulassen.

Wesentlich im Verlauf von Karins Therapie war, all ihre Ängste anzusprechen und zu bearbeiten, natürlich vor allem ihre Trennungsängste, die sie bindungsunfähig gemacht haben. Für Karin war charakteristisch, daß sie in ihre Aggressionen und Wutausbrüche all ihre Emotionen verpackte – manchmal war es die Wut der Hoffnung, manchmal die Wut der Verzweiflung. Am Ende der Therapie konnte Karin den Verlust von Mutter, Vater und Großmutter akzeptieren.

Wichtig dabei sind positive wie negative Aspekte der Identifizierung mit der verlorenen Bezugsperson, der Mutter. Die Identifizierung kann den schmerzlichen Vorgang der Überbesetzung und des Besetzungsabzugs eliminieren. So konnte der Aufbau des Ich bereichert und Karin dabei geholfen werden, Vergangenheit und Zukunft zu integrieren.

Ein wesentlicher Aspekt der Therapie lag darin, daß Karin endlich auch einmal Tränen zeigen konnte und somit erfuhr, daß Traurigkeit einen nicht überschwemmen und hilflos machen muß. Bei Karin zeigte sich besonders deutlich, wie sehr sie sich bis zur letzten Phase der Trauerarbeit »durchgekämpft« hat; sie konnte sich schließlich mit sich selbst und ihrer Umwelt versöhnen und wurde fähig, neue Beziehungen aufzunehmen; sie fand für sich eine neue Wertordnung und eine neue Orientierung für ihr Leben.

Literatur

BOGYI, G. (1983): Sprich mit mir über den Tod. In: GANGL, H., KURZ, R., SCHEPL, J.: Brennpunkt Schule, Graz.

BOGYI, G. (1987): Individualpsychologische Interventionen bei Kindern und Jugendlichen mit extremen Schock- und Todeserlebnissen. In: Zeitschrift Individualpsychologie, 12. Jg., S. 292–301.

BOWLBY, J. (1983): Verlust, Trauer und Depression, Frankfurt.

KAST, V. (1977): Trauern, Phasen und Chancen des psychischen Prozesses, Stuttgart.

SPIEGEL, Y. (1973): Der Prozeß des Trauerns – Analyse und Beratung, Mainz.

Régis Thill

Trennung als Trauma, Beziehung als Therapie

Trennungen gehören zur Lebenserfahrung jedes Menschen. Der Einstieg ins Leben beginnt für das Kind mit der endgültigen Trennung vom Mutterleib, in dem es, beschützt und wohlgenährt, fast ein Jahr verbracht hat. Der Ausstieg aus dem Leben endet mit einer noch endgültigeren Trennung, dem Tod.

Zwischen diesen beiden Grund-Trennungen liegen viele kleine Trennungen: der längere Besuch bei den Großeltern, ein Klinikaufenthalt, der vorübergehende Verlust der Eltern im Supermarkt, die Einschulung. Je nach Alter wird Trennung von kleiner oder großer Angst begleitet. Mit der Zeit lernt der Mensch, vorübergehende Trennungen von endgültigen zu unterscheiden und damit auch den seelischen Schmerz zu kontrollieren, zu unterdrücken, zu überspielen.

Der erste Liebesschmerz wird vom Jugendlichen möglicherweise noch als Weltuntergang erlebt, aber aufgrund seiner Lernfähigkeit hat der Mensch die Chance, für künftige Beziehungen – oftmals unbewußte – Rückschlüsse zu ziehen. Je mehr dem Menschen klar wird, daß Trennungen auch Positives beinhalten – Neuanfang, späteres Wiedersehen –, desto leichter lernt er, damit umzugehen. Trennung und Hoffnung liegen ganz eng beieinander, und so beginnt mit der Trennung auch der positive Ansatz zur Überbrückung von Schmerz und Angst. Hoffnung kann aber auch in die Verzweiflung führen, wenn sie nicht erfüllt wird, und gerade damit werde ich mich in diesem Beitrag noch intensiver beschäftigen.

In gewissen Lebensabschnitten kann Trennung einen positiven Entwicklungsschub bedeuten – denken wir an den Abschied eines jungen Erwachsenen von seinem Elternhaus; Trennung kann aber auch Entwicklungsstillstand, ja Rückschritt bewirken.

Verschiedene Faktoren beeinflussen die Auswirkungen einer Trennung auf das Kind:

- der Grad seiner Abhängigkeit,
- die Intensität der Beziehung,
- das Alter des Kindes,
- die Umstände der Trennung,
- die Unvorhersehbarkeit des Ereignisses.

Kleinkinder laufen am ehesten Gefahr, durch die Trennung vom geliebten Menschen – dem Vater, der Mutter, der engsten Bezugsperson – Schaden zu erleiden, sind sie es doch, die am stärksten abhängig sind, materiell wie seelisch, und die die Beziehung zu diesen Personen als einzigartige intensive Gefühlsbindung erleben. Erschwerend kommt hinzu, daß sie keinen Einfluß auf die Umstände haben, unter denen die Trennung sich vollzieht, und daß diese möglicherweise abrupt und ohne Vorwarnung über sie hereinbricht.

Das Kumulieren von verstärkenden Faktoren – große Abhängigkeit, starke Bindung, niedriges Alter, ungünstige Umstände, Unvorhersehbarkeit – kann dazu führen, daß Trennung zum traumatischen Erlebnis für das Kind wird. Das kann seine Lebensqualität und seine Bindungsfähigkeit stark beeinträchtigen und es somit ins soziale Abseits bringen, sofern nicht geeignete therapeutische Maßnahmen dem Kind ein Aufarbeiten des Erlebnisses ermöglichen und damit dieser Entwicklung gegensteuern.

Daß Kinder immer häufiger Trennung erfahren müssen, belegen die steigenden Scheidungszahlen und die wachsende Anzahl von Alleinerziehern in den westlichen Ländern. Alleinerzieher sind größeren Belastungen ausgesetzt als Familienverbände: In vielen Fällen drükken Alltag, Beruf und Geldsorgen auf die Lebensumstände, wie auf das seelische Gleichgewicht. Die Versorgung und Erziehung eines oder mehrerer Kinder kann zur nicht mehr bewältigbaren Aufgabe werden, was eine gewollte zeitweilige, oder sogar eine fremdbestimmte unbegrenzte Trennung zur Folge haben kann.

In den reichen westlichen Ländern sind 0,8 bis 1 % der Kinder und Jugendlichen in Pflegefamilien oder Einrichtungen der Jugendwohlfahrt fremduntergebracht; im günstigsten Fall mit der Einwilligung und Kooperation der/des Erziehungsberechtigten, im ungünstigsten Fall durch einen Gerichtsentscheid.

Natürlich wird versucht, zum Wohl des Kindes zu entscheiden, aber wer kann dieses Wohl genau definieren?

Einzigen Aufschluß darüber können uns nur die Betroffenen selbst geben, – dies aber meist spät, manchmal zu spät. Einblicke, wie traumatisch Trennung sein und welch hemmende Wirkung sie auf die Entwicklung eines Kindes haben kann, liefern uns hauptsächlich Therapeuten, denen sich Erwachsene in Lebensnot anvertraut und »anvertrauert« haben. Daraus können Erwachsene verstehen lernen. Fremderzieher können dadurch fundiertere Hilfen anbieten, und auch sie können bei der Erfüllung ihrer Aufgaben besser unterstützt werden. Dann kann Beziehung Therapie werden, zumindest Chance sein.

Versetzen wir uns in die Gedanken- und Gefühlswelt eines Kleinkindes, das aus dem natürlichen Umfeld seiner Eltern herausgerissen wird.

Selbstverständlich gibt es gute Gründe, die eine Trennungsmaßnahme notwendig erscheinen lassen. Nur: Diese Gründe sind den Befürwortern der Maßnahme bekannt, und sie erscheinen diesen auch logisch und vertretbar, nicht aber den Kindern; und auch für deren Eltern ist die Logik, die zur Trennung führt, meist nicht nachvollziehbar.

Das Kind hat mit seiner Mutter bis zu diesem Zeitpunkt eine lange, gemeinsame Geschichte. Begonnen hat diese mit einer symbiotischen Beziehung im Mutterleib: Das Kind schaukelte im Fruchtwasser seiner Mutter und teilte mit ihr Lebensumstände wie Gemütslagen. War die Mutter traurig, war diese Traurigkeit auch für das heranwachsende Kind spürbar; ebenso teilten sie die Freude. Rauchte die Mutter, tat es das Kind mit ihr. Trank sie Alkohol oder war sie gar betrunken, erlebte ihr Kind dies mit, und erste Spuren – unverwischbare Spuren – haben sich in seinem Lebensspeicher verankert. Von drinnen hat es Außenwelt erfahren. Stimmen, die mit der Zeit vertraut klangen, zärtliche Töne und grobe, die es aufzucken ließen. Mußte die Mutter Schläge einstecken, war das Kind gleichzeitig getroffen. So ist eine Mutter-Kind-Einheit entstanden, die mehr ist als nur Nahrungsversorgung und die prägend für die weitere Entwicklung des Kindes ist.

Auch nach der Geburt ist die kindliche Entwicklung in den meisten Fällen von einer starken Mutter-Kind-Beziehung geprägt. Das emotional und materiell abhängige Kind lebt in einer starken Einheit mit seiner Mutter. Ihre Welt ist seine Welt. Ihre Normalität ist seine Normalität. Hungert die Mutter, hungert auch das Kind. Fühlt sie sich elend, geht es auch dem Kind nicht gut. Ist die Mutter weg, fehlt sie dem Kind. Und schlägt sie es, findet das Kind dies nicht außergewöhnlich. Es ist seine Welt des Normalen.

Aus dieser Welt wird das Kind durch eine Trennungsmaßnahme herausgerissen und »fremduntergebracht«. Das Wort allein besagt schon alles. Nichts ist dem Kind mehr selbstverständlich. Alles ist fremd. Die Stimmen, die Möbel, das Essen, das Bett ... Der Alltag verläuft anders, Gewohnheiten werden gestört, es gibt nicht mehr die bekannte Regelmäßigkeit, vielleicht gibt es überhaupt zum ersten Mal Regelmäßigkeit und Regeln. Das Kind ist fremd, die Menschen sind fremd, alles ist fremd. Andere Menschen maßen sich an, Autorität über das Kind auszuüben. Eine andere Frau wird notgedrungen zur Hauptbezugsperson.

Daß dies zumindest verwirrend für das Kind sein muß, leuchtet ein. So klein es auch ist, es sucht nach einer Erklärung für das Unerklärliche. Und was liegt näher, als diese Erklärung in sich selbst zu suchen? Das Kind hat ja nur sich selbst. Warum hat man es aus der ihm vertrauten Umgebung herausgerissen und von den vertrauten Personen weggeholt? Was hat es nur verbrochen, daß man es so bestraft? Was hat es falsch gemacht, daß man es von seiner Mutter, seinem Vater, trennen muß? Das Kind findet seine eigene Antwort auf diese Fragen: »Ich muß ein schlechtes Kind sein. Ich bin ein schlechtes Kind!« Hat es seine Mutter nicht im Stich gelassen? Vielleicht ist sie sogar tot und es hat dies nicht verhindern können.

Gleichzeitig beginnt ein Prozeß, der sowohl Hoffnung als auch Idealisierung beinhaltet. Taucht die leibliche Mutter nicht auf, wird sie durch ein idealisiertes Bild ersetzt. Diese »Wunsch-Mutter« läßt das Kind nicht mehr los, genauso wenig wie sein »Wunsch nach Mutter«. Bestimmt würde sie bald wieder auftauchen und ihr Kind mitnehmen. Es würde sein vertrautes Bett wiederfinden, die schöne Wohnung. Sie würden gemeinsam spazierengehen, spielen, lachen ...

Das Kind hält Wunsch und Wirklichkeit nicht mehr auseinander. Es flüchtet in eine Scheinwelt, die es ihm erlaubt, seinen Schmerz, seine Fragen zu überspielen. So birgt die Idealisierung zwar den Vorteil des Überlebens in sich, kann aber gleichzeitig auch die negative Selbsteinschätzung verstärken. Wenn die Mutter nämlich perfekt ist – was in der kindlichen Vorstellung nicht anders sein kann –, liegt die Vermutung nahe, daß das Kind für den aktuellen Trennungszustand selbst verantwortlich ist. Ein geschlagenes Kind stellt sich in der Folge logischerweise vor, es habe die Schläge durch sein Verhalten verdient. Irgendwie muß es sich ja zurecht finden im Mutter-Kind-Gefüge, und eine Alternative für seine Selbsteinschätzung bleibt ihm nicht: »Ich bin böse, und meine Mutter ist gut« oder »Ich bin schwach, und meine Mutter ist stark«.

Damit setzt ein Kreislauf ein, der es dem Kind und seinen neuen Bezugspersonen nicht einfach macht. Schuldgefühle und mangelndes Selbstvertrauen – Merkmale, die immer wieder bei Trennungskindern zu beobachten sind – werden vom Kind so verinnerlicht, daß es sich auch dementsprechend verhält. So wird es zunehmend auch von anderen als das böse und schwache Kind erlebt. Hat sich dieses antrainierte emotionale Schema einmal verfestigt, ist der Leidensweg für das Kind und seine Pflegemutter/-eltern vorprogrammiert. Das Kind reagiert damit nicht anders als viele andere Menschen auch: Ein Schema wird wiederholt, weil Wiederholung ein Gefühl von Sicherheit und dem Leben eine Struktur gibt. Es wird wiederholt, sogar wenn die Gefühle, die dabei erlebt werden, schmerzhaft und vernichtend sind. Sogar, wenn sie zum Tode führen und nicht zum Leben.

In diesem Negativ-Kreislauf bauen Pflegemutter/-eltern und Kind immer wieder dieselben Konflikte auf, in der Hoffnung, beim nächsten Mal die richtige Lösung zu finden. Oftmals vergeblich: Der Zwang, schmerzhafte Empfindungen wiederholen zu müssen, scheint stärker zu sein. Beide, Pflegemutter und Kind, sind ernsthaft bemüht, das Leiden nicht zu vergrößern. Mit zunehmendem Alter versucht das Kind, anders zu sein, anders zu werden. Es verspricht, keinen Schmerz mehr zuzufügen, und ist überzeugt, daß es dies schaffen wird. Aber der Zwang zur Wiederholung ist so stark in seinem Unterbewußtsein verankert, daß kein Versprechen auf der Welt ihn aufheben kann.

Schuldgefühle, Idealisierung der leiblichen Mutter, mangelndes Selbstvertrauen, Hoffnung darauf, daß das vermeintlich verlorene Paradies wiederhergestellt wird – zu alldem gesellt sich auch noch die Auseinandersetzung mit der neuen Mutter, den neuen Eltern.

Auseinandersetzung heißt hier auch Schuldzuweisung. Wer hat denn veranlaßt, daß das Kind von seiner Mutter, seinen Eltern getrennt wurde? Wer hatte Interesse daran, ein fremdes Kind aufzunehmen? Doch nur die neue Mutter, weil sie als Pflegemutter ein Kind brauchte, vielleicht sogar Geld mit ihm verdient. Nicht wegen ihm, dem Kind, hatten sie es geholt, sondern ganz allein nur aus Eigennutz. Vielleicht hatten die Pflegemutter/-eltern sogar heimlich die leibliche Mutter weggeschafft, die nicht mehr auftauchte. Hat das Kind die leibliche Mutter lange Zeit nicht mehr gesehen, muß es spekulieren, wer an ihrem Wegsein Schuld trägt. Die Pflegemutter/-eltern wahrscheinlich, weil sie so das Kind besser an sich binden können.

Die leibliche Mutter bestimmt das Gemüt des Kindes, auch wenn sie nicht präsent ist, oder gerade deswegen. Dies kann für das Kind eine Auseinandersetzung über Sein und Nichtsein werden. Greifbar aber ist in diesen Augenblicken nur die Pflegemutter. Greifbar, und damit angreifbar. Der Schritt zum Scheusal ist nicht weit: Das Kind lügt, stiehlt, benimmt sich unmöglich und zeigt auch in der Schule, daß es nichts wert ist. Es beginnt eine Zerreißprobe, bei der die Pflegemutter sich der Gefahr aussetzt, zwischen dem Kind und der leiblichen Mutter aufgerieben zu werden.

Hat die Pflegemutter das Kind wirklich lieb, wie sie behauptet, oder stimmt nicht doch ihr Aufschrei «Ich halte es nicht mehr aus mit dir!»? Das Kind bietet der Pflegemutter in Fülle Gelegenheit zu beweisen, was geduldige Liebe ist. Dabei scheint es selbst keine Gefühle zu haben. Oder besser gesagt, es erlaubt sich keine. Vielleicht noch genauer: Es erlaubt sich keine Gefühle mehr. Schließlich sind seine ersten Gefühlserfahrungen enttäuscht worden.

Und so führt eines zum anderen. Um Liebes- oder Freundschaftsbeziehungen aufzubauen, braucht man eine gesunde Dosis Bereitschaft, Vertrauen und Offenheit. Woher soll das Kind diese haben? Es kann sich nur die Illusion einer Beziehung erlauben: Einer echten Intimität könnte es nicht ins Gesicht schauen. Vertrauen kann es schon gar nicht schenken. Vertrauen verwundet, wenn es mißbraucht wird. Und Wunden hat das Kind bereits genug.

Irgendwo hier liegt der Dreh- und Angelpunkt in der Beziehung zwischen Pflegekind und Pflegemutter/-eltern. Wenn die Pflegemutter/-eltern Abstand zu ihrem eigenen Leiden nehmen können, aufmerksam hinhören und verstehen lernen, welches Drama sich im Kind abspielt, dann besteht die Chance, daß aus Versorgung und Beziehung mehr wird, nämlich Beziehung als Therapie.

Aber es ist und bleibt ein Leidensweg, solange die Pflegemutter nicht begreift, nicht spürt, daß in der Auseinandersetzung mit dem Kind ihre Person stellvertretend für die leibliche Mutter angegriffen wird. Das Kind will sich mit seinem Leiden, seiner Trennung auseinandersetzen. Es muß dies auch tun, um irgendwann seinen seelischen Frieden zu finden. Da die leibliche Mutter/Eltern nicht greifbar und zu Anfang auch unantastbar sind, wird die ganze Wut gegen die Pflegemutter/-eltern gerichtet. Eigentlich sind die Pflegemutter/-eltern die Mittler, die Katalysatoren, mit deren Hilfe und über deren Person Zerstörung in positives Lebenspotential umgewandelt wird. Das Kind hat nur diese Chance, oder es muß die Zerstörung an sich selbst auslassen.

Eigentlich wird hier fast Unmögliches von der Pflegemutter/den Pflegeeltern erwartet. Sie sollen ein Kind lieben, das ihnen im Extremfall jeden Tag beweisen will, daß es nicht liebenswert ist. Wollen sie diesen Negativ-Kreislauf durchbrechen, selbst Ruhe finden und dem Kind Sicherheit vermitteln, sind drei Dinge unerläßlich:

- ein langer Atem
- die Fähigkeit, Leiden anzunehmen
- das richtige Wort zu finden.

Der lange Atem ist das Ausdauertraining, auf dem jede Leistung beruht, das Leiden anzunehmen, ist die geistige Grundeinstellung, ohne die kein dauerhafter Erfolg entsteht, und das richtige Wort ist die spezielle Technik, ohne die sich jede Anstrengung verzettelt.

Dadurch, daß die Pflegemutter/-eltern das Leiden des Kindes annehmen, werden sie auf die wahren inneren Fragen des Kindes aufmerksam, ahnen sie die Konflikte, denen es ausgesetzt ist und die es über sein Verhalten auslebt. Das wiederum gibt ihnen die Möglichkeit, Wahrheit zuzulassen und Wahrheit zu vermitteln, ohne verletzend zu werden, weder für das Kind noch für die leibliche Mutter/die Eltern.

Mittler hierfür ist das Wort: das richtige Wort, das geduldige Wort, das einfühlsame, respektierende Wort. Dies ermöglicht dem Kind, seine in Puzzleteile zerfallene Geschichte zu strukturieren, bis ein fertiges Gesamtbild vorliegt, mit dem das Kind leben kann.

»Deine Mutter hat dich mit einem Mann zusammen gezeugt, den sie sehr liebte. Du bist in ihrem Bauch groß geworden, und sie hat dich in die Welt gesetzt. Sie ist deine »Mutter der Geburt«. Sie hat dich sehr schön gemacht, aber sie konnte dich nicht bei sich behalten. Weil sie dich nicht bei sich behalten konnte, hat man jemanden gesucht, bei dem du leben kannst, der dich erzieht. So wurde ich gewählt. Und ich habe ein Kind gesucht, das nicht bei seiner »Mutter der Geburt« bleiben konnte.« So oder ähnlich kann die Pflegemutter mit dem Kind sprechen, ihm Einzelheiten aus seinem Leben erzählen, die bekannt sind. Wo es wohnte, vorher, wie seine Mutter aussah, damals. Schritt für Schritt wird ihm Wahrheit gegeben, immer mit Worten, die passen. Mit Worten, die sein Sein immer greifbarer und immer erträglicher gestalten. Worte, die auch das Verhältnis zur leiblichen Mutter klären, aber nie Vorwurf sind, und auch die Liebe der »Mutter der Geburt« zum Kind hervorstreichen.

So lernt das Kind, seine Situation anzunehmen, sich anzunehmen. Es lernt, damit zu leben, daß es zwei Mütter hat, von zweien geliebt wird und nicht zwischen zweien zerrieben werden muß.

Was hier so leicht klingt, ist in Wirklichkeit ein Kraftakt für beide, Pflegemutter/-eltern und Pflegekind. Die Suche nach Wahrheit im respektvollen Herantasten ist eine mühsame Tätigkeit. Immer wieder nervt das Kind mit seinen Fragen, seinen Aussagen. Immer wieder scheint es so, als ob die Pflegemutter/-eltern von vorne anfangen müßten, als ob ihre vorherigen Worte nicht gehört worden wären, als ob kein fruchtbarer Boden vorhanden wäre. Irgendwie wirkt es so, als ob das Kind in einer Kluft hängengeblieben wäre. Zu stark ist die Erinnerung an die leibliche Mutter präsent, ihr Duft in der Nase, ihre Stimme im Ohr. Das Paradies wurde an einem Tag zerstört. An dem Tag, als das Kind von zu Hause weg mußte, von seiner Mutter getrennt wurde.

Natürlich hat es bei seiner Pflegemutter/-eltern eine gesicherte Existenz gefunden; der Körper ist wohlversorgt. Aber die Person, das Ich, hat aufgehört zu sein. Es ist in einer Kluft hängengeblieben. Damit diese Kluft in seiner Geschichte überbrückt wird, muß das Kind bei seiner Pflegemutter/-eltern eine zweite Geburt erleben. Eine traumatische Geburt. Nochmals muß es sich durch ein enges Loch treiben, muß schreien, um sein Leben hörbar zu machen. Seine Wutanfälle, seine Krämpfe, sein Babysein – all das muß sein. Nur so kann es die verbliebenen Spuren der dramatischen Geschehnisse, die sein Leben bestimmt haben, nochmals ausleben, um sie dadurch besser auszumerzen. Richtiger: um sie »aus-zu-schmerzen«.

Durch diese zweite Geburt muß das Kind manche Selbstverständlichkeit wieder lernen. Es fehlt eine Lernzeit in seinem Leben. Es braucht auch Zeit, die Pflegemutter/-eltern anzunehmen. Diese Zeit geht auf Kosten der allgemeinen Entwicklung. Das merkt man zum Beispiel bei der Einschulung.

Hier hilft der lange Atem und die geduldige Sprache der Pflegemutter/-eltern, auch wenn die Worte am Kind vorbeizugleiten scheinen. Sogar wenn das Kind es nicht versteht, gibt das beruhigende Wort seiner Wut einen Sinn. Wut ist schließlich ein Ausdruck seines Leidens. Und die Ruhe zu bewahren, ist die Antwort der Pflegemutter/-eltern: »Wir verstehen. Es war eine Leidenszeit für dich, als du klein warst. Du hast noch immer Leiden in dir, und du mußt es ausdrücken.«

So werden die Spannung und die innere Angespanntheit genommen und in Worte gekleidet. Das Kind wird nicht erniedrigt, wenn es wieder einmal kracht. Und wenn es sich beruhigt hat, erzählen ihm die Pflegemutter/-eltern von sich. Was im Lebensspeicher eingebrannt ist aus seinem ersten Leben, muß ans Tageslicht. Ausgedrückt durch angenehmes oder durch unangenehmes Verhalten. Mit den Worten der Pflegemutter/-eltern kann das Kind eine Erklärung dafür finden. Und mit der Zeit kommt die endgültige Beruhigung.

Die bisherigen Ausführungen beziehen sich auf Kinder, die von ihren Eltern oder einem Elternteil getrennt wurden, die eventuell von einer ihnen fremden Instanz aus ihrer Ursprungsfamilie herausgenommen wurden, um »fremduntergebracht« zu werden. Es ist die Summe der Erfahrungen, die aus Therapiegesprächen bekannt sind. Pflegemütter/-eltern können sie mit ihrem Pflegekind durchleben (nicht immer alle Erfahrungen, die beschrieben worden sind, und nicht immer so heftig); und es ist die Summe der Schwierigkeiten, die ein Kind durchleben kann. Situationen werden beschrieben, die so in vielen Pflegefamilien und sozialen Einrichtungen Alltag sind. Manche Pflegemutter/-eltern und so mancher Erzieher werden sich wahrscheinlich darin wiedererkennen.

Trennung ist Leiden. Und da wir dem Kind helfen wollen, ein ganzheitlicher Mensch zu werden, seinen Körper und seine Psyche gleichermaßen entwickeln zu können, muß es auch einen Platz für das Leiden des Kindes geben, genauso, wie das Kind einen Platz im Haus, in der Familie gefunden hat. Leiden muß einen Ausdruck haben. Die Pflegemutter/-eltern nehmen dieses Leiden an und helfen dem Kind, es auszudrücken. Sie geben ihm die Gewißheit, daß sie da sind, immer wieder da sind, auch wenn sie manchmal physisch nicht präsent sind.

Das Kind wird bei der Pflegemutter lernen, daß Verlassen auch Zurückkehren heißt und daß die geliebte Person in einer Phase des Wegseins nicht stirbt. Auf diese Weise lernt es parallel dazu, die tief verankerte Erfahrung der Trennung von seiner leiblichen Mutter Schritt für Schritt zu überwinden und zu verinnerlichen, daß die Mutter auch dann da ist, wenn sie körperlich nicht spürbar ist.

Wenn das Kind von seiner leiblichen Mutter getrennt ist, fehlt ihm die seelisch-symbolische Dimension, obwohl es physisch überlebt, und es betreut und geliebt wird. Diese Dimension wird ihm normalerweise durch seine »Mutter der Geburt« übertragen. Kann diese Dimension nicht hergestellt werden, wird das Mutterbild nicht verankert oder ausreichend genährt – zum Beispiel durch regelmäßige Besuche, so muß dem Kind zumindest die Möglichkeit eröffnet werden, zu verstehen, aus welchen Gründen es nicht bei seiner leiblichen Mutter leben kann.

Wenn bei diesen Ausführungen die Mutter in den Vordergrund rückt und nicht der Vater oder die Eltern, so deshalb, weil erfahrungsgemäß ein fehlendes, ein unvollständiges oder ein gestörtes Mutterbild bei Trennungskindern die größten Spuren hinterläßt, nicht zuletzt weil das Kind die meiste Zeit (manchmal nur die Zeit im Mutterleib) mit ihr verbracht hat. Konsequenterweise wird auch die Pflegemutter die stärkste Rivalin sein. Aber natürlich muß auch der Vater seinen Platz haben, zumindest im erklärenden Wort.

Die psychisch-symbolische Ebene findet ihre Nahrung in ganz einfachen Zeichen, wie in Photos des Vaters, der Mutter, der Wohnung, in der das Kind in seinen ersten Lebensmonaten oder -jahren aufgewachsen ist. Allein die Tatsache, daß es Zeugen und Zeugnisse gibt über eine Zeit, die seine Persönlichkeit mitstrukturiert hat, ist ein positiver Entwicklungsfaktor. Sogar wenn es nicht gelingt, den Wunsch in die Wirklichkeit umzusetzen, das »Ursprungsparadies« wiederherzustellen, so ist es doch ein ganz wichtiges Moment, mit dieser Idee spielen zu können.

Spuren müssen sichtbar und greifbar gemacht werden für Kinder, die noch nicht dazu fähig sind, es selbst zu tun. Diese Spuren werden für die Kinder zum integrativen Bestandteil ihrer Persönlichkeit.

Wenn die Trennung nicht plötzlich, sondern vorhersehbar ist, sollte sie auch dokumentiert werden. Durch Zeugen beispielsweise, die über die Umstände der Trennung sprechen können und dadurch für das Kind Verbindungen herstellen können auf der Zeitleiste seines Lebens. Die Verbindung nämlich zwischen allen Personen, die für sein Leben zu einem bestimmten Zeitpunkt wichtig waren, damit es im Leben des Kindes keine Lücke gibt.

Vielleicht können gerade diese Zeugen, und wenn nicht sie, dann vielleicht unbeteiligte Dritte, dem Kind im Beisein der Pflegemutter/-eltern erklären, daß es, wenn es erwachsen ist, zu seiner »Mutter der Geburt« zurückkehren kann, sofern es dies wünscht; daß es aber trotzdem seine Pflegemutter weiterhin lieben kann.

Der Pflegemutter wird diese Vorgehensweise vielleicht risikoreich vorkommen, weil sie befürchtet, das Kind dadurch zu belasten, aber sie wird die positive Entwicklung erleben können. Vielleicht nicht sofort, weil das Kind in einer regressiven Phase irgendwo von neuem beginnen muß, aber mit Sicherheit wird sie dadurch ein strukturierender Faktor im Leben des Kindes sein.

Möglicherweise wird sich das Kind daraufhin aggressiv zeigen oder sich »unmöglich« benehmen. Die Geduld und die Liebe der Pflegemutter/-eltern werden dabei auf eine harte Probe gestellt. Gerade wenn es schlecht läuft, ist es für die Pflegemutter/-eltern wichtig zu wissen, daß die momentanen Schwierigkeiten nicht durch sie selbst entstehen, sondern bedingt sind durch frühere Erfahrungen des Kindes, die es jetzt mit seiner Pflegemutter/seinen Pflegeeltern wiederholt. Für das Kind ist es wichtig, daß ihm dieser Zusammenhang im Beisein seiner Pflegemutter/-eltern so erklärt wird.

Es würde den Rahmen dieser Ausführungen sprengen, im Detail darauf einzugehen, aber wir dürfen auch das Leiden der leiblichen Eltern nicht vergessen. Wenn die Möglichkeit besteht, sollten die leiblichen Eltern auch einen Platz haben, wo ihr Leiden Ausdruck findet, wo sie sagen können, was sie tun würden, wenn ..., ja wenn das Leben nicht so wäre, wie es ist.

Beziehung als Therapie? Beziehung als Chance ganz sicher

Natürlich sind die Ausgangssituationen nicht gleich. Scheidung ist nicht Krieg. Das Alter des Kindes spielt eine Rolle und die Umstände der Trennung. Es ist sicher von Bedeutung, ob beide Elternteile noch leben oder nur ein Teil, ob eine einigermaßen vernünftige Aussicht auf eine Rückkehr in die Ursprungsfamilie besteht, oder ob das Kind mit an Sicherheit grenzender Wahrscheinlichkeit in der Pflegefamilie/-einrichtung bleiben wird. All diese Faktoren machen jede Situation zu einer einzigartigen. Gerade deswegen gibt es keine Methode, die uns lehren würde, wie man im Umgang mit von Trennung betroffenen Kindern alles richtig macht. Auf dem richtigen Weg sind wir jedoch sicher, wenn wir bedenken:

Trennung ist in jedem Fall eine traumatische Erfahrung für das Kind. Trennung muß nicht zu dauerhaften Schäden führen. Beziehung kann ein Heilmittel sein, wenn sie

- Leiden zuläßt,
- Zeugen und Zeugnisse zu Wort kommen läßt
- und immer wieder das klärende und erklärende Wort mit Respekt vor dem Kind, seinen Eltern und seinen Pflegeeltern anbietet.

[illegible] daß die mangelnden Schwierigkeiten nicht durch [illegible] sondern bedingt sind durch [illegible] [illegible] mit seiner [illegible] Wieder[illegible] [illegible] daß ihm dieser [illegible]

[illegible] dieser [illegible] entsprechen, aber [illegible] das Leiden der [illegible] [illegible]

[illegible]

[illegible] als [illegible]

[illegible] Rolle und die [illegible] [illegible]

[illegible] ist in jedem Fall [illegible] Erfahrung, die das [illegible]

[illegible] Leider [illegible]

[illegible]

Sexueller Mißbrauch

David Finkelhor

Sexueller Mißbrauch von Kindern

Aufgaben und Probleme für Jugendschutz und professionelle Helfer

Nach einem Abriß der wichtigsten Fakten zum Problem des sexuellen Mißbrauchs von Kindern und seiner Epidemiologie folgt eine Diskussion der Schwierigkeiten, denen sich Fachleute häufig gegenübersehen, wie beispielsweise die Diagnostizierung von Mißbrauch. Abschließend werden einige Prinzipien dargelegt, die die Erfahrungen der letzten zehn Jahre in Nordamerika zusammenfassen und die auch in anderen Ländern als Grundlage für eine erfolgreiche Auseinandersetzung mit dem Problem dienen können.

Definition von sexuellem Mißbrauch

Ganz allgemein kann man sexuellen Kindesmißbrauch als sexuellen Kontakt mit einem Kind unter einer der drei folgenden Bedingungen definieren:

- wenn zwischen den beiden Partnern ein großer Unterschied in Alter oder Reife besteht;
- wenn der Partner Autorität über das Kind hat oder das Kind seiner Obhut anvertraut ist;
- wenn die Handlungen mit Hilfe von Gewalt oder Täuschung an dem Kind begangen werden.

Allerdings herrscht kein allgemeines Einverständnis über die genauen Details einer solchen Definition – etwa darüber, wie groß der Altersunterschied oder der Unterschied in der Reife sein muß. Hier spielen natürlich individuelle und kulturelle Faktoren herein. Aber es gibt doch international weitgehende Übereinstimmung über die häufigsten

Situationen, mit denen wir es in der Praxis zu tun haben: sexuelle Handlungen zwischen Erwachsenen und vorpubertären Kindern, zwischen Eltern und ihren Kindern und gewalttätige sexuelle Vergehen an Kindern.

Prävalenz von sexuellem Mißbrauch

Sogar bei Anwendung relativ konservativer Definitionen gibt es Anzeichen dafür, daß sexueller Mißbrauch international wesentlich weiter verbreitet ist als früher angenommen. Lange Zeit kamen die meisten Untersuchungen über sexuellen Mißbrauch aus Nordamerika, und einige Skeptiker glaubten, daß das ein nur für dieses Land typisches Problem sei. Mittlerweile gibt es aber epidemiologische Bevölkerungsstudien aus mindestens 20 verschiedenen Ländern, in denen in einem großen Teil der Bevölkerung Fälle von Kindesmißbrauch festgestellt wurden. Und überall war die Häufigkeit des Mißbrauchs weit größer, als man aus der Zahl der offiziell bekannten Fälle schließen würde. Bei einem solchen Ausmaß des Problems ist klar, daß praktisch jeder psychologisch oder therapeutisch Tätige immer wieder mit Opfern eines (angezeigten oder verschwiegenen) sexuellen Mißbrauchs zu tun haben wird.

Angemerkt sei noch, daß die meisten Unterschiede in Abbildung 1 wahrscheinlich auf unterschiedliche Methodologien zurückzuführen sind und nicht auf Unterschiede in der tatsächlichen Häufigkeit. Die hohe Rate für die Niederlande kommt deshalb zustande, weil dort sehr einfühlsame und gut geschulte Fachleute mit einem detaillierten Interviewprotokoll arbeiten, das 14 differenzierte Fragen in bezug auf sexuellen Mißbrauch enthält. Das beweist, daß die Menschen eher bereit sind, über ihre Geschichte des sexuellen Mißbrauchs zu berichten, wenn der Befragende fähig ist, ehrliches Interesse und Einfühlungsvermögen zu zeigen. Aber es besagt nicht sehr viel über kulturelle Unterschiede in der Prävalenz von sexuellem Mißbrauch.

Leider wissen wir nicht genug über kulturell unterschiedliche Verhaltensmuster. Meiner Erfahrung nach haben sich Behauptungen, daß in manchen Kulturkreisen sexueller Mißbrauch selten sei, meistens als unhaltbar erwiesen. Es kann in gewissen Gebieten im Verborgenen zu sexuellem Mißbrauch kommen, auch wenn es kaum offizielle Meldungen darüber gibt, vor allem wenn in diesem bestimmten Kultur-

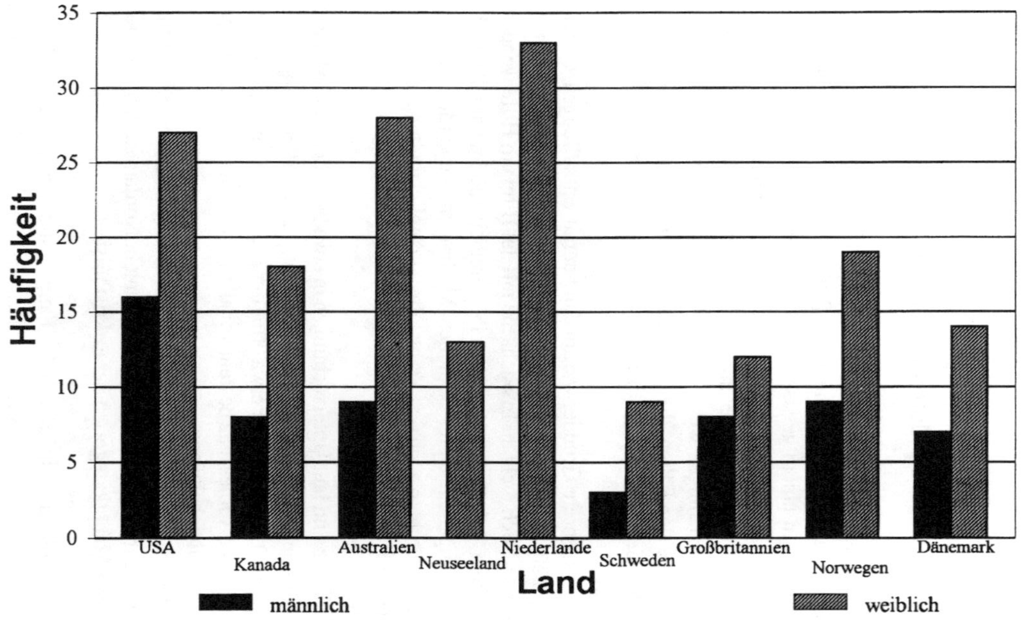

Abbildung 1: Häufigkeit des sexuellen Mißbrauch von Kindern

kreis Sexualität mit viel Prüderie oder Geheimnistuerei verbunden ist. Angesichts der internationalen epidemiologischen Studien liegt die Beweislast nun wohl bei denen, die behaupten, sexueller Mißbrauch sei selten.

Epidemiologische Daten

Die Häufigkeitsuntersuchungen haben auch wichtige epidemiologische Daten über die Verteilung des Problems – zumindest in Nordamerika und in einem gewissen Maß auch in Europa – geliefert. So scheinen Jungen nur etwa halb so oft Opfer sexuellen Mißbrauchs zu sein wie Mädchen. Auf sie entfallen ein Drittel aller Vorfälle. Allerdings erzählen Jungen wesentlich seltener von einem Mißbrauch, so daß sie unter den Fällen, die professionelle Behandlung erfahren, unterrepräsentiert sind: sie stellen höchstens ein Fünftel der klinischen Fälle dar.

Es gibt mehrere Gründe, warum Jungen mit Enthüllungen zurückhaltender sind. Sie wollen offensichtlich in ihrer Peer-group unabhängig sein und sich nicht an Erwachsene mit der Bitte um Hilfe wenden. Sie fürchten, daß die Erwachsenen ihre Freiheit beschneiden könnten, wenn sie zugeben, Opfer sexuellen Mißbrauchs geworden zu sein. Und sie befürchten auch den Verlust ihres männlichen Images und das Stigma der Homosexualität, das mit einem solchen Eingeständnis einhergehen würde.

Die Täter sind laut Untersuchungen in etwa 90 % der Fälle Männer. Am gefährdetsten für sexuellen Mißbrauch ist die Altersgruppe zwischen 7 und 13 Jahren, aber etwa 20 % der Fälle betreffen noch jüngere Kinder. In der Adoleszenz besteht vor allem die Gefahr sexueller Übergriffe von Gleichaltrigen.

Es gibt Studien über zahlreiche Unterkategorien sexuellen Mißbrauchs, aber aufgrund unserer Erfahrung in Nordamerika haben sich bestimmte Hauptkategorien herauskristallisiert:

– Beim Mißbrauch innerhalb der Familie sind am häufigsten Väter oder Vaterfiguren, Onkel oder ältere Brüder die Täter. Dies wird als die schlimmste Form sexuellen Mißbrauchs angesehen, da sie sich meistens über eine längere Zeit hin erstreckt und die Beziehung zwischen dem Kind und seiner wichtigsten Quelle sozialen Rückhalts gefährdet. Ein solcher Mißbrauch beeinträchtigt meist auch das Verhältnis des Kindes zu den anderen, nicht beteiligten Mitgliedern der Familie, wie der Mutter oder den Geschwistern, weil er zu schweren Loyalitätskonflikten führt. Mädchen werden häufiger Opfer von sexuellem Mißbrauch in der Familie als Jungen; bei ihnen entfällt etwa die Hälfte der Fälle auf diese Kategorie, bei Jungen sind es nur 10 bis 20 %.

- Mißbrauch durch betreuende Personen außerhalb der Familie wie Kinderbetreuungspersonal, Lehrer, Geistliche, Musiklehrer und Sporttrainer. Solche Fälle rufen meistens heftige Kontroversen in der Öffentlichkeit hervor, da hier oft Personen betroffen sind, die das Vertrauen und den Respekt der Allgemeinheit genossen hatten.
- Auf jugendliche Täter unter 18 Jahren entfällt ein Drittel der Fälle sexuellen Mißbrauchs. Manchmal sind es ältere Geschwister, die sich an ihren jüngeren vorpubertären Brüdern und Schwestern vergehen. Manchmal handelt es sich um »date-rape« (Vergewaltigung beim Rendezvous). Es gibt auch viele Fälle, in denen Gruppen von Heranwachsenden jüngere Kinder oder auch Gleichaltrige mißbrauchen. Und es sind einzelne Fälle von Kindern zwischen 5 und 10 Jahren bekannt, die Gleichaltrige bedrängen. Diese sind meist selbst Opfer sexuellen Mißbrauchs und wiederholen an anderen Kindern die Handlungen, die an ihnen begangen wurden.
- Zur sehr heterogenen und kleinen Gruppe der weiblichen Täter zählen unter anderem sehr isolierte Mütter, adoleszente Mädchen, die unter Druck stehen, sexuelle Erfahrungen zu machen, und Frauen, die von ihrem Freund dazu gebracht wurden, sich an seinen kinderschänderischen Aktivitäten zu beteiligen.
- Kinder werden auch kommerziell mißbraucht – als Prostituierte oder für die Produktion von Pornographie. Diese Form des Mißbrauchs besitzt eine eigene Dynamik und ist vor allem in Gebieten weit verbreitet, wo sich Gruppen obdachloser oder drogensüchtiger Jugendlicher zusammenfinden, sowie in Gegenden großer Armut, vor allem in bestimmten Entwicklungsländern.

Risikofaktoren

Untersuchungen in Nordamerika haben gezeigt, daß bestimmte Gruppen von Kindern einem höheren Risiko ausgesetzt sind, mißbraucht zu werden, als andere. Dazu zählen Kinder, die eine Scheidung oder

Trennung der Eltern mitgemacht haben oder die längere Zeit mit nur einem Elternteil gelebt haben; Kinder, die bei Stiefeltern leben; Kinder, deren Eltern gegeneinander oder den Kindern gegenüber feindselig oder gewalttätig sind; Kinder, deren Eltern ein Alkohol- oder Drogenproblem haben oder an einer beeinträchtigenden psychischen Störung leiden; und Kinder, die selbst wegen geistiger Retardierung oder einem körperlichen Problem – zum Beispiel Blindheit – behindert oder benachteiligt sind.

Diesen Risikofaktoren scheinen zwei grundlegende Merkmale gemeinsam zu sein. Zum einen handelt es sich um Situationen, in denen die Quantität und Qualität der Betreuung durch Erwachsene beeinträchtigt ist: Zum Beispiel erhalten Kinder, die mit Alleinerziehenden leben, weniger Beaufsichtigung. Zum anderen sind es Umstände, die ein emotionales Defizit bei den Kindern nach sich ziehen: Kinder, die von ihren Eltern Ablehnung erfahren, sind emotional empfänglicher. Beide Faktoren – mangelnde Beaufsichtigung und emotionales Defizit – werden von den Tätern ausgenützt, um Zugang zu den Kindern zu bekommen und sie zu sexuellen Kontakten zu überreden oder zu zwingen.

Interessanterweise sind soziale und wirtschaftliche Benachteiligung keine primären Risikofaktoren. Sexueller Kindesmißbrauch scheint bei benachteiligten sozialen Schichten wesentlich weniger konzentriert vorzukommen als andere Formen der Kindesmißhandlung. Andererseits wird sexueller Mißbrauch in höheren sozialen Schichten leicht übersehen, weil viele Experten solche Fälle für selten halten.

Theoretischer Rahmen

Es müssen vier Voraussetzungen gegeben sein, damit es zu sexuellem Mißbrauch kommt.

Der Täter muß ein Motiv haben, um ein Kind sexuell zu mißbrauchen. Dies ist meistens eine Kombination aus einem spezifischen emotionalen Bedürfnis, das das Kind erfüllt (»emotionale Kongruenz«), der Fähigkeit, von diesem Kind sexuell erregt zu werden, sowie der Blockierung der Fähigkeit, seine sexuellen Bedürfnisse auf herkömmlichere Art und Weise, durch Gleichaltrige oder ohne Gewaltanwendung, zu befriedigen.

Weiterhin muß der potentielle Täter innere Hemmungen gegen sexuellen Mißbrauch überwinden, seine moralischen Skrupel oder die Angst vor der Entdeckung. Alkohol und Rationalisierungen, die das Schwerwiegende der Tat bagatellisieren, tragen dazu bei, diese Hemmungen zu unterminieren.

Der potentielle Täter muß auch externe Widerstände gegen seine Annäherung an das Kind und die Durchführung der sexuellen Handlungen überwinden, dazu gehören Beaufsichtigung und Schutz des Kindes durch andere Erwachsene.

Schließlich muß der potentielle Täter auch den Widerstand des Kindes überwinden, das heißt, den Verdacht des Kindes oder dessen Unbehagen. Viele der vorher erwähnten Risikofaktoren verringern jedoch die externen Hindernisse und die Widerstandsfähigkeit des Kindes.

Indizien für sexuellen Mißbrauch

Das Wichtigste, was Psychologen, Therapeuten und Pädagogen tun können, ist, ihre Wahrnehmungsfähigkeit für sexuellen Mißbrauch zu schärfen. Scham, Angst und Verschweigen führen nämlich dazu, daß die meisten Fälle sexuellen Mißbrauchs nach wie vor nicht diagnostiziert werden.

Wenn Mißbrauch aufgedeckt wird, so meistens (in zwei Dritteln der Fälle) aufgrund der expliziten Enthüllung durch das Kind. Das Kind erwähnt vielleicht den Mißbrauch gegenüber einem Elternteil, einem Verwandten, Freund, Arzt oder Vertreter der Schule. Es stellt Fragen, spricht über Handlungen oder weiß sexuelle Dinge, die eindeutig darauf hinweisen, daß es sexuelle Kontakte hatte. In manchen Fällen wird ein Erwachsener aus dem Verhalten des Kindes oder des Täters den Mißbrauch entdecken oder vermuten.

Neben spontanen Enthüllungen berichten Kinder auch häufig von Mißbrauch im Zuge der Befragung durch einen Experten, der sie wegen körperlicher Probleme oder Verhaltensschwierigkeiten untersucht. Deshalb ist es wichtig zu wissen, wie man ein Kind über einen etwaigen sexuellen Mißbrauch befragt.

Leider gibt es keine Anzeichen oder Muster im Verhalten des Kindes, die eindeutig auf sexuellen Mißbrauch hinweisen. Die Reaktion auf Mißbrauch kann in sehr unterschiedlichen Verhaltensstörungen zum Ausdruck kommen, häufig zeigt das Kind aber auch gar kein auffälliges Verhalten. Am besten ist es daher, die Kinder routinemäßig immer wieder über mögliche Vorkommnisse sexuellen Mißbrauchs zu befragen, auch wenn sie keine der offensichtlichen oder auch nur subtileren Symptome aufweisen, die auf Mißbrauch deuten könnten.

Es gibt bestimmte Verhaltensformen, die mehr als andere die Tatsache sexuellen Mißbrauchs signalisieren können, aber auch sie sind nicht spezifisch dafür. Das primäre diesbezügliche Verhalten ist sexualisiertes Verhalten, das je nach Entwicklungsstufe des Kindes verschiedene Ausprägungen haben kann. Bei kleinen Kindern kann das zwanghaftes Masturbieren sein, übersteigertes Interesse für die Geschlechtsorgane anderer oder der Entwicklungsstufe nicht gemäße sexuelle Akte. Bei größeren Kindern kann es sexuelle Promiskuität sein oder eine auffallend erotisierte Art, sich zu kleiden und zu agieren.

Eine weitere, eher häufig auftretende Gruppe von Verhaltensmustern bei sexuell mißbrauchten Kindern sind die sogenannten posttraumatischen Symptome. Dazu gehören ausgeprägte Furchtsamkeit und Angst, Alpträume und Phobien, vor allem vor bestimmten Orten oder Menschen.

Weitere Symptome sind Depression, Aggressivität, Davonlaufen, plötzlich auftretende Schulprobleme, Drogenmißbrauch und selbstmörderisches Verhalten. Interessanterweise zeigt die Forschung, daß es zwischen Mädchen und Jungen keine größeren Unterschiede in der Ausprägung der Symptomatik gibt. Jungen neigen vielleicht eher dazu, sich abzureagieren und aggressiv zu werden, und Mädchen sind vielleicht eher deprimiert und verschlossen, aber die Ähnlichkeiten sind auffallender als die Unterschiede.

Ein sehr großer Anteil, rund 40 % der sexuell mißbrauchten Kinder, zeigt in ihrem Verhalten überhaupt keine Auffälligkeiten. Eine Enthüllung sexuellen Mißbrauchs oder der Verdacht darauf sollte also immer ernstgenommen werden, auch wenn es im Verhalten keine auffälligen Symptome gibt.

Physische Indikatoren für sexuellen Mißbrauch

Obwohl es bei der Erkennung physischer Anzeichen sexuellen Mißbrauchs in den letzten Jahren erhebliche Fortschritte gegeben hat, existiert heute ein allgemeines Einverständnis darüber, daß sexueller

Mißbrauch – im Gegensatz zu körperlicher Mißhandlung – sehr selten allein durch eine körperliche Untersuchung festgestellt werden kann. Ergebnisse aus beinahe zwei Dutzend Studien zeigen, daß 50 % der Mädchen und 53 % der sexuell mißbrauchten Jungen in der körperlichen Untersuchung völlig normal erscheinen. Lediglich 3 bis 16 % aller Opfer haben für sexuellen Mißbrauch spezifische oder diagnostische Befunde. Dennoch empfehlen wir heute, alle Kinder, bei denen der Verdacht auf sexuellen Mißbrauch besteht, einer umfassenden körperlichen Untersuchung, möglichst durch einen Spezialisten, zu unterziehen.

Aufdeckung falscher Beschuldigungen

Da es keine eindeutigen diagnostischen Verhaltensmuster und nur selten eindeutige körperliche Befunde gibt, sehen sich Fachleute oft mit Bezichtigungen oder Vermutungen von sexuellem Mißbrauch konfrontiert, die sie deutlich anzweifeln. Besonders häufig kommt das bei sehr kleinen Kindern vor, die sich noch nicht gut artikulieren können, aber auch, wenn sie es mit wortgewandten oder gebildeten Tätern zu tun haben, die sehr überzeugend leugnen.

Die Psychologen und anderen Fachleute müssen erkennen, daß ihre intuitiven Reaktionen gelegentlich irreführend sein können. Gewisse Fakten über die Familie oder Aspekte der Enthüllung, die jemanden mit gesundem Menschenverstand eher skeptisch stimmen, müssen durchaus nicht gegen echten Mißbrauch sprechen. So liefern mißbrauchte Kinder oft nur unvollständige Berichte oder ändern ihre Geschichte ab, zum Teil aus Angst und dem Gefühl der Scham, das sie empfinden. Kinder ziehen oft auch ihre Enthüllungen vollständig zurück, wenn der Täter leugnet oder sie den Schock der Familienmitglieder erleben. Dieses Zurückziehen bedeutet aber nicht unbedingt, daß die Anschuldigung falsch war, es bedeutet vielleicht nur, daß das Kind eingeschüchtert wurde. Wie schon erwähnt, sind die Täter oft Personen, von denen man das nie annehmen würde – mit einem guten Ruf und einer scheinbar guten Beziehung zum Opfer. Der professionelle Helfer findet den Beschuldigten vielleicht sogar sehr sympathisch und charmant. Aber eine positive Beziehung zum Kind ist keineswegs unvereinbar mit der Möglichkeit eines sexuellen Mißbrauchs.

Falsche Anklagen kommen aber dennoch vor. Wir schätzen, daß sie etwa 5 bis 10 % aller Beschuldigungen ausmachen. In den USA werden sie am ehesten durch Erwachsene initiiert, die jemanden in böswilliger Absicht in Verdacht bringen wollen. Spontan von Kindern erfundene Geschichten sind weniger häufig. Falsche Beschuldigungen scheint es vor allem bei Streit um die Vormundschaft eines Kindes zu geben, wenn ein Elternteil versucht, die Lebensumstände des Kindes zu beeinflussen oder dem anderen Elternteil oder einem Verwandten Zugang zu dem Kind zu verwehren, indem der Betroffene des Mißbrauchs verdächtigt wird.

Diese falschen Unterstellungen sind oft äußerst schwierig zu entlarven. Einige Aspekte können aber doch dabei helfen, falsche Anklagen von ehrlichen Enthüllungen zu unterscheiden: Wenn Kindern von Erwachsenen vorgegeben wird, was sie sagen sollen, verwenden sie manchmal eine Sprache, die ihrem Alter oder Entwicklungsstand nicht entspricht. Bei falschen Beschuldigungen liefern die Kinder auch eher weniger spezifische Einzelheiten und Zusatzbemerkungen. Manchmal wiederholen sie fast mechanisch immer dieselbe Geschichte und sind nicht in der Lage, Ereignisse in einer anderen Reihenfolge zu berichten. Tatsächlich mißbrauchte Kinder sind meistens ängstlich, verlegen, stockend in ihren Erzählungen, während Kinder, die eine Geschichte erfinden, das vielleicht weniger überzeugend tun und Details fast formelhaft wiederholen. Hinweise darauf, daß die Eltern die Aussage mit den Kindern eingeübt oder selbst die Einzelheiten ergänzt haben, sprechen für eine erfundene Geschichte. Wichtig ist auch, ob es ein Motiv für eine falsche Anklage gibt. Ein älteres Kind kann falsche Beschuldigungen erheben, wenn es auf einen Erwachsenen aus irgendeinem anderen Grund zornig ist oder versucht, dessen Leben zu beeinflussen.

In den USA kommt es immer häufiger vor, daß angeklagte Täter Therapeuten und Interviewer beschuldigen, die Kinder zu falschen Aussagen anzustiften. Sie behaupten, daß diese Therapeuten die Kinder mit Suggestivfragen beeinflussen, wie »Wenn jemand deine Geschlechtsorgane berührt hat, ist das ganz in Ordnung, wenn du es mir sagst«, und daß gefällige und suggestible Kinder dies als eine Aufforderung zum Geschichtenerfinden verstehen. Diese Behauptungen konnten empirisch nicht erhärtet werden. Wissenschaftler haben versucht, in verschiedenen experimentellen Situationen, zum Beispiel nach einer auf Video aufgenommenen ärztlichen Untersuchung, Kinder zur Aussage zu bringen, daß Erwachsene ihre Geschlechtsorgane berührt hätten – mit wenig Erfolg. Wir sind zu dem Schluß gekommen, daß es tatsächlich ziemlich schwierig ist, ein Kind, vor allem wenn es älter als 5 Jahre ist, dazu zu bringen, falsche Beschuldigungen zu machen, sogar wenn man es dazu ermutigt. Aber aufgrund dieser Kontroverse tendieren Therapeuten und Psychologen nun dazu, Suggestivfragen, mit denen man schüchternen oder widerstrebenden Kindern Aussagen entlocken kann, zu vermeiden. Auch die Idee, mögliche Opfer zu hypnotisieren, um ihnen bei der Erinnerung zu helfen, wird abgelehnt.

Sexueller Mißbrauch versus gesunde sexuelle Betätigung

Eine Frage, die sich häufig stellt, ist, wie man Mißbrauch von gesunder sexueller Betätigung unterscheidet. Eltern und Fachleute wissen oft nicht, daß auch schon sehr kleine Kinder sexuell experimentieren. Ihre persönlichen moralischen Befürchtungen und Einstellungen zur Sexualität führen dann dazu, daß sie normales Verhalten als Mißbrauch oder als Symptome sexuellen Mißbrauchs abstempeln. Leider fehlen fundierte Studien über die Entwicklung normalen sexuellen Verhaltens bei Kindern, die eine Abgrenzung zum Mißbrauch erleichtern würden. Die folgenden Anhaltspunkte könnten aber dabei von Nutzen sein.

Altersunterschied
Sexuelle Experimente vorpubertärer Kinder finden meistens mit Kindern im gleichen Alter oder mit ein oder zwei Jahren Altersunterschied statt. Ein kleiner Altersunterschied kann bei Kindern oft einen großen Vorsprung an Kraft, Autorität und Wissen bedeuten. Kinder spielen im allgemeinen am liebsten mit Gleichaltrigen, wenn also ein größeres Kind sich für sexuelle Spiele ein kleineres aussucht, heißt das oft, daß es diese Machtdifferenz ausnützt.

Zustimmung oder Zwang
Normale sexuelle Erkundungsspiele unter Kindern beruhen auf Gegenseitigkeit, Abwechseln und Rollentausch. Wenn die Initiative immer nur von einem Kind ausgeht und das andere sich stets unterordnen muß, kann ein gewisser Mißbrauch vorliegen.

Altersgemäßes Verhalten
Für Kinder im Vorschulalter bedeutet sexuelles Experimentieren meistens eine Erkundung der Geschlechtsorgane und der jeweiligen Un-

terschiede, vor allem durch Schauen und Berühren, sowie ein Interesse am Urinieren und Stuhlentleeren. Versuche, beim Spielen den Penis oder Gegenstände einzuführen, oder exzessiver oraler Kontakt mit den Geschlechtsorganen können auf erlebten Mißbrauch hinweisen.

Zwanghaftigkeit
Die sexuellen Experimente von Kindern im Vorschulalter beschränken sich meist auf kürzere Perioden verstärkten Interesses, wobei sich die Kinder davor und danach aber in gleichem Maße für andere Aktivitäten und Erkundungen interessieren. Kinder, die sich über eine längere Zeit hinweg ausschließlich auf sexuelle Handlungen konzentrieren, beuten wahrscheinlich andere Kinder aus, leiden aber vielleicht selbst unter Mißbrauch.

Äußere Beeinflussung
Auch wenn Kinder sich mit altersgemäßen sexuellen Spielen beschäftigen – wenn das auf Anstiften oder zum Vergnügen eines älteren Kindes oder eines Erwachsenen erfolgt, handelt es sich um Ausbeutung oder Mißbrauch

Reaktion auf die Aktivität
Die emotionale Reaktion des Kindes ist kein verläßliches Anzeichen sexuellen Mißbrauchs. Schuldgefühle können bei Kindern – angesichts der vorherrschenden moralischen Einstellung zu Sexualität – schon allein durch ein gegenseitiges Erkunden ausgelöst werden. Wenn Kinder andere starke negative Reaktionen zeigen, wie Zorn, Angst, Trauer, kann das auf einen Mißbrauch hindeuten. Da Kinder aber manchmal auch neutral oder sogar positiv auf eindeutig ausbeutende Aktivitäten reagieren, ist, wie gesagt, die emotionale Reaktion kein verläßlicher Indikator.

Grundsätze für ein Eingreifen

Bei sexuellem Mißbrauch einzuschreiten ist eine komplexe Kunst, die von zahlreichen Aspekten des Falls und der jeweiligen Situation wie dem Alter des Kindes, der Art des Mißbrauchs, der Reaktion der Familie und den Ressourcen der Gemeinschaft abhängt. Sogar wenn das Problem in Japan beispielsweise ähnlich sein sollte wie in den USA, ist doch die institutionelle Struktur eine ganz andere. Und natürlich müßte man dort Systeme für ein Eingreifen entwickeln, die spezifisch auf die Institutionen, Berufspraktiken und Gesetze dieses Landes zugeschnitten sind.

Ich möchte jedoch verschiedene Grundsätze für ein Eingreifen anführen, die wir in den USA nach langjähriger Erfahrung entwickelt haben und die in länderspezifische Lösungsansätze weitgehend einfließen könnten.

Multidisziplinärer Ansatz

Anfänglich wurden Fälle von sexuellem Mißbrauch meist von dem Fachmann oder der Stelle bearbeitet, wo der Fall zuerst bekannt wurde, also von Ärzten, Psychiatern, Sozialarbeitern oder der Polizei, die meist eigenständig handelten. Das führte zu viel Doppelgleisigkeit und Konflikten zwischen den einzelnen Fachleuten und Behörden. Die meisten Gemeinden in den USA haben mittlerweile erkannt, daß sie detaillierte, gemeinsam vereinbarte Protokolle für eine kooperative Behandlung der Fälle brauchen, in denen die Rolle jeder einzelnen Instanz festgelegt sein sollte. Dies ermöglicht eine einheitliche Behandlung aller Fälle auf einer gemeinsamen Grundlage und bedeutet, daß die jeweiligen Stärken aller Zuständigen zum Tragen kommen können. Im allgemeinen wird also ein Team aus Psychologen, Sozialarbeitern, Ärzten und Polizeibeamten zusammenkommen, um gemeinsam in den einzelnen Fällen Entscheidungen zu treffen.

Bei dieser Zusammenarbeit war es in der Vergangenheit besonders schwierig, die Zielsetzungen von Polizei und Psychologen aufeinander abzustimmen. Die Polizei wird in den USA oft in Fälle sexuellen Mißbrauchs miteinbezogen, vor allem, wenn der Täter von außerhalb der Familie kommt. Der Grund dafür ist, daß einerseits die Öffentlichkeit fordert, daß solche Täter vor Gericht gebracht werden, andererseits auch die Fachleute weitgehend der Meinung sind, daß eine strafrechtliche Verfolgung des Täters eine wichtige Zusatzmaßnahme ist, um sein Verhalten positiv zu beeinflussen. Es waren jedoch lange Diskussionen und viel Aufklärungsarbeit erforderlich, bis Polizei, Psychologen und Psychiater Respekt für die Ziele und Praktiken des jeweils anderen aufbrachten. Polizisten und Richter mußten viel über Kindesentwicklung und die Achtung und den Schutz der Bedürfnisse von Kindern lernen und ihre Befragungs- und Ermittlungsmethoden ändern. Die Psychologen mußten einsehen, daß die gerichtliche Untersuchung und Verfolgung notwendig und oft nützlich ist und nicht unbedingt im Widerspruch zu therapeutischen Bedürfnissen steht.

Minimierung der negativen Auswirkungen der Enthüllung

Die wenigsten Kinder können abschätzen, welch unangenehmen Reaktionen und Folgen sie ausgesetzt sein können, wenn sie sich zur Aufdeckung eines Mißbrauchs entschließen. Meistens wollen sie einfach der Sache ein Ende setzen oder mit jemandem darüber reden können. Aber die von ihnen nicht abschätzbaren Folgen der Enthüllung – die Befragungen, Anhörungen, die Störung ihres gewohnten Lebens – und die Reaktionen der anderen – das Leugnen, die Empörung, die Gegenüberstellungen, die Ächtung – können für die Kinder noch belastender sein als der Mißbrauch selbst. Das bedeutet für die Fachleute, daß sie ihr Eingreifen auf das Minimum beschränken müssen, um Informationen zu erhalten und das Kind zu schützen. Es bedeutet auch, daß das Kind, seine Bedürfnisse und seine Autonomie respektiert werden müssen. Man wird sich also bemühen, die Zahl der Befragungen des Kindes über den Mißbrauch möglichst einzuschränken. Die Lebensumstände und der Tagesablauf des Kindes sollten so weit wie möglich unverändert bleiben. Die Vertraulichkeit muß gewahrt werden. Außerdem ist notwendig, daß dem Kind alle Vorgänge detailliert erklärt werden, damit es genau weiß, was auf es zukommt. Kinder müssen auch Wahlmöglichkeiten haben und selber Entscheidungen treffen können, damit sie sich nicht als Opfer einer riesigen, von Erwachsenen beherrschten Bürokratie fühlen. Das Verfahren sollte so rasch wie möglich abgeschlossen werden. Untersuchungen haben gezeigt, daß der Erholungsprozeß für das Kind um so schwieriger wird, je mehr Zeit bis zur Untersuchung und der Gerichtsverhandlung vergeht.

Maximierung der familiären Unterstützung

Untersuchungen haben auch gezeigt, daß die Auswirkungen sexuellen Mißbrauchs auf das Kind maßgeblich davon abhängen, wieviel Unterstützung ihm von den Familienmitgliedern zuteil wird. Leider führen viele Formen des sexuellen Mißbrauchs dazu, daß das Kind seiner Familie entfremdet wird. Im besten Fall fühlen sich Familienmitglieder schuldig, daß sie den Mißbrauch nicht verhindert haben. Schlimmstenfalls glauben sie dem Kind nicht oder verbünden sich sogar mit dem Täter, der ja ihr Vater, Gatte oder ein anderes geliebtes Familienmitglied sein kann.

Das wahrscheinlich wichtigste Prinzip für jedes Eingreifen ist also zu versuchen, eine positive Beziehung zwischen dem Opfer und den nicht am Mißbrauch beteiligten Familienmitgliedern aufrechtzuerhalten. Das heißt, daß die Fachleute diese Personen mit Respekt und Rücksicht behandeln und sie so weit wie möglich in den Entscheidungsfindungsprozeß miteinbeziehen müssen. Es bedeutet, daß die Familienmitglieder Informationen brauchen, damit sie verstehen, was geschehen ist, und dem Kind glauben und zu ihm stehen können.

Es bedeutet auch, daß sie Beratung brauchen und eine Gelegenheit, mit ihren eigenen Gefühlen fertig zu werden, ohne sie am Kind auszulassen. Auch sie sind als Opfer anzusehen. Manchmal wird man den Eltern helfen müssen, ihre eigene Geschichte sexuellen Mißbrauchs aufzuarbeiten, die sie immer geheim gehalten hatten.

Verhalten der Umwelt

In Hinsicht auf die Reaktion der Öffentlichkeit auf sexuellen Mißbrauch sind meiner Meinung nach drei Komponenten für eine erfolgreiche Behandlung des Problems von Bedeutung.

Erstens ist es notwendig, das *Problembewußtsein* bei allen zuständigen Stellen generell zu erhöhen. Die Aufdeckung von sexuellem Mißbrauch und ein entsprechendes Eingreifen erfordert die Mithilfe vieler Vertreter des öffentlichen Lebens. Diese Personen werden um so eher kooperativ und einsatzbereit sein, wenn sie über sexuellen Mißbrauch aufgeklärt wurden und ihre Vorurteile und ihr Unbehagen überwunden haben. So müssen zum Beispiel so unterschiedliche Gruppen wie Lehrer, Geistliche, Freizeitbetreuer, Journalisten und Anwälte gründlich über sexuellen Mißbrauch informiert werden. Das kann in Workshops erfolgen, durch Informationsstände oder durch Artikel in allgemeinen Zeitschriften und Fachpublikationen.

Zweitens braucht es dringend *spezialisierte Fachkräfte*, die eine wesentliche Rolle bei der Diagnose und Intervention spielen können. Spezialisierte Kinderärzte und Kindergynäkologen können die ärztlichen Untersuchungen durchführen. Es sind auch spezialisierte Polizisten wichtig, die in Fragen der Kindesentwicklung geschult sind und in Fällen von sexuellem Mißbrauch effiziente strafrechtliche Ermittlungen führen können. Nützlich sind auch spezialisierte Therapeuten, die mit modernen Therapien zur Behandlung von Sexualtätern vertraut sind. Es gilt als ziemlich sicher, daß herkömmliche psychotherapeutische Methoden bei Sexualtätern nicht greifen, und ungeübte Therapeuten geraten deshalb bei deren Behandlung in große Schwierigkeiten. Wir sind mittlerweile auch einhellig der Meinung, daß eine Gruppentherapie der Familie zusammen mit dem Täter als einzige Behandlungsmethode unzulänglich ist. Täter, auch Jugendliche und Inzesttäter, brauchen eine Einzelbeurteilung und Einzelbehandlung durch Therapeuten, die besonders in der Arbeit mit solchen Straftätern geschult sind. Wenn also in der Gemeinde Spezialisten herangezogen werden, verlaufen die Erhebungen und die Intervention besser und effizienter.

Schließlich muß es *präventive Aufklärung* der Kinder über sexuellen Mißbrauch geben. In Nordamerika wird in den meisten Volksschulen den Kindern beigebracht, wie sie sexuellen Mißbrauch erkennen und möglicherweise vermeiden können, und sie werden ermutigt, mit Erwachsenen darüber zu sprechen. Solche Kurse, die oft Spiele, Filme, Theaterstücke und praktische Übungen umfassen, sind jetzt in den USA bei Kindern und Pädagogen sehr beliebt. Wir wissen noch nicht, wie wirksam sie tatsächlich in der Prävention von Mißbrauch sind, aber es gibt doch schon eine Reihe von ermutigenden Ergebnissen. Auf jeden Fall hat sich erwiesen, daß solche Kurse ein frühes Aufdekken von sexuellem Mißbrauch fördern, und sie tragen auch zur Information und Aufklärung von Eltern, Pädagogen und anderen bei. Zwar wurde vereinzelt Kritik laut, daß diese Kurse die Kinder unnötig ängstigten, aber Untersuchungen zeigen, daß sie von den Kindern gut angenommen werden und kaum negative Auswirkungen haben.

Schlußfolgerung

Abschließend bleibt zu sagen, daß der sexuelle Mißbrauch ein erst in jüngster Zeit erkanntes und schwieriges Problem darstellt und uns allen, die wir mit Kindern arbeiten, eine ernüchternde Lehre erteilt. Seit beinahe einem Jahrhundert verfolgen wir nun einen wissenschaftlichen Ansatz zur Entwicklung des Kindes und den Bedingungen der Kindheit. In dieser Zeit haben wir zahlreiche beeindruckende Fortschritte gemacht, und in den letzten Jahren schien es fast, als hätten wir die meisten Geheimnisse der Kindheit entschlüsselt.

Um so beschämender ist es, heute, im 20. Jahrhundert, feststellen zu müssen, daß wir die ganze Zeit, in der wir uns mit der Kindheit auseinandersetzten, vor einem so grundlegenden Problem wie dem sexuellen Mißbrauch die Augen verschlossen haben, daß die meisten unserer Wissenschaftler, Ärzte und Pädagogen nicht erkannt haben, wie häufig sexueller Mißbrauch ist und welch tiefgreifende Folgen er hat.

Das sollte uns aufrütteln und uns bewußt machen, daß wir noch ernsthafte Lücken in unserem Wissen haben, daß wir vieles einfach übersehen, wenn es um Kinder geht. Das ist um so paradoxer, als wir doch alle selber Kinder waren. Daß wir diese kindliche Perspektive so ganz verlieren, ist wohl eines der Rätsel des Menschseins. Kinder können uns also noch viel beibringen, nicht nur über sich, sondern auch über uns.

Literatur

Bays, J., Chadwick, D. (1993): Medical diagnosis of the sexually abused child. Child Abuse Neglect; 17:91.

DeJong, A.R. (1989): Sexual interactions among siblings and cousins: Experimentation or exploitation. Child Abuse Neglect; 13:271.

DeJong, A.R., Finkel, M.A. (1990): Current problems in pediatrics. Mosby Year Book.

Everson, M., Boat, B. (1989): False allegations of sexual abuse by children and adolescents. Journal Am. Acad. Child Adolesc. Psychiatry; 28:230.

Finkel, M.A. (1989): Anogenital trauma in sexually abused children. Pediatrics; 84:317.

Finkelhor, D. (1993): The international epidemiology of child sexual abuse. Durham, NH.

Finkelhor, D. (1991): Child sexual abuse. In: Rosenberg, M.L., Fenley, M.A. (Hg.): Violence in America. New York.

Finkelhor, D., Baron, L. (1986): High-risk children. In: Finkelhor, D. (Hg.): A sourcebook on child sexual abuse. Beverly Hills, CA.

Finkelhor, D., Strapko, N. (1987): Sexual abuse prevention education: A review of evaluation studies. In: Willis, D., Holder, E., Rosenberg, M. (Hg.): Child abuse prevention. New York.

Kendall-Tackett, K.A., Williams, L.M., Finkelhor, D. (1993): Impact of child sexual abuse on children: A review and synthesis of recent empirical studies. Psycho Bull; 113:164.

KRUGMAN, R. (1986): Recognition of sexual abuse in children. Pediatric Revue, 8:25.

MCFARLANE, K., KREBS, S. (1987): Techniques for interviewing and evidence gathering. In: MCFARLANE, K. (Hg.): Sexual abuse of young children. New York.

PARADISE, J.E., ROSTAIN, A.L., NATHANSON, M. (1988): Substantiation of sexual abuse charges when parents dispute custody or visitation. Pediatrics; 81:835.

SUMMIT, R. (1983): The child sexual abuse accommodation syndrome. Child Abuse Neglect, 7:177.

WURTELE, S.K., MILLER-PERRIN, C.L. (1992): Preventing child sexual abuse: sharing the responsibility.

Wolfgang Grassl
mit einem Kommentar von Peter Jakob

Frühe Not

Zum Umgang mit sexuell mißbrauchten Kindern und Jugendlichen in Einrichtungen des SOS-Kinderdorf e. V., Deutschland

Zum gesellschaftlichen Kontext von sexuellem Mißbrauch

Als in den 80er Jahren in Deutschland sexueller Mißbrauch an Kindern und Jugendlichen verstärkt in den Medien und in der Fachwelt zum Thema gemacht wurde, rückte es aus einem weitgehend tabuisierten Feld in den Blickpunkt der Öffentlichkeit und in das Interesse der einschlägigen Forschung.

Eine Vielzahl von Veröffentlichungen vermittelte, daß sexuelle Übergriffe auf Kinder und Jugendliche in weit höherem Maß geschehen und auch in der Vergangenheit geschahen, als bislang angenommen wurde. Bis heute ist es jedoch äußerst schwierig, verifizierbare Aussagen zur Quantität der Straftaten gegen die sexuelle Selbstbestimmung von Kindern und Jugendlichen zu machen, da nach wie vor von einer großen Dunkelziffer ausgegangen werden muß. Im Jahr 1995 kamen in Deutschland rund 16.000 Fälle von sexuellen Übergriffen auf Kinder und Jugendliche zur Anzeige.[1] Dies bedeutet eine Steigerungsrate gegenüber dem Vorjahr von 6,1 %. In der Fachliteratur wird hingegen vielfach von einer Dunkelziffer ausgegangen, die zwischen 150.000 und 300.000 Mißbrauchsfällen pro Jahr schwankt.

Neuere Veröffentlichungen (Baurmann 1991) legen die Empfehlung nahe, mit den quantitativen Dimensionen im Dunkelzifferbereich eher vorsichtig umzugehen und die Zahlen inhaltlich differenzierter

1 Polizeiliche Kriminalstatistik 1995, Bonn 1996.

zu betrachten, ohne dabei die gewaltige gesamtgesellschaftliche Bedeutung und die oft langfristigen Folgen der Traumatisierung der Opfer einschränken zu wollen. In der Veröffentlichung hoher Zahlen zum sexuellen Mißbrauch steckt auch die Gefahr, daß »eine gewisse Überbetonung des Sexualitätsanteils und das Verschweigen/Bagatellisieren des Gewaltanteils zur Skandalisierung des Sexuellen und zur Bagatellisierung von Gewalttätigkeiten« beiträgt (Baurmann 1991), was insbesondere in der breiten Öffentlichkeit nicht zu einer abschrekkenden, sondern vielmehr zu einer sensationsheischenden Haltung führt. Und diese »Überreaktionen« helfen den betroffenen Kindern und Jugendlichen weniger, als sie ihnen schaden (Obersteiner 1993).

Um eine genauere Analyse der gesamtgesellschaftlichen Situation, die daraus abzuleitenden Interventionen im Einzelfall und insbesondere auch präventive Aufgaben festlegen zu können, sollte zwischen versuchten oder vollendeten, zwischen mit oder vor einem Kind verübten, zwischen gewaltlosen oder gewalttätigen Handlungen unterschieden werden. Besonders schwierig gestaltet sich die Unterteilung in angezeigte und schließlich auch verurteilte Täter, da häufig der Tatnachweis schwer geführt werden kann und immer wieder – zum Schutz der betroffenen Kinder oder aus Angst der Familienangehörigen – Anzeigen zurückgezogen werden.

Eine Zunahme der angezeigten Fälle ist auch im Zusammenhang von Scheidungen der Eltern zu sehen (Roemer/Wetzels 1991), wo ein Ehepartner durch eine entsprechende Anzeige den Ausgang des Sorgerechtsverfahrens für sich positiv zu beeinflussen sucht oder wo »durch fehlerhafte Interpretationen kindlicher Äußerungen durch dritte Personen« falsche Beschuldigungen entstehen (Roemer/Wetzels 1991).

Es ist davon auszugehen, daß bei der Mehrzahl der betroffenen Kinder die sexuellen Übergriffe bereits im Vorschul- oder Grundschulalter begonnen haben, meist über mehrere Jahre anhalten, und die Täter vorwiegend aus dem familialen Lebensumfeld der Kinder kommen (Johns 1994/Hebenstreit-Müller 1994).

Noch immer weitgehend tabuisiert sind Mißbrauchserfahrungen von Jungen (Broek 1993). In letzter Zeit wird allerdings immer deutlicher, daß auch hier eine hohe Dunkelziffer zu vermuten ist und sich die Forschung mit dieser Problematik noch viel zuwenig auseinandergesetzt hat.

Nach wie vor schwierig ist auch die Klärung, ob ein sexueller Mißbrauch vorliegt, da die Symptome eher unspezifisch sind und selten eindeutig einem Mißbrauch zugeschrieben werden können. Somit wird es auch weiterhin schwer sein, gesicherte statistische Angaben über das Ausmaß sexuellen Mißbrauchs machen zu können.

Auseinandersetzung des SOS-Kinderdorf e. V. mit sexuellem Mißbrauch von Kindern und Jugendlichen

Mit der allmählichen Enttabuisierung des Themas »Sexueller Mißbrauch« fand auch in den Einrichtungen des SOS-Kinderdorf e. V. seit Mitte der 80er Jahre eine verstärkte, fachliche Auseinandersetzung statt. Alle Beratungseinrichtungen, aber auch alle stationären SOS-Einrichtungen wie Kinderdörfer und Jugendeinrichtungen sind immer wieder mit sexuell mißbrauchten Kindern und Jugendlichen konfrontiert. Meist ist dabei der sexuelle Mißbrauch nicht isoliert zu sehen, sondern in den überwiegenden Fällen ist von einer multiplen Gewalt- und Mißbrauchserfahrung im sexuellen, körperlichen und psychischen Bereich auszugehen (Loerzer 1996).

Die fachliche Auseinandersetzung mit dem Thema »Sexueller Mißbrauch« bedingte bei vielen Mitarbeiterinnen und Mitarbeitern den Wunsch und die Notwendigkeit, sich durch Fort- und Weiterbildungen die nötige Kompetenz anzueignen, die für die Arbeit mit den betroffenen Kindern und Jugendlichen sowie für den Umgang mit den Herkunftsfamilien erforderlich ist. In vielen Fällen werden in den SOS-Einrichtungen zusätzlich externe Therapeuten zur Begleitung, Beratung und Therapie der Kinder sowie zur Unterstützung des Fachpersonals und zur Arbeit mit den Herkunftsfamilien hinzugezogen.

Die Sensibilisierung für die Thematik des sexuellen Mißbrauchs in den 80er Jahren führte in manchen Fällen zu nicht ausreichend abgesicherten Verdachtsäußerungen. Heute wird in den Einrichtungen aufgrund der Erfahrungen und des umfassenden Fachwissens mit dem Thema nicht mehr übereilt, sondern fachlich fundierter und mit der nötigen Sensibilität umgegangen.

Der sexuelle Mißbrauch an Jungen ist auch in den Einrichtungen des SOS-Kinderdorf e. V. ein noch weitgehend tabuisiertes Thema. Hier scheint sich die gesellschaftliche Situation in den Einrichtungen zu spiegeln. Obwohl inzwischen offensichtlich ist, daß viele Jungen sexuelle Mißbrauchserfahrungen machen mußten, wächst erst langsam das Problembewußtsein und die entsprechend nötige Sensibilität.

Die Situation in den SOS-Kinderdörfern

In allen SOS-Kinderdörfern leben auch Kinder und Jugendliche, die sexuelle Mißbrauchserfahrungen machen mußten. Inwieweit die Zahl der betroffenen Kinder und Jugendlichen in den letzten Jahren zugenommen hat, ist schwer zu sagen, da vor der intensiven Auseinandersetzung mit diesem Problem noch überhaupt keine konkreten Zahlen vorlagen. Es ist jedoch davon auszugehen, daß heute mit mehr Kindern als früher an dieser Problematik gearbeitet wird, nachdem das Thema enttabuisiert ist und Mitarbeiter fachlich darauf vorbereitet sind.

Durch die Bewußtwerdung und die Enttabuisierung der sexuellen Gewalt gegen Kinder werden auch von den Jugendämtern vermehrt Betreuungsplätze für Kinder und Jugendliche mit dieser Diagnose angefragt. Grundsätzlich wird in allen SOS-Kinderdörfern bei Kindern, die sexuell mißbraucht wurden, vor ihrer Aufnahme genau geprüft, ob für das Kind der entsprechende fachliche Betreuungsrahmen vorhanden ist oder geschaffen werden kann; in einigen Fällen wird von einer Aufnahme Abstand genommen und möglicherweise eine andere Spezialeinrichtung empfohlen.

Vor einer Aufnahme in ein SOS-Kinderdorf ist allerdings nur bei einem sehr kleinen Teil der Kinder, meist bei Mädchen, offensichtlich, daß eine sexuelle Mißbrauchserfahrung vorliegt. Meist kristallisiert sich erst im Lauf der Betreuungszeit heraus, daß ein sexueller Übergriff vorlag oder vermutet werden muß. In vielen Fällen muß mit der Vermutung ohne endgültige Klärung umgegangen werden, auch wenn prinzipiell die Notwendigkeit erkannt wird, in jedem Einzelfall den Verdacht zu begründen oder zu entkräften (H. Offe/S. Offe/Wetzels 1992).

Bei den meisten der betroffenen Kinder kommt der Täter aus dem unmittelbaren familialen beziehungsweise sozialen Umfeld, ist also dem Kind vor dem Mißbrauch meist gut bekannt.

In Einzelfällen erleben die Kinderdorf-Mitarbeiter, daß aus einer Geschwisterreihe ein Kind wegen eines sexuellen Übergriffs aus der Herkunftsfamilie herausgenommen und in einer SOS-Kinderdorf-Familie untergebracht wird; manchmal werden dann erst nach vielen Jahren Betreuungsplätze für weitere Kinder aus derselben Familie mit einer ähnlichen Mißbrauchserfahrung vom Jugendamt angefragt.

Zum Umgang mit betroffenen Kindern. Das Beispiel des SOS-Kinderdorfs Sauerland

Am Beispiel des SOS-Kinderdorfs »Sauerland« in Nordrhein-Westfalen möchte ich exemplarisch aufzeigen, wie mit dem Thema »Sexueller Mißbrauch« vor der Aufnahme und während der Betreuung der Kinder umgegangen wird (Schetter). Die nachfolgenden Angaben lassen sich natürlich nicht grundsätzlich auf alle anderen SOS-Kinderdörfer übertragen, sind jedoch tendenziell vergleichbar.

Die Problematik des sexuellen Mißbrauchs wird im SOS-Kinderdorf Sauerland grundsätzlich als wichtiges, aktuelles und fachlich herausforderndes Thema eingeschätzt. Von den rund 50 Kindern, die derzeit im Kinderdorf leben, war bei zwei Kindern vor der Aufnahme bekannt, daß sexuelle Mißbrauchserfahrungen vorlagen. Bei fünf Kindern ergab sich diese Diagnose im Verlauf der Betreuung, bei vier Kindern besteht derzeit ein Verdacht auf sexuellen Mißbrauch und wird eine diesbezügliche Abklärung vorgenommen. Bei allen betroffenen Kindern und Jugendlichen handelt es sich um Mädchen. Hinzu kommen noch vier ehemals betreute Kinder, die vor ihrer Aufnahme in das Kinderdorf sexuell mißbraucht worden waren und die auch heute noch engen Kontakt zu ihrer früheren SOS-Kinderdorf-Familie halten. Bei allen betroffenen Kindern kam der Täter direkt aus der Herkunftsfamilie oder aus dem familialen Umfeld. Konkret handelte es sich bei den Tätern um einen Pflegevater, ein Geschwisterkind aus einer früheren Pflegefamilie und die leiblichen Väter.

Alle Mitarbeiterinnen und Mitarbeiter des Kinderdorfs wurden durch eine dorfinterne Fortbildungsmaßnahme mit der Problematik vertraut gemacht und auf den Umgang mit den betroffenen Kindern vorbereitet.

Die Kinderdorfmütter und die pädagogischen Mitarbeiter erhalten fortlaufend kollegiale Beratung durch den Dorfpsychologen, der sich selbst durch eine zweijährige Zusatzausbildung zum Thema »Sexueller Mißbrauch« qualifiziert hat. Dies bedeutet, daß allen beteiligten Mitarbeitern eine kontinuierliche Reflexions- und Weiterbildungsebene zur Problematik des sexuellen Mißbrauchs zur Verfügung steht.

Wenn der Verdacht eines sexuellen Mißbrauchs besteht, wird dem Kind zielgerichtet die Möglichkeit gegeben, mit einer Person seines Vertrauens über seine Erfahrungen zu sprechen. Im Alltag wird versucht, dem Kind durch besondere Aufmerksamkeit und Gesprächsbereitschaft zu vermitteln, daß es für sein (eventuell auffälliges) Verhalten sicherlich besondere Gründe hat und es ihm vielleicht schwerfällt, über diese Gründe zu sprechen. Die Mitarbeiterinnen und Mitarbeiter machen dem Kind dabei Mut, sich zu öffnen, ohne es zu fordern oder gar zu bedrängen. Es soll deutlich werden, daß das Kind ein Gegenüber hat, das es mit seinen Erfahrungen ernst nimmt und ihm die Entscheidung überläßt, ob und wann es sich öffnet. Es wird dem Kind klargemacht, daß ihm das Sprechen über seine Erlebnisse Erleichterung verschaffen kann. Sofern feststeht, daß ein sexueller Mißbrauch vorliegt, wird dem Kind vermittelt, daß es jederzeit mit der SOS-Kinderdorf-Mutter oder den pädagogischen Mitarbeitern sprechen kann. Zusätzlich finden regelmäßige Gespräche zwischen dem betroffenen Kind und dem Psychologen statt, mit dem Ziel, es an eine externe Therapie heranzuführen.

Die pädagogischen Mitarbeiter beraten die Kinderdorfmutter insbesondere mit dem Fokus, ihr Verständnis für die Folgen und den Umgang mit mißbrauchten Kindern zu fördern. Sie unterstützen in Absprache mit dem Psychologen des SOS-Kinderdorfs die betroffenen Kinder durch familienergänzende Gruppen- und Einzelangebote zu den Themen »Sexualität und Selbstbestimmung«.

Wenn bei einem Kind offensichtlich sexueller Mißbrauch vorliegt oder vermutet werden muß, werden Fragen zum Umgang mit dem Kind und zur Bearbeitung der traumatischen Erfahrung fester Bestandteil in der Erziehungsplanung. Es finden in diesem Rahmen offene und seitens des Kinderdorfs angeregte Koordinationsgespräche mit Vertretern der Jugendämter, einer externen Beratungsstelle, den Eltern, möglicherweise auch mit den betroffenen Kindern statt.

Ein besonderer Vorteil für den Umgang mit betroffenen Kindern wird darin gesehen, daß der entsprechend ausgebildete Psychologe zum Mitarbeiterstamm des Kinderdorfs gehört, was schnelle Kommunikationswege im Rahmen einer vertrauensvollen Zusammenarbeit ermöglicht und den qualifizierten Umgang mit den betroffenen Kindern kontinuierlich sicherstellt. Durch den vernetzten Arbeitsansatz aller Beteiligten gelingt es meist, eine Atmosphäre zu schaffen, die den Kindern die Möglichkeit eröffnet, das Syndrom der Geheimhaltung besser zu durchbrechen.

Grundsätzlich wird im SOS-Kinderdorf der Arbeit mit den Herkunftsfamilien (Besuchskontakte und Gespräche) große Bedeutung beigemessen. Bei Kindern, die von einem Mitglied der Herkunftsfamilie sexuell mißbraucht wurden, muß jedoch sehr sorgfältig abgewogen werden, inwieweit neben der Verarbeitungshilfe des Traumas der Kinder eine direkte Kontaktebene mit den Eltern hergestellt und aufrechterhalten werden soll.

Im SOS-Kinderdorf Sauerland gab es zu den Tätern bis auf eine Ausnahme keine direkten Kontakte. Bei diesem einzigen Fall – der Täter war hier der leibliche Vater – wurde das Opfer, eine junge Frau, vom Psychologen des Kinderdorfs zum Gespräch mit dem Täter begleitet. Obwohl der sexuelle Mißbrauch zum Zeitpunkt des Kontakts bereits 16 Jahre zurücklag, kam es nach diesem Gespräch zu einer Anzeige und einem Prozeß, bei dem der Täter verurteilt wurde. Dies wurde nur möglich, weil die Unterstützung der Betroffenen durch den Dorfpsychologen vorhanden war und es im Anschluß zu einer überzeugenden Dokumentation vor Gericht kam.

Eine große Bedeutung hat im SOS-Kinderdorf die Prävention, um Kinder vor sexuellen Übergriffen zu schützen. Hier wird in der pädagogischen Arbeit besonderer Wert auf die Erziehung zur Selbstbestimmung gelegt. Die Kinder werden im Rahmen der sexualpädagogischen Aufklärung mit der Thematik vertraut gemacht und lernen dabei, daß sie das Recht haben, in persönlichen Bereichen »Nein« zu sagen und sich gegen Übergriffe zu wehren.

Vorbereitung der SOS-Kinderdorf-Mütter auf den Umgang mit sexuell mißbrauchten Kindern

Im Rahmen der zweijährigen Ausbildung zur SOS-Kinderdorf-Mutter an der vereinseigenen Berufsfachschule [2] wird das Thema »Sexueller Mißbrauch« in einem dreitägigen Seminar behandelt. Eine in freier Praxis tätige Familientherapeutin macht auf die Problematik aufmerksam, greift die wichtigsten Aspekte auf, vermittelt das entsprechende Basiswissen und ermutigt die zukünftigen Kinderdorfmütter, aktiv mit dem Thema umzugehen. Der Schwerpunkt des Seminars liegt dabei auf der Vermittlung von Gesprächshilfen für den pädagogischen Alltag.

Die Dozentin bearbeitet mit den zukünftigen SOS-Kinderdorf-Müttern die Bedeutung der eigenen Erfahrungen sowie der eigenen Haltung zum Thema. Sie zeigt mögliche Symptomatiken von sexuel-

2 Vgl. Curriculum der Berufsfachschule für SOS-Kinderdorf-Mütter, Mörlbach.

len Mißbrauchserfahrungen und deren Erkennbarkeit auf (diagnostische Methoden), und sie vermittelt denkbare Planungsschritte in bezug auf – auch externe – Hilfemöglichkeiten. Schließlich werden Informationen zur therapeutischen Arbeit mit den betroffenen Kindern und deren Familiensystemen vermittelt sowie einschlägige Literaturhinweise zum vertiefenden Studium gegeben. Als Hilfestellung für den präventiven Bereich wird auf aktuelle, kind- oder jugendgerechte Literatur und Videofilme hingewiesen.

Weitere Einrichtungen des SOS-Kinderdorf e. V., die mit betroffenen Kindern und Jugendlichen arbeiten

Auch in den *stationären Jugendeinrichtungen* sind die Mitarbeiter immer wieder mit betroffenen Kindern und Jugendlichen konfrontiert. Dies bedingt eine intensive Auseinandersetzung mit der Thematik des sexuellen Mißbrauchs. Viele Mitarbeiterinnen und Mitarbeiter nehmen deshalb auch an gezielten Fort- und Weiterbildungsangeboten teil.

In diesem Zusammenhang fand in den stationären Jugendeinrichtungen auch eine Auseinandersetzung mit der Frage der geschlechtsparitätischen Besetzung der Teams statt. Im konkreten Fall wird immer wieder sorgfältig geklärt, ob beispielsweise männliche Mitarbeiter als Bezugspersonen für von Männern sexuell mißbrauchte Kinder und Jugendliche geeignet sind.

Bei einigen SOS-Jugendeinrichtungen ging im Zusammenhang mit einer bedarfsorientierten Analyse des regionalen Umfelds und im Rahmen der Professionalisierung der Mitarbeiter eine konzeptionelle Spezialisierung der Gesamteinrichtung hervor. Neben den drei bereits bestehenden Jugendeinrichtungen, die ausschließlich Mädchen und junge Frauen betreuen, verlegte somit Anfang der 90er Jahre eine weitere Jugendeinrichtung ihren Schwerpunkt auf *Mädchenarbeit.* Diese vier stationären Einrichtungen werden seitens der Jugendämter gezielt um Aufnahme von Mädchen mit sexuellen Gewalterfahrungen angefragt[3].

---

3 vgl. Konzeptionen der SOS-Mädchenwohngemeinschaft Fürth-Burgfarrnbach, der SOS-Mädcheneinrichtung Augsburg-Hochzoll, der SOS-Jugendeinrichtung Bremen – Mädchenwohngemeinschaft und der SOS-Jugendeinrichtung Saarbrücken – Wohngruppe für junge Frauen.

Auch in allen *Beratungseinrichtungen* des SOS-Kinderdorf e.V. gehören Kinder und Jugendliche mit sexuellen Gewalterfahrungen und ihre Familien zur alltäglichen Klientel. Allerdings ist die Beratung oder Therapie von sexuell mißbrauchten Kindern in der Regel nicht der alleinige oder hauptsächliche Arbeitsschwerpunkt der Beratungseinrichtungen. Je nach fachlicher Qualifikation der Mitarbeiter werden sexuell mißbrauchte Kinder und Jugendliche entweder direkt durch die Einrichtung betreut und behandelt oder an Spezialeinrichtungen weiterverwiesen. Durch die enge Vernetzung mit anderen sozialen Institutionen des Einzugsgebiets können den Kindern und Jugendlichen meist qualifizierte Hilfsangebote gemacht werden.

Aufgrund des großen regionalen Bedarfs und des Engagements eines Arbeitskreises, der sich aus Vertretern unterschiedlichster Institutionen zusammensetzte, wurde 1994 in Kaiserslautern ein *Familienhilfezentrum* (FHZ) als Teil der »SOS-Kinder- und Jugendhilfe Kaiserslautern« ins Leben gerufen[4]. Das Familienhilfezentrum hat die spezielle Aufgabe, sich im Bereich der ambulanten Hilfe und der kurzfristigen Unterbringung vernachlässigter, seelisch, körperlich und sexuell mißhandelter Kinder und deren Familien aus dem Einzugsbereich anzunehmen sowie der Gewalt gegen Kinder in all ihren unterschiedlichen Formen entgegenzuwirken und ihr vorzubeugen.

Das Familienhilfezentrum orientiert sich am Primat des Kinderschutzes. Dies bedeutet, daß sämtliche Hilfen zur Verfügung gestellt werden, die für einen aktiven Kinderschutz nötig sind. Dabei ist unabdingbar, den Entstehungsbedingungen der jeweiligen Gewaltform Rechnung zu tragen, da Kindesmißhandlung nicht gleich Kindesmißhandlung ist. Die Ursachen körperlicher Mißhandlung unterscheiden sich deutlich von denen sexuellen Mißbrauchs und machen ein jeweils spezifisches Vorgehen der helfenden Seite erforderlich. In die Ursachenforschung bezieht das Familienhilfezentrum somit gesellschaftliche, familiale und individuelle Faktoren und ihre aufeinander bezogenen Wechselwirkungen mit ein. Es ist in erster Linie hilfeorientiert und versucht, keine moralischen Wertungen vorzunehmen.

Das multiprofessionell besetzte Team (Psychologen, Pädagogen und Sozialarbeiter) sieht seine Aufgaben nicht nur beschränkt auf einzelfallbezogene Krisenintervention, sozialpädagogische Begleitung, Therapie und Hilfen bei konkreten Alltagsproblemen, sondern zu ei-

4 aus: Konzeption der SOS-Kinder- und Jugendhilfe Kaiserslautern – FHZ.

nem wesentlichen Teil auch im präventiven Bereich. Zentraler Schwerpunkt im Selbstverständnis des Familienhilfezentrums ist der Aufbau einer vertrauensvollen Zusammenarbeit mit den rat- und hilfesuchenden Personen. Mißhandelte Kinder und ihre Angehörigen erhalten eine umfassende Unterstützung. So erfahren auch die psychisch überforderten Eltern Entlastung, und es werden Hilfen zur Bewältigung sozialer und ökonomischer Krisensituationen eingeleitet. Des weiteren besteht ein umfangreiches Beratungs- und Therapieangebot. In diesem Zusammenhang können familien- und psychodynamische Prozesse, die sich in der Gewaltanwendung gegenüber Kindern manifestieren, be- und verarbeitet werden. Bei sexuellem Mißbrauch wird allerdings zugunsten des Schutzes des betroffenen Kindes auf die Arbeit mit dem Täter verzichtet.

Die zentrale Lage des Familienhilfezentrums, lange Öffnungszeiten, das Gebot der Freiwilligkeit, absolute Vertraulichkeit, Anonymität und Offenheit im Umgang mit allen Beteiligten sowie das Angebot, Hilfen nicht nur in den Räumen des Familienhilfezentrums, sondern auch in den Familien oder an anderen Orten anzubieten, sind die Rahmenbedingungen des niedrigschwelligen Zugangs zu den betroffenen Familien.

Grenzen haben die Prinzipien der Freiwilligkeit und Vertraulichkeit, wenn akute Gefahr für das Leben des Kindes besteht oder Kinder auf lange Sicht in wesentlichen Bereichen ihrer Entwicklung gefährdet sind und die Eltern trotz entsprechender Unterstützungsangebote nicht in der Lage sind, ein Erziehungsklima zu schaffen, in dem das Recht des Kindes auf »Förderung seiner Entwicklung« eingelöst werden kann (Kinder-und Jugendhilfegesetz § 1). Neben dem ambulanten Beratungsangebot bietet das FHZ somit auch die Möglichkeit, Kinder mit Hilfe eines *Bereitschaftspflegekonzepts* ad hoc und übergangsweise in Bereitschaftspflegefamilien unterzubringen, bis ihre weitere Perspektive geklärt ist (Jockisch 1996). Die Trennung von Kind und Eltern bleibt aber auf unabdingbare Fälle beschränkt, da in vielen Fällen durch das Verständlichmachen von Familienproblemen und das Hinführen zu Bewältigungsmöglichkeiten verschüttete Handlungspotentiale – insbesondere auf seiten der Eltern – freigesetzt werden können.

Die Pflegefamilien werden sorgfältig ausgewählt, für ihre Aufgabe geschult und begleitet. Dies wird durch den engen Kontakt zwischen den Pflegefamilien und dem Team des FHZ gewährleistet und durch einen 24stündigen Krisenbereitschaftsdienst des FHZ abgesichert. Hauptsächlicher Auftrag der Bereitschaftspflegefamilien ist die Versorgung der Kinder und Jugendlichen im Rahmen ihres normalen Familienalltags. In der Regel bleiben die Kinder eine Woche bis drei Monate in den Pflegefamilien, bis ihre weitere Perspektive (Rückführung in die Herkunftsfamilie oder langfristige Fremdunterbringung) abgeklärt ist.

Nötige Anforderungen und Rahmenbedingungen für den Umgang mit betroffenen Kindern und Jugendlichen

Kommentar von Peter Jakob

Beim Lesen des vorangegangenen Beitrags »Frühe Not« von Wolfgang Grassl fällt auf, daß in den Einrichtungen des SOS-Kinderdorf e. V. offensichtlich verantwortungsvoll mit der Problematik der sexuellen Mißhandlung von Kindern umgegangen wird. Zu nennen sind hier Voraussetzungen für eine kompetente Arbeit wie die mehrjährige Fortbildung des Psychologen im SOS-Kinderdorf Sauerland, die Vorbereitung der Mitarbeiterinnen und Mitarbeiter durch hausinterne Fortbildung sowie die Gelegenheit zur kollegialen Beratung und Supervision, die den Kinderdorfmüttern zur Verfügung gestellt wird. Diese oder ähnliche Grundvoraussetzungen sind für ausnahmslos alle Einrichtungen der stationären Jugendhilfe notwendig. Mitarbeitern und Mitarbeiterinnen stationärer Einrichtungen begegnet diese Problematik zwangsläufig ständig, ob es ihnen nun im Einzelfall bewußt sein mag oder nicht. Der kompetente Umgang mit Opfern sexueller Mißhandlung oder mit ihren Angehörigen erfordert einen derart großen Umfang an Spezialwissen, wie er nur durch langjährige Erfahrung in diesem Arbeitsbereich und/oder durch mehrjährige Fortbildung zu erwerben ist. Hierzu gehört meines Erachtens nicht nur Faktenwissen, sondern auch intensive Selbsterfahrung zu eigenen Reaktionsmustern auf Gewalt und Übergriffe, zum eigenen Umgang mit Machtstrukturen und zu geschlechtsspezifischen Fragen. Ein Reagieren aus einer objektivierenden Distanz heraus ist nicht möglich; alle psychosozialen Helferinnen und Helfer sind als Frau oder Mann und mit eigenen Erfahrungen hinsichtlich Grenzüberschreitungen durch die Mißbrauchserfahrung eines Kindes, mit dem sie arbeiten, auch persönlich herausgefordert.

Die im Beitrag von Wolfgang Grassl erwähnte Sexualaufklärung der Kinder wirkt präventiv und signalisiert den Kindern, daß sie sich über negative sexuelle Erlebnisse äußern können. Meiner Ansicht nach sollte auch jede Einrichtung die Sexualaufklärung der Kinder durch ein pädagogisches Konzept zur Information über sexuelle Kindesmißhandlung ergänzen.

Besonderes Augenmerk sollte auf den Aufbau einer sensiblen und differenzierten Angehörigenarbeit gelegt werden, wenn es um Kinder oder Jugendliche geht, bei denen die Erfahrung sexueller Mißhandlung bekannt ist. Gerade Mütter von Kindern, die sexuell mißbraucht worden sind, werden sehr häufig zur Zielscheibe offen oder subtil verurteilender Botschaften aus dem psychosozialen Helfer-Netzwerk. In der Folge kommt es oft zu entweder symmetrisch eskalierenden Konflikten zwischen Müttern und Helfern (besonders aus stationären Einrichtungen) oder zu komplementär eskalierenden Konflikten, in denen sich die Mütter passiv unterlegen zurückziehen; oder es kommt zum stillschweigenden Rückzug der betreffenden Mutter von der Einrichtung, und dann auch vom Kind selbst. Unabhängig davon, welche Komplikation im Dreieck Einrichtung – Mutter – Kind entsteht, sie bringt auf jeden Fall die erhebliche Gefahr einer sekundären Traumatisierung des Kindes mit sich. Darüber hinaus verstärkt sie die Verunsicherung und Verletzung der Mutter und belastet die Mitarbeiter der stationären Einrichtung, die mit dem Kind arbeiten. Angehörigenarbeit, die solche Prozesse berücksichtigt, kann präventiv für das Kind wirken und pädagogischen Mitarbeiterinnen und Mitarbeitern zu positiven Erfolgserlebnissen verhelfen.

Wolfgang Grassl erwähnt, daß mitunter nur das sexuell mißbrauchte Kind aus der Herkunftsfamilie herausgenommen und in einer SOS-Kinderdorf-Familie untergebracht wird. Solche Vorgänge betreffen viele stationäre Jugendhilfeeinrichtungen, und besonders häufig geschieht dies meiner Erfahrung nach auch dann, wenn der Mißbrauchstäter in der Familie verbleibt oder wieder in die Familie zurückkehrt (z. B. nach Aussetzung der Untersuchungshaft). Durch diese Art der Zuweisung entsteht ein Kontext für die Interpretation des sexuellen Mißbrauchs, der sich grundsätzlich schädlich, wenn nicht gar katastrophal für das Kind auswirkt. Die Herausnahme nur des (bekanntermaßen) von sexueller Mißhandlung betroffenen Kindes impliziert, daß es keinen Schutzbedarf für die Geschwister gibt. Folgte man dieser Logik weiter, dann läge die Ursache des Mißbrauchs in der Beziehung zwischen dem mißbrauchenden Erwachsenen und dem Kind. Meiner Erfahrung nach sind Mißbraucher jedoch meist Mehrfachtäter, und viele von ihnen haben bereits als Jugendliche damit begonnen, sexuelle Übergriffe zu verüben. Letztlich wird also das sexuell mißbrauchte Kind durch den Modus der Zuweisung in die stationäre Einrichtung implizit beschuldigt, die Übergriffe selbst mitverantwortet zu haben. In der Folge haben die pädagogischen oder therapeutischen Mitarbeiter mit sekundären Problemen des Kindes zu tun, von denen sie fälschlicherweise glauben, daß sie unmittelbare Folgen des Mißbrauchs seien, und sie fühlen sich hilflos, weil ihre Unterstützung des Kindes so wenig Früchte zu tragen scheint. Ich empfehle, diesen Zuweisungsmodus nicht zu akzeptieren, sondern sich mit dem jeweils zuständigen Jugendamt, mit den Angehörigen, mit dem Vormundschaftsgericht und mit den anderen beteiligten psychosozialen Helfern hierüber auseinanderzusetzen. Eine solche Auseinandersetzung kann und sollte natürlich auch eine präventive Wirkung für die Geschwister des betroffenen Kindes haben.

Eine Voraussetzung für erfolgreiche Arbeit bei der Problematik der sexuellen Mißhandlung von Kindern ist die Bereitschaft zu erkennen, daß sexueller Mißbrauch auch innerhalb der eigenen Einrichtung geschehen kann. Wie oben erwähnt, beginnen oft Jugendliche oder ältere Kinder schon sehr früh, sexuelle Übergriffe zu verüben. Der Anteil von Kindern, die aufgrund erlittener sexueller Grenzüberschreitungen, physischer oder psychischer Gewalt oder wegen Vernachlässigung in ihren Herkunftsfamilien besonders gefährdet sind, zu Opfern und/oder zu Tätern sexueller Grenzüberschreitungen zu werden, ist in stationären Einrichtungen der Jugendhilfe natürlich überaus groß. Bleibt diese Problematik völlig tabuisiert, teilt sich den Kindern und Jugendlichen mit, daß sie nicht wirklich über sexuellen Mißbrauch reden können.

Das gilt natürlich auch für sexuelle Übergriffe durch Mitarbeiter von Einrichtungen. In SOS-Kinderdörfern dürften aufgrund des erhöhten Anteils weiblicher Mitarbeiter solche Übergriffe erheblich seltener vorkommen als in anderen Einrichtungen der stationären Jugendhilfe.

Abschließend möchte ich noch einen wichtigen Gesichtspunkt aufgreifen, den Wolfgang Grassl in seinem Beitrag erwähnt: die Tabuisierung der Mißbrauchserfahrungen von Jungen. Häufig werden in stationären Einrichtungen sexuelle Handlungen von erheblich älteren Jungen an vorpubertären Jungen oder Jungen am Anfang der Pubertät als normales jugendliches Experimentieren oder als vorübergehende Jugendhomosexualität mißverstanden. Geschlechtsspezifische Wahrnehmungs- und Interpretationsmuster erschweren es, Jungen als Opfer zu erleben. Dies führt dazu, daß ihnen oft nicht geholfen wird. Viele Jungen wiederum kompensieren erlittene Grenzüberschreitungen mit eigenen grenzüberschreitenden Handlungen, so daß der Grundstein zu einer »Täterkarriere« gelegt wird. Würde diese Problematik aufgegriffen, und gäbe es in stationären Jugendhilfeeinrichtungen eine spezifische Jungenarbeit, die Respekt vor der Integrität von Frauen, Mädchen und jüngeren Jungen vermittelt, könnte dies weitreichende präventive Wirkungen zeigen.

Literatur

Baurmann, C. (1991): Straftaten gegen die sexuelle Selbstbestimmung. In: Schuh/Lillias (Hg.): Sexualdelinquenz, Reihe Kriminologie, Bd. 9, Zürich.

Broek, J. van de (1993): Verschwiegene Not, sexueller Mißbrauch an Jungen. Zürich.

Hebenstreit-Müller, S. (1994): Zwischen Kindeswohl und Elternrechten – Arbeit mit sexuell mißbrauchten Kindern und Jugendlichen. Jugendwohl, Heft 7.

Johns, I. (1994): Eine Diskussion in der Sackgasse: Sexuelle Mißhandlung in der Familie. Pro Jugend, 2/94.

Jockisch, H. (1996): Bereitschaftsfamilien als Kurzzeitpflegestellen für mißhandelte Kinder und Jugendliche. SOS-Dialog, Fachmagazin des SOS-Kinderdorf e. V.

Loerzer, S. (1996): Gewalt in der Familie: Schläge, seelische Grausamkeit, Vernachlässigung. Deutscher Kinderschutzbund, Bundesverband e. V., Gewalt gegen Kinder in Deutschland.

Obersteiner, H. (1993): Anmerkungen zum Thema sexueller Mißbrauch. Jugendwohl, 12/93, Freiburg.

Offe, H. und S./Wetzels, P. (1992): Zum Umgang mit dem Verdacht des sexuellen Kindesmißbrauchs. Neue Praxis, Heft 3.

Roemer/Wetzels (1991): Zur Diagnostik sexuellen Mißbrauchs bei Kindern in der forensisch-psychologischen Praxis. Praxis der Forensischen Psychologie.

Schetter, U.: Psychologe und Therapeut im SOS-Kinderdorf Sauerland; beantwortete im Rahmen eines Interviews Fragen zur Thematik.

Christa Wagner-Ennsgraber

Sexueller Mißbrauch in der Familie

Eine Falldarstellung

Diese Fallgeschichte zum Thema »Sexueller Mißbrauch in der Familie« ist leider nicht der Fall einer gelungenen Hilfeleistung. Sie zeigt aber den typischen Verlauf einer Traumatisierung und ist vielleicht deshalb geeignet, Lehren daraus zu ziehen. Nachdem wir über keine ausreichenden Möglichkeiten zur Prävention sexueller Übergriffe verfügen, scheint es um so notwendiger, die eigenen Handlungsweisen als professionelle Helfer kritisch zu überprüfen, um wenigstens sekundäre Traumatisierungen der betroffenen Kinder zu vermeiden.

Ein 16jähriges Mädchen fährt zu einer Freundin auf Besuch. In einem Moment des Alleinseins wird ein ihr schon lange bekanntes, unbestimmtes Angstgefühl übermächtig. Alles erscheint sinnlos. In der Absicht, ihrem Leben ein Ende zu setzen, schluckt sie Tabletten. Sie nimmt eine Überdosis von dem Medikament, das sie wegen eines Anfallsleidens einnehmen muß. Sie sieht verschwommen und wird bewußtlos. Die Familie der Freundin findet sie und verständigt die Rettung. Erst im Krankenhaus erlangt sie wieder das Bewußtsein.

Dieser Suizidversuch steht in der Mitte eines Leidensweges, der nun detailliert betrachtet werden soll.

Frühkindliche Entwicklung

Das Mädchen, nennen wir sie Anna, wird 1978 als zweites Kind ihrer Eltern geboren. Der Schwangerschaftsverlauf ist unauffällig, die Geburt erfolgt 14 Tage vor dem errechneten Termin. Anna wird etwa 3 Monate lang gestillt. Die frühkindliche Entwicklung verläuft laut Auskunft der Mutter etwas verzögert; so beginnt das Kind erst mit 18 Monaten zu gehen und mit 2 Jahren zu sprechen. Das Sauberkeitstraining ist tagsüber mit 3 Jahren erfolgreich, nächtliches Einnässen besteht jedoch bis zum 6. Lebensjahr. Anna besucht vom 4. bis zum 6. Lebensjahr den Kindergarten und wird als außerordentlich ruhig und angepaßt beschrieben. Mit 5 Jahren erhält sie wegen ihrer oben erwähnten Entwicklungsdefizite für 12 Monate Sprach- und Bewegungstherapie.

Schulische Entwicklung

Anna wird mit 6 Jahren in die Volksschule eingeschult. Die Leistungsanforderungen bewältigt sie gut, aber ab der 3. Klasse treten seltsame Ereignisse auf, die Anna als »Anfälle« bezeichnet. So sei sie ab dem 8. Lebensjahr öfter vom Sessel unter den Tisch gerutscht. Ein Kinderarzt stellt Hypotonie, also erniedrigten Blutdruck, fest. Mit 10 Jahren, zum Eintritt in die Hauptschule, ändert sich der Anfallscharakter. Wenn Anna alleine ist, beginnt sie immer wieder am ganzen Körper zu zittern. Im Beisein anderer Personen gelingt es ihr, die Anfälle zu kontrollieren. Sie erzählt niemandem davon. Allerdings wird sie nach solchen Anfällen einige Male schlafend in der Toilette der Hauptschule aufgefunden. Niemand stellt Fragen, niemand schickt sie zu einer Untersuchung.

Nach Abschluß der Hauptschule besucht Anna für ein Jahr eine Haushaltungschule, im September 1993 beginnt sie die Ausbildung an einer Kunstfachschule. Sie wohnt dort im angeschlossenen Internat und besucht ihre Familie regelmäßig an den Wochenenden. Im Januar 1994 wird Anna erstmals für ihre Umwelt auffällig. Sie muß zweimal wegen ihrer offensichtlich nicht mehr kontrollierbaren Anfälle ins Krankenhaus eingeliefert werden. Die Diagnose ist eine wenig spezifische und lautet: »Nervenzusammenbruch«.

Was ist geschehen?

Kurz vor ihrem Zusammenbruch vertraut Anna einer Freundin im Internat an, daß sie von ihrem Vater sexuell mißbraucht wurde, als sie 8 Jahre alt war. Die Übergriffe dauerten bis zum 12. Lebensjahr an. Die Freundin drängt sie daraufhin, den behandelnden Arzt im Spital davon in Kenntnis zu setzen, was Anna schließlich tut. Daraufhin wird gegen ihren Vater anonym Anzeige erstattet. Dies geschieht ohne Annas Wissen und natürlich ohne Vorbereitung. Es beginnt der übliche Weg: polizeiliche Verhöre, Protokolle, das zuständige Amt für Jugend und Familie wird involviert. Die Übergriffe liegen zu diesem Zeitpunkt bereits vier Jahre zurück.

Um Opfer sexuellen Mißbrauchs zu schützen, ist es oft üblich, sie von ihren Familien zu trennen. Im Fall von Anna ist das nicht schwierig, da sie bereits im Internat lebt. Nach Bekanntwerden des Mißbrauchs verbringt sie auch die Wochenenden nicht mehr bei ihrer Familie, sondern bei einer Erzieherin, zu der sich ein guter Kontakt entwickelt hat. Kurze Zeit später wird sie in eine Wohngemeinschaft eingegliedert, die auf die Betreuung mißhandelter Kinder und Jugendlicher spezialisiert ist. Diese Wohngemeinschaft steht für Wochenenden und Ferien zur Verfügung. Zusätzlich wird Anna eine Einzelpsychotherapie bei einer systemischen Familientherapeutin vermittelt, die sie einmal pro Woche besucht. Der Kontakt zu ihrer Familie ist schlagartig abgebrochen. Die Gerichtsverhandlung wird für Juli 1994 anberaumt, bei der es laut Anna zur direkten Konfrontation zwischen ihr und dem Vater kommt. Da jedoch zu diesem Zeitpunkt kein psychiatrisch/psychologisches Gutachten vorliegt, wird die Verhandlung auf Januar 1995 vertagt.

Die Sommermonate vergehen. Im September 1994 erleidet das Mädchen einen so heftigen Anfall mit anschließendem Tiefschlaf, daß sie neuerlich ins Krankenhaus eingeliefert wird. Die Diagnose »Epilepsie« wird gestellt, die Patientin mit Carbamazepin behandelt. Weitere drei Monate später unternimmt das Mädchen den oben geschilderten Suizidversuch mit einer Überdosis ihres Anti-Epileptikums. Sie selbst gibt an, ihre Handlung könnte mit der baldigen Gerichtsverhandlung in Zusammenhang stehen.

Annas Betreuerin in der Wohngemeinschaft besteht auf einer stationären Aufnahme an der Universitätsklinik für Neuropsychiatrie des Kindes- und Jugendalters, einerseits als Krisenintervention, andererseits zur Abklärung der immer häufiger auftretenden Anfälle.

Wie verhält sich Anna in der Klinik?

Sie ist ruhig, nett, angepaßt, etwas abwartend. Über den sexuellen Mißbrauch befragt, gibt sie – wie in den unzähligen behördlichen Befragungen zuvor – folgendes zu Protokoll:

Die Übergriffe durch den leiblichen Vater begannen, als sie 8 Jahre alt war, also in der 3. Volksschulklasse. Zu Beginn hat der Vater sie gestreichelt, später am ganzen Körper geküßt. Die Mutter war zu diesen Zeiten immer außer Haus, und zwar bei der Großmutter, die nach einem Schlaganfall ihrer Hilfe im Haushalt bedurfte. Die Übergriffe steigerten sich bis zum vollzogenen Vaginalverkehr, mehrmals pro Monat, wobei sie immer wieder vom Vater gefesselt wurde. Die Argumente des Vaters waren die üblichen: Jeder Vater würde das mit seiner Tochter tun, und falls sie etwas erzählen sollte, würde er sie umbringen. Beendet wurde die sexuelle Ausnutzung, als Anna 12 Jahre alt war und ihrem Vater den Beginn der Menstruation mitteilte.

Ergebnisse unserer Untersuchungen über Annas Familiensystem

Annas Familie ist eine in ihrem sozialen Umfeld akzeptierte Durchschnittsfamilie, die vielleicht etwas isoliert lebt, sich aber vorbildlich um die Kinder kümmert. Beide Großväter sind verstorben, die Großmutter väterlicherseits lebt im gemeinsamen Haushalt, leidet an Diabetes, hat eine Altersdemenz. Die Großmutter mütterlicherseits lebt in der unmittelbaren Nachbarschaft und wird von ihrer Tochter betreut. Die Mutter ist Hausfrau. Der Vater war Gärtner, ist aber wegen einer Behinderung frühpensioniert. Annas 18jähriger Bruder lernt Kunsttischler, ihre 14jährige Schwester besucht eine Haushaltungsschule. Zum selben Zeitpunkt, als Anna zu uns ins Spital kommt, wird die Schwester in einem neurologischen Krankenhaus aufgenommen; sie zeigt psychotische Symptome. Angaben ihrerseits über persönlich erlebten Mißbrauch oder beobachtete Übergriffe liegen nicht vor.

Die gesamte Familie äußert, daß der sexuelle Mißbrauch Annas durch ihren Vater nicht stattgefunden haben kann. Insbesondere die Mutter hat Angst, der Vater könne die Schande, die die Tochter über ihn gebracht hat, nicht ertragen und sich etwas antun. Anna wird von ihr der Lüge bezichtigt. Sämtliche Versuche einer Konfrontation der Mutter mit Anna und dem Geschehenen scheitern an ihrem Festhalten an der Unschuld ihres Mannes. Mit dem Vater selbst kann kein Gespräch geführt werden. Einerseits besteht ein Besuchsverbot und andererseits lehnt auch der Vater die Konfrontation ab.

Was haben wir über Anna während ihres stationären Aufenthalts erfahren?

Anna wird im Dezember 1994 für 10 Tage zur Befunderhebung aufgenommen. Im Januar 1995 kommt sie nochmals für 17 Tage auf die Station, da aufgrund der geplanten Gerichtsverhandlung eine Krisenintervention notwendig geworden ist.

Neurologische Untersuchungsergebnisse
Die medizinische Abklärung ergab einen unauffälligen neurologischen Befund, ein unauffälliges Elektroencephalogramm (EEG), eine unauffällige Computertomographie (CT). Wir konnten kein epileptisches Anfallsleiden feststellen und stellten die Diagnose »Dissoziative Krampfanfälle« nach ICD 10 (F 44.5), besser bekannt als »Psychogene Anfälle« im Sinne einer neurotischen Störung. Die anti-epileptische Medikation wurde abgesetzt.

Psychiatrische Untersuchungsergebnisse
Die Patientin imponierte subdepressiv, ängstlich, hoffnungslos, inner-

lich gespannt. Ihr Antrieb war vermindert. Sie zeigte Konzentrationsstörungen und eine Einschlafproblematik. Weiterhin fanden wir ein reduziertes Selbstwertgefühl sowie Schuldgefühle. Von Suizidgedanken war sie bereits distanziert. Psychotische Symptome konnten nicht exploriert werden. Das psychiatrische Zustandsbild erfüllte alle Kriterien einer reaktiven Depression nach der Internationalen Klassifikation psychischer Störungen der WHO, Kapitel V (ICD 10 F 43.21).

Psychologische Untersuchungsergebnisse

Die psychologische Abklärung zeigte einerseits eine massive Traumatisierung Annas durch den Vater, andererseits ihre Angst, die Beziehung zur Mutter zu verlieren. Die Patientin bot insgesamt eine erhöhte Angstbereitschaft, ein Gefühl der Ohnmacht, Zeichen der Ich-Diffusion im Sinne einer Abgrenzungsproblematik zwischen Ich und Umwelt, zwischen Realität und Phantasie. Neben einer Tendenz zur Symbolisierung zeigte sich eine Ambivalenz hinsichtlich des Suizids, ein negatives Körperschema, Autoaggression. Wir fanden ein schwaches soziales Netz sowie Annas Unfähigkeit, in Krisensituationen bei anderen Personen Hilfe zu suchen. An Verfahren wurden unter anderem der Thematische Gestaltungstest (TGT), ein Depressionsinventar für Kinder und Jugendliche (DIKJ) und der Rorschachtest verwendet.

Alle unsere Untersuchungen bestätigen das reale Trauma der sexuellen Ausnutzung mit typischen psychischen Folgen und untermauern das Ergebnis des Gutachtens durch einen gerichtlich beeideten Sachverständigen.

Annas Bilanz des stationären Aufenthalts

Zum einen hat sie neuerlich erlebt, daß ihr verschiedene Personen Glauben schenkten. Sie möchte sich den Lebensanforderungen noch einmal stellen, ist damit nicht mehr suizidal eingeengt. Sie möchte den Schulbesuch baldigst fortsetzen und daher aus dem Krankenhaus entlassen werden. Zum anderen erlebt sie nach Monaten fehlenden Kontakts die Zurückweisung durch ihre Mutter. Tief enttäuscht entschließt sie sich, ihre Probleme allein zu meistern. Das führt zu einem Abbruch der Psychotherapie, in der sie kaum eine Beziehung zu ihrer Therapeutin entwickelt hat. Sie will auch nicht weiter über den Mißbrauch sprechen. Die Gerichtsverhandlung, die für Januar 1995 anberaumt war und für die das Mädchen unterstützt werden sollte, wird neuerlich verschoben, auf unbestimmte Zeit.

Die Zeit nach dem stationären Aufenthalt

Zu diesem Zeitpunkt übernehme ich die ambulante Betreuung des Mädchens. Die Bedingungen sind schwierig, mehr als ein Kontakt im Monat wird von ihr abgelehnt, auch wegen der räumlichen Distanz. Wir vereinbaren zusätzlich telefonische Kontakte als Rettungsanker in Notsituationen. Mir ist klar, wie insuffizient diese Lösung sein muß. Anna hatte seit ihrer frühen Kindheit Probleme mit dem gesprochenen Wort, sie tut sich auch heute noch schwer, sich zu artikulieren.

Annas Themen sind jetzt vor allem die Schule, wo sie sehr viel versäumt hat. Sie will sich der Herausforderung stellen, das Jahr positiv abzuschließen. Ein anderes Problem sind die sozialen Kontakte: Sie fühlt sich oft ausgestoßen, andersartig und unverstanden. Gemäß ihrer Ich-Diffusion und ihrer Neigung zum Symbolismus gibt sie sich selbst zwei Synonyme: *Anna* repräsentiert die depressive Vergangenheit, *Cheesy* (nach der englischen Aufforderung zum Lächeln) ein neues, optimistisches Leben. Cheesy hat Energie, lehnt sich auf, setzt sich durch.

Im April 1995 wird sie aber überraschend und unvorbereitet von der Vergangenheit eingeholt: Die Gerichtsverhandlung hat in ihrer Abwesenheit stattgefunden, der Vater wurde aus Mangel an Beweisen freigesprochen. Annas einzige Zeugin war das Mädchen, dem sie sich damals anvertraut hatte. Sie sagte aus, sie hätte Anna den Mißbrauch suggeriert.

Annas Mutter ruft freudestrahlend im Internat an – alles sei wieder in Ordnung, Anna könne jederzeit wieder nach Hause kommen, die Familie würde ihr verzeihen. Anna weiß nicht mehr, was sie fühlen oder denken soll. Ein Monat später gibt sie dem Drängen der Familie nach und fährt nach Hause. Sie hat Schuldgefühle, hat Angst vor Vorwürfen. Die Rollen sind neu verteilt und umgedreht: Anna ist dankbar, daß die Familie sie wieder aufnimmt. Die Vergangenheit, der Mißbrauch, wird mit keinem Wort erwähnt. Anna bedauert zutiefst, sich damals jemandem anvertraut zu haben. Eine Lawine wurde dadurch losgetreten, und diese Lawine hat die Wahrheit verschüttet. Annas Mut wurde nicht honoriert.

Anna entscheidet sich weiterhin vehement gegen eine Psychotherapie. Sie bricht den Kontakt zur Klinik ab. Nachdem die Mutter das Sorgerecht vom Jugendamt zurückerhält, verbringt Anna auch die Wochenenden nicht mehr in der Wohngemeinschaft.

Summit hat schon 1961 ein »Akkomodationssyndrom des Inzests« beschrieben, welches anhand dieses Falls gut nachvollziehbar ist: In der ersten Phase, der Geheimhaltung, treten psychosomatische Beschwerden und psychogene Anfälle auf. Die zweite Phase ist gekennzeichnet durch Hilflosigkeit und reaktive Depression, die in einen Suizidversuch münden. Daraufhin folgt in der dritten Phase die Enthüllung des Mißbrauchs. In der vierten Phase, der Akkomodation, bestätigt sich Anna die durch das Gerichtsurteil bescheinigte Unglaubwürdigkeit. Sie flüchtet in Alkohol- und Tablettenmißbrauch, in ausagierendes Verhalten. Ihre letzten Besuche in Wien dienen dazu, sich Beruhigungsmittel und Drogen zu beschaffen. Dieses Verhalten destruktiven Agierens verdeutlicht die Wut und die Enttäuschung des Mädchens.

Seit ihren kindlichen Sprachdefiziten zu Beginn ihrer Geschichte bleibt das gesprochene Wort für Anna ein mangelhaftes Ausdrucksmittel.

Schlußbemerkungen

Bei der Planung der Krisenintervention ist laut Fürniss (1989) die erste Krise die des professionellen Helfers, der mit sexueller Kindesmißhandlung konfrontiert ist. Diese Krise birgt sowohl die Gefahr des überhasteten Eingreifens in sich als auch die Gefahr, die Intervention aus Mangel an Beweisen zu unterlassen. Je nach Sachlage muß erwogen werden, ob primär eine Strafintervention, eine therapeutische Intervention oder eine Kinderschutzintervention anzustreben ist, beziehungsweise, wie diese Interventionen sinnvoll kombiniert werden können. Egal welches theoretische Konzept wir unserer Haltung und unserem Handeln zugrunde legen, jeder Fall muß individuell betrachtet werden. Nicht nur, um dem Betroffenen zu helfen, das Trauma zu bewältigen, sondern auch, um sekundäre Traumatisierungen, wie in der Fallgeschichte beschrieben, zu vermeiden. Die Krise der Interventionsentscheidung bleibt uns in keinem Fall erspart.

Literatur

Backe, L., Leick, N., Merrick, J., Michelsen, N. (Hg.) (1986): Sexueller Mißbrauch von Kindern in Familien. Köln.

Erikson, E. H. (1966): Einsicht und Verantwortung. Stuttgart.

Erikson, E. H. (1971): Kind und Gesellschaft. Stuttgart.

Fürniss, T. H. (1989): Krisenintervention und Therapie bei sexueller Mißhandlung in der Familie. Erfahrungen in Großbritannien. In: Obing, H., Bachmann, K. D., Gross, R. (Hg.): Kindesmißhandlung. Eine Orientierungshilfe für Ärzte, Juristen, Sozial- und Erzieherberufe. Köln.

Hirsch, M. (1990): Realer Inzest. Psychodynamik des sexuellen Mißbrauchs in der Familie. Heidelberg u. a.

Summit, R. (1961): Beyond belief. The reluctant discovery of incest. In: Kirkpatric, M. (Hg.): Women in context. New York.
Summit, R. (1983): The child abuse accommodation syndrome. Child Abuse and Neglect. Nr. 7, 177–193.
Weltgesundheitsorganisation (1993): Internationale Klassifikation psychischer Störungen. ICD 10 Kapitel V (F). Klinisch diagnostische Leitlinien. Dilling, H., Mombour, W., Schmid, M. H. (Hg.).

Peggy Perez, Anna Aldrian, Heike Stender

Kinderprostitution und sexueller Mißbrauch in Lateinamerika mit besonderer Berücksichtigung Paraguays

Die Situation auf dem lateinamerikanischen Kontinent

Erst in den 90er Jahren ist die sexuelle Ausbeutung von Kindern, insbesondere in den sogenannten Entwicklungsländern, ins Blickfeld der Öffentlichkeit gerückt. Vom UN-Übereinkommen über die Rechte des Kindes im Jahre 1990 bis hin zur Stockholmer Weltkonferenz über die kommerzielle sexuelle Ausbeutung von Kindern (1996) ist das Bewußtsein gewachsen, welches Unrecht Kindern in aller Welt angetan wurde und wird, auch in den Entwicklungsländern selbst.

Die sozialen Bedingungen und die Schicksale der betroffenen Kinder gleichen einander in der gesamten Dritten Welt. Generell sind Kinderprostituierte am untersten Ende des »Marktes« zu finden, dort, wo die Preise am niedrigsten, die Bedingungen am schlechtesten und die »Produktivität« am höchsten ist. Es gibt jedoch kulturkreisbedingt regionale Unterschiede, und diese konnten durch den internationalen Charakter der Stockholmer Weltkonferenz (173 Länder waren vertreten) deutlich aufgezeigt werden.

Während zum Beispiel in Asien Kinder von ihren zumeist armen Familien in ländlichen Gebieten entweder bewußt als Prostituierte oder als Hausangestellte verkauft und dann in die großen Städte verschleppt werden, zwingen in Lateinamerika in erster Linie familiäre Umstände wie Familienzerfall oder Gewalt innerhalb der Familie, Migration in die Ballungszentren oder übergroße Armut Kinder zu einem Leben auf der Straße. Um ihr Überleben zu sichern und einfach, weil in diesem Bereich mehr Geld verdient werden kann als durch andere Arbeiten auf der Straße, beginnen diese Kinder damit, sich zu prostituieren oder sich von einem Zuhälter prostituieren zu lassen. Die Ausdrucksweise »Kinder prostituieren sich« ist freilich irreführend, stellt sie doch die Kinder als die Akteure dar. Aus diesem Grund wurde im Rahmen der Weltkonferenz in Stockholm bewußt nur der Begriff »kommerzielle sexuelle Ausbeutung« verwendet.

Im Gegensatz zu Osteuropa sieht sich Lateinamerika schon seit Jahrzehnten mit einem ständig zunehmenden Ausmaß an Kinderprostitution und Kinderhandel konfrontiert (Kinderpornographie hingegen ist in Lateinamerika weniger verbreitet als in anderen Kulturkreisen). Dabei handelte es sich bis vor etwa 10 Jahren hauptsächlich um einheimische, inzwischen – durch die Zunahme des Sextourismus – auch mehr und mehr um ausländische Täter, vor allem in Brasilien, Costa Rica und in der Dominikanischen Republik. Dadurch hat sich die Art der sexuellen Ausbeutung entscheidend verändert: Früher wurden Kinder nicht gezielt mißbraucht. Es war vielmehr so, daß *auch* Kinder mißbraucht wurden, weil diese leicht verfügbar, schutz- und wehrlos sind.

Die erhebliche Zunahme an weltweiten Geschäfts- und Urlaubsreisen (1995 erwuchs daraus ein siebenfacher Umsatz im Vergleich zu 1960) hat zu einer verstärkten Kommerzialisierung und Globalisierung der sexuellen Ausbeutung von Kindern geführt. Der harte Preiskampf auf dem Flugsektor macht Langstreckenflüge immer billiger. Die karibischen Inseln und Costa Rica beispielsweise gelten für europäische Urlauber bereits als Billigurlaubsländer und sind daher für viele Touristen nicht mehr in unerreichbarer Ferne.

Viele Täter hoffen inzwischen, durch immer jüngere Opfer einer Infizierung mit Aids und/oder anderen Geschlechtskrankheiten zu entgehen. Mit der Verjüngung der Sexobjekte geht auch eine regionale Verlagerung des Sextourismus einher: weg von Südostasien und Afrika, wo die Aidsraten dramatisch gestiegen sind, hin in Richtung Osteuropa und Lateinamerika/Karibik.

Die auf dem Weltkongreß in Stockholm anwesenden Vertreter Lateinamerikas stimmten darin überein, daß in ihrer Region die Zunahme der Kinderprostitution nicht allein durch die wachsende Armut und die Verstädterung zu erklären ist, sondern vor allem durch die kulturell bedingte generelle Gewalt gegen Frauen und Kinder, die in der Familie beginnt und sich durch die ganze Gesellschaft zieht. »Viele Mädchen (...) ziehen die sexuelle Ausbeutung auf der Straße der permanenten Gewalt und dem Inzest in ihren Familien vor«, stellt die ehemalige Leiterin der USA-Abteilung der nicht-staatlichen Organisation »Internationale Bewegung zum Schutz der Kinder«, Dorianne Beyer, fest. Frauen und Kinder werden von der männerbeherrschten Gesellschaft in den Ländern Lateinamerikas in ihrer Menschenwürde nicht respektiert. Im Zuge der zunehmenden Konsumorientierung werden sie wie eine Ware behandelt, benutzt und ausgebeutet.

Eine Studie der UNICEF, die 1995 in *Costa Rica, El Salvador, Guatemala, Honduras, Nicaragua und Panamá* durchgeführt wurde, zeigt, daß 47 % der befragten minderjährigen Prostituierten bereits Opfer von sexuellem Mißbrauch und Gewalt in ihrem Elternhaus geworden waren. Annähernd die Hälfte von ihnen begann zwischen 9 und 13 Jahren, ihren Körper gegen Geld anzubieten. Zwischen 50 und 80 % der Mädchen gaben an, Drogen zu konsumieren, die sie häufig von ihren Zuhältern oder »Beschützern« bekommen.

Ebenfalls im Jahr 1995 führte die Organisation »End Child Prostitution in Asian Tourism« (ECPAT) eine Umfrage in *Costa Rica* durch, aus der hervorging, daß sich eine beachtliche Anzahl US-amerikanischer Rentner in diesem Land niederläßt, – unter ihnen viele Pädophile, die dort Kontakte zu Kinderprostituierten unterhalten. In der Hauptstadt San José (278.000 Einwohner) gibt es mindestens 3.000 Personen, die der Prostitution nachgehen; viele von ihnen sind minderjährig.

Auch auf *Kuba* nimmt die Problematik der informellen, unstrukturierten Prostitution zu, bedingt durch die sich langsam entwickelnde Tourismusindustrie. Bereits ungleich schwerwiegender präsentiert sich die Situation auf der Nachbarinsel, der *Dominikanischen Republik*, die jedes Jahr 1,5 Millionen ausländische Besucher aufnimmt. Eine vor kurzem durchgeführte Studie ergab, daß 25.000 Kinder, davon 63 % Mädchen, von Touristen sexuell ausgebeutet werden. Mit 37 % ist der Anteil an Jungen in der »Branche« Sextourismus deutlich höher als in anderen Bereichen der sexuellen Ausbeutung von Kindern, in denen fast ausschließlich Mädchen die Opfer sind.

Eine 1993 von der *nicaraguanischen* Regierung in Auftrag gegebene Studie ergab, daß 92 % der Prostituierten dieses Landes zwischen 12 und 18 Jahre alt sind. Einem Bericht des Komitees für die Rechte des Kindes von 1994 ist zu entnehmen, daß in den urbanisierten Regionen des kleinen Landes *Paraguay* 26.000 Kinder als Straßenverkäufer und Straßenprostituierte tätig sind. In *Venezuela* sind laut eines UNICEF-Berichts von 1995 bis zu 40.000 Kinder von Prostitution betroffen. Die Hauptverantwortlichen für die sexuelle Ausbeutung von Kindern in diesem Land sind Wanderarbeiter, Matrosen oder Minenarbeiter (ECPAT-Bericht 1996). Auch in *Brasilien* besteht wegen der in entlegenen Gebieten von Amazonien arbeitenden Minenarbeiter ein organisierter Mädchenhandel. Darüber hinaus arbeiten und leben mehr als 100.000 Kinder auf den Straßen Brasiliens; viele von ihnen werden sexuell ausgebeutet.

In *Kolumbien* hat von 1986 bis 1993 die Zahl der sexuell ausgebeuteten Kinder zwischen 8 und 13 Jahren um 500 % zugenommen. In Bogotá liegt die Zahl der minderjährigen Prostituierten zwischen 5.000 und 7.000, ein Drittel von ihnen ist sogar unter 14 Jahre alt. Mehr als die Hälfte dieser Kinder ist an einer Geschlechtskrankheit erkrankt, berichtet die kolumbianische Handelskammer in einer Studie aus dem Jahr 1994.

Auf dem die Stockholmer Konferenz vorbereitenden Seminar in Brasilia vom 16. bis 20. April 1996 wurde auch die ethnische Komponente von Mißbrauch und Kinderprostitution untersucht: Der Großteil der Kinderprostituierten in den Städten, Häfen oder Minengebieten sind nicht dort geboren, sondern dorthin immigriert, sei es mit ihren Familien auf der Suche nach Arbeit oder allein, oder sie wurden von einem Kinderhändler dorthin verschleppt. Sie stammen aus anderen Ländern oder aus anderen Regionen desselben Landes und gehören daher normalerweise nicht derselben Ethnie und demselben Kulturkreis an wie die Einheimischen oder Touristen, die sie mißbrauchen. In Kolumbien und Bolivien sind Indiomädchen als Hausangestellte besonders den sexuellen Attacken der männlichen Familienmitglieder ausgesetzt. Entwurzelte Mädchen sind natürlich wehr- und schutzloser als jene, die noch fest in ihrem Familienverband integriert sind. Wenn man die Diskriminierung der Afrobrasilianer mit allen ihren sozioökonomischen Konsequenzen (Armut, Analphabetismus, Arbeitslosigkeit) betrachtet, schließt sich der Teufelskreis dadurch, daß vermehrt Kinder dieser Volksgruppe auf die Straße und in die sexuelle Ausbeutung getrieben werden.

Die Strafgesetzbücher der lateinamerikanischen Staaten stellen mehrheitlich jede Zuhälterei mit Gewinnabsichten unter Strafe, unabhängig davon, ob es sich um erwachsene oder minderjährige Prostituierte handelt. In Chile und auf Kuba ist dagegen nur die Zuhälterei von Minderjährigen strafbar. Dem hat sich seit kurzem Spanien angeschlossen, was aller Voraussicht nach die Strafgesetzgebung in verschiedenen lateinamerikanischen Staaten beeinflussen wird. Die Kinderprostitution ist allerdings kaum als eigenes Delikt erfaßt; sie wird eher als »öffentliches Ärgernis« betrachtet. Das heißt, daß vor dem Gesetz nicht etwa die Kinder als Opfer gelten, sondern jene »anständigen« Menschen, die sich durch die öffentliche Prostitution Minderjähriger in ihrem Schamgefühl und Ordnungssinn verletzt fühlen. Betrachtet man die einzelnen Staaten Lateinamerikas im Hinblick darauf, was Zuhälterei oder Prostitution strafgesetzmäßig darstellt, so werden durchweg folgende Begriffe verwendet: »Verstoß gegen Sitte, Anstand, Sexualmoral, Schamgefühl, etc.«. In Ecuador beispielsweise werden die sexuellen Delikte der Verführung und Zuhälterei von Minderjährigen sowie die »öffentliche Kränkung des Ehrgefühls« unter dem Begriff »Verstoß gegen die guten Sitten« subsumiert. Nur Kuba stellt mit dem Gesetz gegen die »Verletzung der normalen Entwicklung des Kindes und Jugendlichen« als einziges Land die Schädigung der Opfer und nicht die eines abstrakten öffentlichen Schamgefühls unter Strafe.

Alle lateinamerikanischen Staaten haben das UN-Übereinkommen über die Rechte des Kindes unterzeichnet. Dennoch werden nach wie vor in fast allen Ländern Lateinamerikas die mißbrauchten Kinder selbst als Täter betrachtet und von Polizei und Justiz als solche behandelt, was nur dazu führt, daß man sie immer weiter in die Kriminalität treibt.

In diesem Zusammenhang ist interessant, daß sich in Brasilien organisierte Prostituierte als wertvolle Verbündete gegen die Kinderprostitution und für eine Klärung der rechtlichen Lage ihrer Arbeit einsetzen. Doch selbst wenn entsprechende Gesetze zum Schutz der Kinder existierten, wäre deren Umsetzung noch lange nicht garantiert. Das größte Problem liegt unseres Erachtens darin, daß sehr häufig Polizisten und andere Staatsbeamte in die Zuhälterei, den Drogen- und Menschenhandel sowie in die Prostitution verwickelt sind, und sei es »nur« durch die Annahme von Bestechungsgeldern.

Rechtsschutz für Kinder und Jugendliche, die in Prostitution involviert sind, darf aber auch nicht automatisch das Wegsperren der Kinder in Heime bedeuten, denn diese Kinder sind »weder gefallene Engel noch recyclebarer Abfall, sondern Staatsbürger, die marginalisiert und damit besonders verwundbar geworden sind, das Recht auf Reintegration in die Gesellschaft haben und in ihren Rechten besonders bestärkt und unterstützt werden müssen« (Protokoll der Vorbereitungskonferenz in Brasilia 1996).

Kinderprostitution und sexueller Mißbrauch am Beispiel Paraguays

Bestandsaufnahme

Die kommerzielle sexuelle Ausbeutung von Minderjährigen

Über die kommerzielle sexuelle Ausbeutung von Kindern vor der Pubertät ist kaum etwas bekannt. Es ist anzunehmen, daß vor allem Straßenkinder betroffen sind, die sich für wenig Geld prostituieren.

Für jeden augenfällig ist hingegen, daß viele Kinder und Jugendliche in und nach der Phase der Pubertät für sexuelle Ausbeutung zur Verfügung stehen. Beide Geschlechter sind betroffen, aber Mädchen in weitaus überwiegendem Maß. Es sind Kinder, die in Busbahnhöfen und Märkten herumstreichen, oder schick gekleidete Mädchen, die mit ihrem Handy unterwegs sind; es sind junge Arbeitssuchende aus dem Landesinneren oder Schüler in Privatschulen, die sich unter dem Druck, im Konsumverhalten mit ihren Klassenkameraden mitzuhalten, von finanzstarken älteren Männern mißbrauchen lassen.

Fast 70 % der statistisch erfaßten Prostituierten sind unter 16 Jahren. Über die Hälfte von ihnen beginnt bereits zwischen dem 10. und dem 13. Lebensjahr. Dabei sind diese gerade erst pubertierenden Kinder am stärksten gefährdet: »Sie wissen nicht, wieviel sie verlangen können, man kann mit ihnen alles machen, auch ohne Präservativ« (UNICEF 1996).

Hauptursachen sind – wie überall in Lateinamerika – in erster Linie die Armut und die Migrationsbewegung vom Land in die Stadt (nur 2 % der minderjährigen Prostituierten stammen aus der Hauptstadt). Hinzu kommen zerrüttete Familienverhältnisse (50 % kommen aus Familien ohne ständige Vaterfigur), einschließlich des frühen sexuellen Mißbrauchs innerhalb der Familie.

Skrupellose Erwachsene rekrutieren »Anfängerinnen« aus der großen Zahl der Kinder in Risikosituationen: aus den »criaditas«, jenen Campesinomädchen, die als unbezahlte Dienstboten arbeiten, um eine Schule in der Stadt besuchen zu können; aus den schlechtbezahlten und ausgenutzten jungen Hausgehilfinnen und aus dem »Heer« der kindlichen Straßenverkäuferinnen.

Eine früher in Paraguay unbekannte – und für Mitteleuropäer vielleicht etwas unglaubwürdig erscheinende – Einstiegsschiene in die Prostitution ist der im rapiden Anwachsen begriffene Satanskult mit seiner rituellen Initiation pubertärer Jugendlicher in Sex und Drogen.

Die archaischen Ängste in der Tiefenschicht der Psyche der paraguayischen Menschen, die sich noch immer von unheimlichen Naturgeistern bedroht fühlen, geben auch bei der modernen Disco-Jugend einen allzu fruchtbaren Boden für makabre Satanssekten ab, hinter denen eine mächtige Drogenmafia steht.

Gerade in Paraguay gehen immer wieder hochtechnisierte, moderne Geschäftspraktiken mit archaischen kulturellen Vorstellungen Allianzen ein, deren Opfer unter anderen sexuell ausgebeutete Kinder sind. So raubt zum Beispiel die traditionelle Überbewertung der weiblichen Virginität automatisch allen mißbrauchten oder verführten jungen Mädchen die Würde. Wer nichts mehr zu verlieren hat und vom eigenen Unwert überzeugt ist, läuft viel eher Gefahr, in die Fänge der Mafia zu geraten, die mit Drogen und Sex ihr großes Geschäft macht.

Die Tatsache, daß die Nutznießer der kommerziellen sexuellen Ausbeutung von Minderjährigen straflos bleiben, macht alle diesbezüglichen Gesetze zur Farce. In einem Dokument, das von regierungsamtlicher Seite herausgegeben wurde, ist zu lesen: »Einige Richter unternehmen nichts gegen die Bordelle, in denen sexuell ausgebeutete Minderjährige gefunden wurden.« Das Wort »einige« ist dabei eine schamhafte Umschreibung für die Inaktivität der Justiz auf diesem Gebiet.

Über den Gesundheitszustand der Betroffenen ist in dieser amtlichen Broschüre weiterhin zu lesen: »100 % dieser Minderjährigen haben Geschlechtskrankheiten, viele sind schwanger, 90 % schützen sich nicht vor AIDS«. Die meisten (82 %) haben schon (gesetzlich verbotene und riskante) Abtreibungen hinter sich.

Der Grundschulabschluß (6. Schuljahr) bleibt für ein Drittel dieser Minderjährigen eine Illusion, obwohl fast alle gern weiter zur Schule gehen würden. Allein die Scham (»Man könnte dahinterkommen, wie ich meinen Lebensunterhalt verdiene«) ist für diese Kinder eine sehr große Schranke im Hinblick auf ihre Integration in eine normale Schule. Ohne Schulbildung ist aber die Chance »auszusteigen« erst recht minimal.

Sexueller Mißbrauch ohne kommerzielle Komponente

Kommerzieller sexueller Mißbrauch bewegt sich in einer diffusen Grauzone, hat aber doch – bedingt durch die Regeln des Markts – eine gewisse Öffentlichkeit. Dagegen liegt die Problematik des sexuellen Mißbrauchs innerhalb des Familien- und Bekanntenkreises, aber auch durch fremde Gewalttäter fast völlig im Dunkeln.

Offizielle Aufzeichnungen, in die man Einsicht nehmen kann, sind älteren Datums und spiegeln zweifellos nur einen sehr kleinen Ausschnitt der traurigen Realität wider. 35 Jahre Diktatur haben die Menschen verstummen lassen. Die Angst, daß eine Anzeige bei der Polizei das Gegenteil von Schutz und Hilfe bewirken könnte, sitzt Jahre nach der demokratischen Öffnung immer noch sehr tief. So registriert die zuständige Abteilung der Polizei (Dep. de Asuntos Familiares) in 16 Monaten nur 15 Fälle von sexuellem Mißbrauch; die Opfer sind Mädchen zwischen 3 und 15 Jahren, der Täter ist bei 90 % der Familienvater.

Bei der zuständigen amtsärztlichen Stelle der Hauptstadt (Primeros Auxilios) sind innerhalb des letzten Jahres 167 Vergewaltigungen Minderjähriger registriert worden. Diese Horrorliste, die zweifellos nur einen winzigen Bruchteil der alltäglichen sexuellen Gewalt gegen Kinder reflektiert, sowie die Informationen seitens der Polizei bestätigen, daß die Täter vornehmlich im engen Familienkreis zu finden sind und auch Kleinkinder Opfer brutaler sexueller Aggressionen werden.

Die Ursachen für den »ganz gewöhnlichen Mißbrauch« sind streckenweise identisch mit den oben angeführten Gründen für die kommerzielle sexuelle Ausbeutung der Kinder: Der brutale Machismo, die Migration, die Verelendung weiter Bevölkerungsschichten, die Promiskuität innerhalb der Elendshütten, der fehlende Schutz durch die Rechtssprechung, – all diese Faktoren sind mitverantwortlich für die »Alltäglichkeit« dieses Verbrechens gegen die Kinder. Hinzu kommt, daß der Vergewaltiger damit rechnen kann, daß sein Opfer mit Schweigen, Scham und tief verinnerlichter Selbstverachtung (»Ich bin schuld daran, ich bin schlecht, ich bin nichts wert!«) reagieren wird.

In Paraguay verstärken zudem noch besondere historische und soziokulturelle Faktoren dieses negative Panorama. Es ist mittlerweile mehr als 100 Jahre her, daß die Bevölkerung Paraguays im Krieg so weit dezimiert wurde, daß im ganzen Land nur einige hundert Männer im reproduzierfähigen Alter übriggeblieben sind (Krieg der Triple Alianza, 1864–1870). Die Notwendigkeit der Reproduktion unter allen Umständen und außerhalb aller Regeln gab und gibt dem Machismo bis heute seine Legitimation: »Wenn du eine Frau allein am Weg triffst und die Gelegenheit nicht nützt, bist du kein Macho.« Erst vor kurzem wurde ein bekannter Entertainer trotz bewiesener Vergewaltigung und Körperverletzung einer Minderjährigen vom Gericht mit der Begründung freigesprochen, das Mädchen sei eben in sein Auto gestiegen. Man könne wohl nicht verlangen, daß der Mann »die Gelegenheit nicht nütze«. Daß der Täter nach einer Familienfeier versprochen hatte, die Minderjährige nach Hause zu bringen, spielte für die Richter offenbar keine Rolle (Prozeß Friedman, Freispruch am 19.08.96; Tageszeitung ABC Color vom 20.9.1996).

Ein weiterer historisch-politischer Faktor ist die 35jährige Diktatur (1954 bis 1989), deren willkürliche und allmächtige Polizeiherrschaft bis ins kleinste Dorf hineingewirkt hat. Wenn das Opfer mehr Angst vor der Polizei haben muß als der Täter, bleibt ihm nur das Totschweigen des Horrors – eine Haltung, die noch immer in der Bevölkerung tief verwurzelt ist. So kommt es, daß in den meisten Fällen weder Betroffene noch Mitwisser den Mut zur Anzeige haben, wenn auch heute von manchen weiblichen Jugendrichtern, der Familienabteilung der Polizei, dem Frauensekretariat und von leider zu wenig bekannten privaten, engagierten Frauenorganisationen Hilfestellung erwartet werden kann.

Die paraguayische Familienstruktur entspricht gerade in den armen Schichten – und das ist die überwältigende Mehrheit – nicht der traditionellen Vater-Mutter-Kinder-Familie. Die Misere auf dem Land und die Arbeitslosigkeit treiben die Männer immer weiter weg von ihrer Familie. Wo sie Arbeit finden, gründen sie eine neue Familie, während die zurückgelassene Frau gezwungen ist, ein neues Familienoberhaupt zu suchen, mit dem sie weitere Kinder hat. Dieser neue Partner der Mutter ist damit in einer Position, die es ihm leicht macht, »die Gelegenheit zu nutzen« und sich an den Töchtern seiner derzeitigen Lebensgefährtin zu vergehen. Das enge Zusammenleben in nur einem Raum, in dem die ganze Familie einschließlich Großeltern, Onkel, Cousins lebt und schläft, beschwört die Gefahr promiskuitärer sexueller Beziehungen und sexuellen Mißbrauchs geradezu herauf. In Anbetracht des beschriebenen Machismo handelt es sich dabei aber in den meisten Fällen nicht um eine »partnerschaftliche« Promiskuität, sondern um eine klare Täter-Opfer-Relation innerhalb der Familie.

Kleinkinder sind in jener Entwicklungsphase, in der sie ihren eigenen Körper erforschen (zwischen 3 und 6 Jahren), besonders gefährdet. Diesbezügliche Aktivitäten des Kindes werden häufig als »Einladung« zum Mißbrauch qualifiziert. Da immer wieder Kleinkinder an den durch brutalen Mißbrauch verursachten Verletzungen ihrer Genitalien sterben, kommen manche dieser Fälle zu trauriger Publizität.

Obwohl die paraguayische Mutter – selbst oft Opfer – Mißbrauch innerhalb ihrer Familie traditionell verschweigt, ist sie doch sehr darauf bedacht, ihre Töchter, sobald sie geschlechtsreif sind, zu schützen und möglichst nicht aus den Augen zu lassen. Daher ist es für den Täter viel leichter, sich Kinder zu greifen, die noch nicht in der Pubertät und daher weniger behütet sind. In der Polizeistatistik liest sich das dann so: »Delikt: Sexueller Mißbrauch, Alter des Opfers: 9 J., Geschlecht: weiblich, Täter: Vater und Großvater.«

Eine relativ große Zahl von Kindern wächst nicht in der eigenen Familie auf. Die Armut zwingt die Eltern, sie etwas besser gestellten Verwandten als »criaditos« zu übergeben. Nicht allen geht es dabei schlecht; viele hätten ohne diese Übersiedlung in eine fremde Familie nicht die Möglichkeit, eine Schule zu besuchen. Oft aber werden sie in dieser neuen Familie als Kinder zweiter Klasse, als kleine kostenlose Dienstboten, behandelt. Nicht selten gibt eine Mutter ihre Tochter aus erster Ehe anläßlich der Heirat mit einem neuen Partner in eine fremde Familie, weil sie um die Gefahr der Belästigung durch den Stiefvater weiß. Gerade diese Mädchen sind aber besonders gefährdet, von den männlichen Familienmitgliedern der Fremdfamilie mißbraucht zu werden.

SOS-Kinderdorf Paraguay

Die Antwort im Rahmen der SOS-Kinderdörfer

SOS-Kinderdorf Paraguay beherbergt in vier Kinderdörfern (eines davon für behinderte Kinder) insgesamt rund 500 Kinder. Fast alle kommen aus extremer Armut, in der die Mehrheit des paraguayischen Volkes lebt. Die meisten der Kinder sind auf dem Land geboren und aufgewachsen, einige haben schon auf der Straße gelebt. Viele von ihnen haben die Mutter durch Tod verloren, viele wurden von ihrer mittellosen Mutter irgendwo untergebracht und sind zuletzt im SOS-Kinderdorf gelandet. Die Väter sind mit wenigen Ausnahmen »unsichtbar«, unbekannt, verschollen oder tot. Bei der Aufnahme ins Kinderdorf reicht die Altersskala vom Neugeborenen, dessen Mutter bei der Geburt verstorben ist, bis hin zu den jeweiligen »großen« Geschwistern, die schon 14, 15 Jahre alt sind. Der Normalfall ist die Aufnahme einer mehrköpfigen Geschwistergruppe; alle diese Geschwister leben innerhalb derselben Kinderdorffamilie. Wenn ein Kind nicht als Neugeborenes ins SOS-Kinderdorf kommt, hat es schon eine Reihe von Verletzungen körperlicher und/oder psychischer Art erlitten: Unterernährung, unzureichende Wohnsituation, Fehlen von Gesundheitsvorsorge und minimalsten hygienischen Bedingungen, Verlust der Bezugsperson, Kinderarbeit, aber auch Gewalt in der Familie und – immer verschwiegen, aber nicht selten – sexuellen Mißbrauch. Von letzterem wissen wir nur dann mit Sicherheit, wenn die Zuweisung über das Jugendgericht aufgrund einer Verurteilung des Täters erfolgt.

Was geht in einem Kind vor, das aus seiner gewohnten Umgebung gerissen wird, das einen existentiell bedrohlichen Verlust wie den Tod der Mutter erlebt hat, das verlassen wurde; das womöglich noch durch eine körperliche oder geistige Behinderung gehandikapt ist wie im Fall der ins SOS-Behindertenkinderdorf aufgenommenen Kinder; und das vielleicht zudem noch das Trauma eines frühen sexuellen Mißbrauchs erlitten hat? Was bedeutet das für seine Fähigkeit, sich in die neue Umgebung zu integrieren, für sein Gefühlsleben, seine seelische Gesundheit?

Ein Kind, das seine erste bekannte Umwelt und seine erwachsenen Bezugspersonen verloren hat (die Geschwister können ja in der SOS-Kinderdorf-Familie zusammenbleiben), hat große Schwierigkeiten, seine Identität neu abzugrenzen und neue, dauerhafte Gefühlsbindungen einzugehen. Das SOS-Kinderdorf ist dazu da, ihm dabei zu helfen. Was aber, wenn zum Verlust und zum Trennungsschmerz auch noch die Erinnerung an die Schändung des eigenen Körpers kommt, der brutale Eingriff in seine Intimität, die Erniedrigung und die alptraumhafte Unterwerfung unter die Macht eines älteren, furchteinflößenden, männlichen Wesens? Wir haben für diese Kinder Verantwortung übernommen und sind verpflichtet, bei unserer pädagogischen Planung das Leid dieser Kinder ernst zu nehmen, auch wenn wir oft nicht genau wissen, wieviele und welche der Kinder von sexuellem Mißbrauch betroffen sind.

Seit einigen Jahren stellt sich dieser Herausforderung das Centro de Formación Regional SOS, das regionale Bildungszentrum von SOS-Kinderdorf, das für die Aus- und Weiterbildung der Kinderdorfmütter, Dorfleiter und aller anderen SOS-Kinderdorf-Mitarbeiter sorgt. Dabei geht es nicht darum, ein Thema wie sexuellen Mißbrauch in einem Vortrag abzuhandeln und die Aufgabe als erfüllt zu betrachten. Das würde an der eigenen inneren Haltung der Mitarbeiterinnen und Mitarbeiter nichts ändern. Vielmehr geht es darum, behutsam eine Vertrauensbasis zu entwickeln, die Voraussetzung dafür ist, daß Schritt für Schritt Tabus aufgebrochen werden und die Beteiligten ihrem eigenen verinnerlichten Machismo, ihrer persönlichen Betroffenheit und ihren Ängsten begegnen können. Innerhalb der periodischen Fortbildungsveranstaltungen haben Kurseinheiten zum Thema »Sexueller

Mißbrauch« ihren festen Platz. Eine Kurseinheit dauert mehrere Tage. Vorsichtig wird anhand von Geschichten, Filmmaterial, szenischen Darstellungen und anderen gruppendynamischen Methoden an das Thema herangegangen. Das Brechen des traditionellen Schweigens ist zunächst ein schmerzhafter Prozeß, der die Haltung zur eigenen Sexualität nicht unberührt läßt. Erst wenn Schweigen, Resignation und die tradierten Selbstschutzmechanismen überwunden sind, sind Kinderdorfmütter und andere Mitarbeiter bereit, das psychologische und pädagogische Wissen anzunehmen. Erst dann kann ihnen vermittelt werden, was an Prävention und Schutz getan werden muß, wie sie Mißbrauchsfolgen erkennen können und welche innere Haltung die Heilung und Stützung der betroffenen Kinder verlangt. Das mißbrauchte Kind wird dabei nicht als Objekt therapeutischer Maßnahmen gesehen, sondern als Protagonist seiner eigenen Heilung, so daß es vom »Opfer« zum selbstbewußten »Überlebenden« wird.

Damit wird nicht nur dem Kind und Jugendlichen geholfen, sondern auch der SOS-Kinderdorf-Mutter, die die alltäglichen Konflikte, die Aggressionen und die depressiven Phasen des Kindes, die auf ein existentielles Mißtrauen und eine grenzenlose Selbstverachtung infolge des Mißbrauchs zurückzuführen sind, mit Liebe und Geduld durchstehen muß.

Die Antwort von SOS-Kinderdorf im Rahmen seiner Sozial- und Schulzentren

Mehr als 1000 Kinder aus der weiteren Umgebung besuchen SOS-Kindergärten und Hermann-Gmeiner-Schulen oder sind durch die Mütterklubs in die SOS-Sozialarbeit integriert. Die Mehrheit dieser Kinder lebt in den Elendsvierteln – am Stadtrand und am Flußufer – von Asunción. Auch im Landesinneren haben an die 200 Campesinokinder die Möglichkeit, einen SOS-Kindergarten zu besuchen.

Die pädagogische Arbeit in den Kinderdörfern ist mit der Arbeit in den angeschlossenen Kindergärten, Schul- und Sozialzentren, die für die Kinder aus der weiteren Nachbarschaft offen sind, aufs engste vernetzt. Monatlich findet ein »Netzwerk-Treffen« aller leitenden SOS-Kinderdorf-Mitarbeiter statt. Gerade die Schulleiter und Lehrer sehen sich immer wieder mit sexuellem Mißbrauch von Schülerinnen, mit der Kultur des Verschweigens und mit der Hilflosigkeit, wenn es um eine Strafverfolgung des Täters (oder der Täter) geht, konfrontiert.

Für die pädagogische Arbeit mit den Lehrerinnen und Lehrern auf dem Gebiet der Mißbrauchsprävention können wir uns in Asunción auf die private Institution BECA (Base Educativa y Comunitaria de Apoyo) stützen. BECA arbeitet erst seit relativ kurzer Zeit auf breiterer Basis, ist allerdings immer in einer prekären finanziellen Situation. In den Kursen zum Thema Mißbrauch, die für Lehrkräfte organisiert werden, wird mit gutem didaktischen Material gearbeitet, das auch für Schüler geeignet ist. Dabei lernen Lehrerinnen und Lehrer, Mißbrauchssituationen am Verhalten der Täter und der Opfer zu erkennen sowie Schülerinnen in Risikosituationen in ihrem Selbstwertgefühl zu stärken und sie zu Widerstand zu befähigen.

Die Arbeit der Lehrerinnen und Lehrer muß von gezielter Elternarbeit unterstützt werden. Vor allem die einfachen, leidensfähigen, schweigenden und resignativen Mütter müssen als Verbündete gewonnen werden, wenn Mißbrauchssituationen in der Familie vermieden oder erkannt und bewältigt werden sollen. Dies ist wohl der schwierigste Teil der Arbeit. Eine tabufreie Sexualerziehung, wie sie erst vor einem Jahr in die Lehrpläne aufgenommen wurde, sowie die pädagogische Linie, die Kinder zu einem »NEIN« zu ermutigen, ist in diesem Land nicht nur von den Lehrern schwer nachzuvollziehen, sondern ruft auch den Protest der Eltern hervor.

Diese Arbeit darf natürlich nicht punktuell sein, sondern muß sich inhaltlich über das Schuljahr und über Jahre hinweg erstrecken. Die Hermann-Gmeiner-Schule in Asunción, die seit 1983 besteht, hat sofort nach dem Ende der Diktatur (1989) mit der Integration von Theaterworkshops in den wöchentlichen Normalstundenplan reagiert.

Diese Arbeit unter der Leitung eines psychologisch ausgebildeten Berufsschauspielers bietet den Kindern die Möglichkeit, Konfliktsituationen spielerisch anzugehen und diese in verschiedenen Rollen und verschiedenen Handlungsmöglichkeiten zu erfahren. Dabei beschränkt sich die Theaterarbeit nicht auf improvisiertes Psychodrama, sondern es werden auch klassische Stücke (z. B. von Lorca) gestaltet, die sogar schon im Stadttheater aufgeführt wurden.

Der Leiter der Theaterarbeit, Silvio Rodas, resümiert seine Aufgabe folgendermaßen:

»Themen, die die Kinder beschäftigen, werden aufgenommen und improvisiert. Dabei ist eine Grundstruktur zu berücksichtigen, die aus den drei Elementen Aufbau, Entwicklung und Auflösung besteht. In der ersten Phase, dem Aufbau, wird die Vorgeschichte dargestellt, aus der die bestehende Situation entstanden ist; die beteiligten Personen mit ihren Eigenschaften, Vorstellungen und Standpunkten werden präsentiert. In der Phase der Entwicklung wird der bestehende Konflikt vorgestellt und die Handlungen und Reaktionen der verschiedenen Personen können sich entwickeln. In der letzten Phase des Theaterstücks werden verschiedene Auflösungen des Konflikts durchgespielt, wobei immer die Folgen für jede betroffene Person dargestellt werden. So können alle Darstellerinnen und Darsteller die verschiedenen Lösungsmöglichkeiten desselben Konfliktes erfahren. (...) Integrationsspiele haben zum Ziel, Respekt vor der Individualität des einzelnen und die darauf basierende Möglichkeit einer Zusammenarbeit zu vermitteln. Die Erfahrung des eigenen Körpers als Instrument des Ausdrucks und seine verstärkte Wahrnehmung steigern das Bewußtsein der eigenen Identität und das Selbstwertgefühl.«

Für die Zuschauer besonders erschütternd ist, daß gerade die Schülerinnen im Alter zwischen 12 und 15 Jahren oft Mißbrauchssituationen zum Thema ihrer szenischen Darstellung machen. Auch wenn der schreckliche Erfahrungshintergrund die Erwachsenen tief bedrückt, ist die Auseinandersetzung damit für die Darsteller zweifellos hilfreich, sowohl hinsichtlich der Prävention als auch hinsichtlich der Bewältigung des Geschehenen.

Nach 8 Jahren gezielter Arbeit in den Theaterworkshops an den Hermann-Gmeiner-Schulen mit Schülern im Alter von 6 bis 16 Jahren können wir Bilanz ziehen und sagen, daß es den Beteiligten gelungen ist,

- Konfliktsituationen des täglichen Lebens schauspielerisch auszudrücken;
- diese Konfliktsituationen zu objektivieren, mit der Gruppe gemeinsam zu erleben und Überlegungen dazu anzustellen;
- verschiedene Antworten und Handlungsmöglichkeiten durchzuspielen, während die Realität manchmal nur eine einzige Reaktion offenzuhalten scheint;
- die eigenen emotionalen und intellektuellen Fähigkeiten im Umgang mit schwierigen Situationen einschätzen zu lernen und alternative Reaktionsweisen durchzuspielen;
- das eigene kreative Potential im künstlerischen Ausdruck verschiedener Inhalte kennenzulernen;
- das Selbstbewußtsein der Kinder und Jugendlichen zu stärken.

Bei dieser Arbeit an den Hermann-Gmeiner-Schulen wurde uns bewußt, daß mit einem Teil der Kinder (an die 10 %) intensiv psychotherapeutisch gearbeitet werden müßte. Lange Einzeltherapien sind jedoch für eine so große Anzahl von Kindern nicht finanzierbar. Sie würden auch von den Eltern entschieden abgelehnt werden, denn bei diesen einfachen Menschen hat jedes Wort, das mit »Psycho ...« beginnt, den Nimbus von Verrücktheit.

Unsere Alternative sind therapeutische Workshops, die nicht im Normalbetrieb der Schule verankert sind, wohl aber auf die bauliche und personelle Infrastruktur der Hermann-Gmeiner-Schulen und des SOS-Kinderdorfs zurückgreifen. Die Leiterin dieser therapeutischen Workshops, eine Psychotherapeutin, arbeitet in Konzeption und Planung sehr eng mit dem Team des Regionalen Bildungszentrums von SOS-Kinderdorf und mit dem Leiter der Theaterworkshops zusammen.

Die Eltern der Kinder, die Kinderdorfmütter und der Dorfleiter sowie die Lehrer bemühen sich um einen Teilnahmeplatz für jedes Kind, von dem sie annehmen, daß es Hilfe braucht. Während in der Hermann-Gmeiner-Schule der Anteil der SOS-Kinderdorf-Kinder etwa 12 % beträgt, ist er in den therapeutischen Workshops mit rund 60 % sehr viel höher, da ja gerade viele der Kinderdorfkinder in ihrer Vergangenheit vielfältigen psychischen Verletzungen ausgesetzt waren.

Für die Kinder stellt sich die Arbeit in den Workshops als ein fröhlicher, spannender Nachmittagsunterricht in Kleingruppen (10 bis 12 Kinder) dar. Die Gruppenleiterinnen, alle selbst junge Absolventinnen unserer Schulen, spielen, malen, basteln oder kochen, leiten eine Theater- oder Tanzgruppe oder lassen die Kinder am Computer arbeiten. Sie haben eine einfache, aber intensive Schulung hinter sich, in der auch auf ihre eigenen Gefühle und Konflikte eingegangen wurde. Jede Gruppenstunde wird gemeinsam mit der Therapeutin vorbereitet, von ihr begleitet und anschließend evaluiert. Zudem werden die Mitarbeiter im Rahmen von periodischen Treffen zur Praxisreflexion begleitet und unterstützt.

Die Ziele dieser Arbeit sind dieselben, die SOS-Kinderdorf insgesamt im Umgang mit Kindern und Jugendlichen hat: der Aufbau von Beziehungen und Bindungen, innerhalb derer die Kinder die Fähigkeit entwickeln sollen, selbstverantwortlich Entscheidungen zu treffen. Dies geschieht in gemeinsamem Tun mit anderen, aber auf individuellen Wegen und im Bewußtsein der eigenen Identität und Kapazität. Wieder geht es darum, daß die Kinder sich nicht nur als Opfer begreifen, sondern ihre Realität aktiv gestalten.

Eine überraschende Bestätigung und Ermutigung für diese Arbeit ist die positive Reaktion derer, die bislang immer geschwiegen haben, nämlich die der Mütter aus den marginalisierten Bevölkerungsschichten. Möglichst unauffällig und »zufällig« versuchen sie, mit der Therapeutin zusammenzutreffen, um sie darauf hinzuweisen, daß »auch mein Kind …«. Bei diesen Frauen, die für ihre eigene Person längst resigniert haben, siegt der Mutterinstinkt über tiefverwurzelte Schamgefühle und Ängste. Auch sie werden in diesem Moment von Opfern und Objekten zu verantwortlich Handelnden und somit zu den wichtigsten Verbündeten im Kampf um ein besseres Leben für ihre Töchter.

Schließlich gibt es noch ein Projekt von SOS-Kinderdorf, das sich ausschließlich auf jene Menschen konzentriert, die in ihrer Kindheit Opfer sexuellen Mißbrauchs geworden sind: die begleitete Selbstheilungsgruppe. Sobald die Vertrauensbasis stark genug und das Schweigen durchbrochen ist, sind die Voraussetzungen für den Prozeß der Selbstheilung gegeben. Das Ziel dieser Selbsthilfegruppe ist im Grunde dasselbe wie jenes der Theatergruppen und der therapeutischen Workshops: Die Betroffenen sollen befähigt werden, selbstverantwortlich Schritt für Schritt den eigenen Weg zu finden, um zu lernen, mit ihrer eigenen Geschichte umzugehen.

Zu den unverzichtbaren Schritten auf dem schwierigen Weg zur Heilung gehören laut Bass und Davis (1992) das »JA« zur eigenen Heilung; das Brechen des Schweigens und das Erinnern; das Verstehen, daß es nicht die eigene Schuld war; das Erkennen der Folgen des Mißbrauchs im eigenen Agieren (krankmachende Überlebensstrategien), insbesondere im Verhältnis zur eigenen Sexualität; das Durchleben von Schmerz, Trauer und Zorn; das Aufbauen eines Selbstwertgefühls und einer neuen Beziehung zum eigenen Körper.

Schlußbemerkungen

Prävention, Schutz und Heilung sind die Hauptaufgaben, denen sich SOS-Kinderdorf Paraguay stellt. Allerdings ist uns natürlich bewußt, daß die hier beschriebenen Projekte von SOS-Paraguay angesichts der Daten und Dunkelziffern im Bereich der Kinderprostitution und des sexuellen Mißbrauchs in Lateinamerika viel zu klein und punktuell sind. Es ist immerhin gut zu wissen, daß in vielen Regionen des Kontinents ebensolche Anstrengungen unternommen werden (siehe dazu die Projektbeschreibungen in »La explotación sexual de los niños. Repuestas de campo«, BICE 1993). Doch Hilfestellung allein würde ohnehin nicht genügen, um das unendliche Leid der mißbrauchten Kinder Lateinamerikas zu mildern, selbst wenn es Tausende solcher Projekte gäbe. Denn wenn auch feststeht, daß es in allen Kulturkreisen

Mißbrauch gibt, so muß man doch davon ausgehen, daß in Lateinamerika eine Einschränkung dieses Verbrechens gegen das Kind nur realisierbar ist, wenn sich die sozioökonomischen Rahmenbedingungen der Menschen verbessern. Nur in dem Maß, in dem Armut und Unwissenheit, Ausbeutung und Rechtlosigkeit abnehmen, wird auch der Schutz des Kindes verbessert werden können.

Dafür ist eine wachsende internationale Kooperation auf diesem Gebiet notwendig. Denn nur mit Hilfe einer übernationalen Gesetzgebung ist beispielsweise dem Sextourismus oder der Kinderpornographie im Internet beizukommen.

Jede Initiative muß jedoch lokal ansetzen, damit die Menschen eines Landes für das Leid der Kinder und für die lebenslangen Folgen, die ein sexueller Mißbrauch für die betroffenen Kinder haben kann, sensibilisiert werden. Was SOS-Kinderdorf in den zwei Jahrzehnten seines Bestehens in Paraguay nicht nur auf dem Gebiet des Schutzes und des Heilens, sondern auch auf dem Gebiet der Schulbildung und der Frauenerziehung realisiert hat, könnte durchaus Beispielfunktion haben. In verstärkter Zusammenarbeit mit anderen Lobbies zum Schutz des Kindes, anderen nicht-staatlichen Organisationen sowie staatlichen Stellen für Jugend- und Frauenfragen liegt eine weitere Chance, die Zahlen kindlicher Mißbrauchsopfer zu verringern.

Literatur

Bass, E., Davis, L. (1992): Trotz allem. Wege zur Selbstheilung für sexuell mißbrauchte Frauen. Berlin.

BECA (Base Educativa y Comunitaria de Apoyo) (1995): Manual para la prevención del abuso sexual de niñas y niños. Koordination: Rehnfeldt, M., Asunción, Paraguay.

BICE (Oficina Internacional Católica de la Infancia) (1993): La explotación sexual de los niños. Respuestas de campo. Koordination: Bruce, F., Buenos Aires, Argentinien.

CLADEM (Comité de América Latina y el Caribe para la Defensa de los Derechos de la Mujer) (1996): El Estado Peruano ante la prostitución adulta e infantil. Koordination: Yañez, G., Peru.

Gil, E.M. (1990): Superando el dolor. Un libro para y acerca de adultos víctimas de abuso en la niñez. Walnut Creek, CA, USA.

Seminar on Sexual Exploitation of Children and Adolescents in the Americas. Report (1996): Brasilia, 16–20 April 1996. Herausgeber: Printing Works of the Cabinet Office and Ministries. Stockholm.

UNICEF (1996): Explotación sexual de niños y adolescentes en Asunción y Ciudad del Este. Informe consultoria. Paraguay. Koordination: Luz Marina u. Nilse Acosta.
UNICEF homepage: www.childhub.ch/webpub/csechome – Internet Informationen zum Stockholmer Weltkongreß von 1996 über die kommerzielle sexuelle Ausbeutung von Kindern.

Krieg

Dubravka Kocijan-Hercigonja

Kinder im Krieg

Erfahrungen aus Kroatien

Krieg ist zweifellos jener Streßauslöser, der bei jeder Person, die damit konfrontiert wird, verschiedenste traumatische Reaktionen hervorruft. Um welche Art von Reaktionen es sich dabei handelt, wie stark diese sind, wie lange sie andauern und ob es Spätfolgen geben wird, hängt von zahlreichen Faktoren ab. Einige Bevölkerungsgruppen haben mehr als andere unter den Auswirkungen des Krieges zu leiden und sind somit in ganz besonderem Maß gefährdet. Zu diesen Bevölkerungsgruppen zählen Menschen, die aufgrund ihres Entwicklungsstands, aufgrund von Krankheit oder anderer Gründe besonders auf die Hilfe anderer angewiesen sind. Solche Menschen sind chronisch Kranke, Pflegebedürftige, alte und hilflose Personen und Behinderte sowie Menschen, die in einer anderen Form der Hilfe bedürfen. Zu diesen gefährdeten Gruppen gehören auch Kinder, da sie in besonders hohem Maß von ihrer Umgebung und ihrer Familie abhängig sind. Die Familie sowie das Beziehungsgefüge innerhalb der Familie sind für die physische und psychische Entwicklung des Kindes von größter Bedeutung. In einem Krieg aber werden Familien physisch wie psychisch zerrissen und können ihren Kindern nicht länger jene Geborgenheit bieten, die sie brauchen.

Im Krieg erlebt das Kind Situationen, mit denen es noch nie zuvor konfrontiert war, die es nicht versteht und für die ihm keiner in seiner – veränderten – Umgebung eine plausible Erklärung geben kann. Da sich das Kind noch in der Entwicklung befindet, ist es im Gegensatz zu Erwachsenen auch nicht in der Lage, Kompensationsmechanismen zur Traumabewältigung einzusetzen. Letztlich verliert das Kind im Krieg vieles und manchmal alles, was für seine Entwicklung wichtig ist: seine Spielsachen, sein eigenes Bett, sein geliebtes Haustier, sein

Zuhause, seine Familie. Einen entsprechenden Ersatz für diese Verluste gibt es zumeist nicht.

Traumatische Erfahrungen, die das Kind direkt oder indirekt (durch seine Familie oder Umgebung) macht, verändern seine physische wie psychische Verfassung. Inwiefern ein Trauma die Entwicklung des Kindes stoppt oder verändert, hängt von dessen jeweiliger Entwicklungsstufe ab. Das Alter des Kindes sowie seine Beziehungen zu Menschen, die für seine Entwicklung wichtig sind, sind hierbei entscheidend. So ist zum Beispiel für einen Säugling die Beziehung zu seiner Mutter, die Art und Weise, wie sie ihn stillt, ihn an sich drückt, ihm die Windeln wechselt oder mit ihm spielt, von größter Bedeutung. Eine traumatisierte und depressive Mutter aber kann dem Kind nicht geben, was es braucht, oder sie erdrückt es mit zuviel Liebe. Auf beides reagiert das Kind mit Angst und Widerstand; es verweigert dann häufig die Nahrungsaufnahme, weint sehr oft und leidet unter Schlaflosigkeit.

Für ein etwas älteres Kind ist außer der Beziehung zur Mutter auch die Beziehung zu anderen Familienmitgliedern von Bedeutung. In diesem Alter vertieft das Kind seine Beziehung mit jedem einzelnen Familienmitglied und entwickelt aufgrund von guten oder schlechten Erfahrungen Sicherheit und Vertrauen oder aber Unsicherheit und Mißtrauen gegenüber der jeweiligen Person.

Ab dem späten Kindergartenalter gewinnen auch soziale Beziehungen außerhalb der eigenen Familie an Bedeutung. Dabei stellt sich die Frage, inwiefern ein Flüchtlingskind, ein Kind, dessen Familie zerrissen ist oder das andere Kriegstraumata erlebt hat, überhaupt noch soziale Beziehungen eingehen kann. Freunde zu haben, zu wissen, daß man jemandem vertrauen kann – das sind Faktoren, die die psychische Verfassung wesentlich mitbestimmen. Im Krieg verliert man aber häufig jegliches Vertrauen in die Menschen, selbst in seine Freunde, und in die Zukunft. Jugendliche trifft dieser Verlust von Vertrauen besonders hart, befinden sie sich doch ohnehin schon entwicklungsbedingt in einer Phase der Neuorientierung und Identitätsfindung.

Verschiedene Formen der Kriegstraumatisierung

Kriegstraumata, die Kinder unserer Erfahrung nach am häufigsten erleben, lassen sich wie folgt einteilen:

1. Direkte Kriegstraumata, das heißt Traumata, die die Kinder am eigenen Leib erlebt haben. Davon betroffen sind Kinder, die verwundet wurden, in Gefangenenlagern gelebt haben, ihre Eltern verloren haben, psychisch und/oder physisch mißbraucht wurden.
2. Indirekte Kriegstraumata: Zu dieser Gruppe zählen Kinder, die Zeugen von Gewaltanwendung oder sogar Mord wurden, die ihre Verwandten, ihre Freunde verloren haben.
3. Traumata, die eng mit dem Leben im Land zusammenhängen: Wenn Regeln und Sitten, mit denen das Kind vertraut war, plötzlich keine Gültigkeit mehr haben, wird es unsicher. Es versteht nicht, warum heute vieles nicht mehr so ist, wie es früher war.

Phasen der Kriegstraumatisierung

In der *ersten Phase* wird das Kind mit Situationen konfrontiert, die es bis dahin nicht kannte und die unmittelbar mit dem Krieg zusammenhängen. So erlebt es Gewalt und Verwundungen, wird Zeuge von Morden, muß in Schutzkellern leben oder fliehen und erlebt Trennungen und Verluste. Die meisten Kinder haben mindestens eine dieser Situationen durchgemacht. Diese Phase geht mit akuten posttraumatischen Störungen einher, die meist eng mit Trennungsangst, dem Gefühl, verlassen zu sein, und verschiedensten anderen Ängsten, die durch Gegenstände oder Ereignisse ausgelöst werden können, verbunden sind. Diese Störungen können sich ferner in der Verweigerung der Nahrungsaufnahme, einem veränderten Gefühlsleben, Traurigkeit, häufigem Weinen und in einem allgemeinen Gefühl der Verunsicherung äußern.

In dieser Phase wünscht sich manches Kind, daß sein Vater oder sein großer Bruder auch eine Uniform trägt und anderen Menschen hilft und sie schützt. Die Kinder zeichnen Waffen und Soldaten. Sie identifizieren sich mit den Soldaten und möchten sich als solche verkleiden. Ich möchte dies anhand eines konkreten Beispiels verdeutlichen:

In meine Praxis kam ein zwölfjähriger Junge, der sich weigerte, zur Schule zu gehen. Eines Tages, als er auf dem Weg zur Schule war, flogen Flugzeuge im Tiefflug über Zagreb und versetzten die ganze Stadt in Panik. Daraufhin wollte der Junge nicht mehr zur Schule gehen und statt dessen zu Hause bei seiner Mutter bleiben. Er fürchtete sich, alleine zu schlafen, und litt unter Alpträumen.

Abbildung 1: Zeichnung von Bojan B., 6 Jahre alt, 1993

Als ich ihn bat, mir seine Familie zu zeichnen, zeichnete er sich zwischen seinem Vater und seiner Mutter. Er zeichnete seinen Vater als einen großen, uniformierten Mann. Er war stolz auf seinen Vater, erzählte mir, wie er kämpfte und wie tapfer er war. Ich fragte seine Mutter, ob sein Vater bei der Armee war, und sie antwortete mir, daß der Junge seinen Vater gar nicht kannte.

Die *zweite Phase*, die das Kind durchläuft, ist das Leben unter veränderten Bedingungen, als Flüchtling oder im Exil. Das Kind, das ohnehin schon durch zahlreiche Verluste und die Konfrontation mit psychischer und physischer Gewalt traumatisiert ist, kommt in eine neue und unbekannte Umgebung, die sich oft auch in kultureller Hinsicht von seiner Herkunftsumgebung unterscheidet. Für das Kind ist es schwierig, sich in einer neuen Umgebung und in einer meist unvollständigen Familie mit veränderter Rollenverteilung zurechtzufinden. Es sieht sich plötzlich mit fremden Menschen, anderen Kindern, einer neuen Schule, ihm unbekannten Bräuchen und oft auch einem anderen Dialekt oder einer anderen Sprache konfrontiert.

Die Eltern des Kindes, die bisher seine Autoritätspersonen und mächtige, hilfsbereite Menschen waren, verlieren neben den Eltern seiner neuen Freunde auf einmal an Bedeutung und Respekt. Häufig schämt sich das Kind seiner Eltern und seiner Herkunft. In dieser Phase stellen für das Kind die fremde Umgebung, die neuen Lebensbedingungen und oft auch das Problem mit seiner eigenen Identität und der seiner Familie neben seinem primären Trauma ein weiteres Trauma dar. Neben der in vielen Fällen bereits chronischen PTSD (Posttraumatic Stress Disorder / Posttraumatische Belastungsstörung) entwickeln viele Kinder in dieser Phase Verhaltensstörungen wie Aggressionen, Depressionen und Kommunikationsstörungen. Auch in familiärer Hinsicht treten schwerwiegende Veränderungen auf. Die Rollen der Eltern sind in vielen Fällen vertauscht, es entstehen Konflikte zwischen den Eltern sowie zwischen den Eltern und den Kindern. Trennungen und Scheidungen sind die Folge, was die Lage der Kinder noch schwieriger macht.

Die *dritte Phase* ist die Phase der Rückkehr in die Herkunftsregion oder des endgültigen Sich-Niederlassens in der neuen Umgebung. Für ein Kind aus Kroatien ist die Rückkehr in seine ehemals belagerte Heimat, aus der es im Krieg fliehen mußte, mit zahlreichen schönen Erinnerungen, aber gleichzeitig auch mit schrecklichen Erinnerungen an den Krieg verbunden.

In dieser Phase kommt es oft zu einer Verschlimmerung der Posttraumatischen Belastungsstörung. Diese kann insbesondere dann eintreten, wenn das Kind während der Zeit, in der es vertrieben war, persönliche Verluste nicht verarbeitet hat. Durch die Rückkehr wird es wieder mit dem konfrontiert, was es in den letzten Jahren verdrängt und vergessen hat. Während dieser Zeit hat das Kind von seiner Rückkehr geträumt, sich auf seine Freunde, sein Haus, seinen Heimatort gefreut. Es muß dann aber feststellen, daß die Realität eine völlig andere ist. Die Häuser sind zerstört, die meisten Freunde sind nicht mehr da, und diejenigen, die geblieben oder zurückgekommen sind, haben sich verändert. Diese Phase geht häufig mit sehr starken Reaktionen einher.

Der fünfzehnjährige Kiki wurde wegen eines Selbstmordversuchs in unsere Station eingeliefert. Der Junge stammt aus Knin, wo er bis zum Krieg gemeinsam mit seiner Mutter und seiner Schwester gelebt hat. Sein Vater hatte die Familie verlassen, als Kiki noch sehr klein war. Kiki hat kaum Erinnerungen an ihn. Als der Krieg ausbrach, schickte die Mutter die Kinder zu den Großeltern nach Zagorje (in der Nähe von Zagreb) und blieb selbst in Knin, um Wohnung und Arbeit nicht zu verlieren. In den folgenden drei Jahren hörte der Junge nichts von seiner Mutter, und als Knin schließlich befreit wurde, erfuhr er, daß sie ermordet worden war. In seiner Trauer entwickelte er den starken Wunsch, nach Knin zu fahren, um sein Elternhaus wiederzusehen und das Grab seiner Mutter zu besuchen. Seine Großeltern erfüllten ihm diesen Wunsch, und als Kiki nach Knin kam, mußte er feststellen, daß es sein Haus nicht mehr gab; es war im Krieg völlig zerstört worden. Er erfuhr auch die Wahrheit über den Tod seiner Mutter: Sie war vor ihrer Haustür ermordet und – wie viele andere – in den Fluß geworfen worden. Ein Grab gab es nicht. Nach seiner Rückkehr unternahm der Junge einen Selbstmordversuch. Sein Zustand war kritisch, und er litt unter schwerer und langanhaltender Amnesie. Durch die Therapie lernte er schließlich, die Realität zu akzeptieren, und nach einiger Zeit entschied er sich, wieder nach Knin zu fahren, um einige Orte zu besuchen. Dieses Mal war er auf den Besuch vorbereitet und wurde von Personen, zu denen er Vertrauen hatte, begleitet.

Ein weiteres Beispiel ist die Geschichte von Ivana, einem Mädchen, das gemeinsam mit seiner Mutter, seiner Großmutter und seinen zwei Schwestern nach Zagreb kam, nachdem der Vater zu Hause auf dem Hof ermordet worden war. In Zagreb lebte Ivana einige Zeit mit ihrer Familie in einem Flüchtlingslager. Sie war eine ausgezeichnete Schülerin und schien nicht unter einem Trauma zu leiden. Als der Krieg schließlich vorbei und auch ihr Heimatort befreit worden war, stellte sich die Frage der Rückkehr. Ihre Mutter wollte aber nicht mehr zurück, da sie in Zagreb bessere Zukunftschancen sah und dort schließlich auch Arbeit und eine Wohnung fand. Die Großmutter hingegen wollte wieder in ihre Heimat zurückkehren und dort weiterleben, wo man ihren Sohn ermordet hatte. In der Folge kam es zu einem Konflikt zwischen Ivanas Mutter und deren Schwiegermutter. Ivana litt unter Alpträumen. Sie träumte jede Nacht von ihrem toten Vater auf dem Hof. Als die Situation zu Hause schließlich zu eskalieren drohte und Ivana sich vor einer neuerlichen Trennung – diesmal von ihrer Großmutter – fürchtete, selbst aber auch nicht mehr nach Hause zurückkehren wollte, schluckte sie, unfähig, mit ihren Alpträumen und Ängsten fertig zu werden, eine größere Menge Tabletten und wurde in die Intensivstation unseres Krankenhaus eingeliefert. Im Zuge der darauffolgenden Therapie erzählte sie uns, daß sie sich nicht hatte umbringen wollen. Sie wollte ihre Probleme einfach nur »verschlafen«.

Symptomatik Posttraumatischer Belastungsstörungen bei Kindern

Die Reaktionen kriegstraumatisierter Kinder hängen in erster Linie von ihrem Alter, ihrer Veranlagung zu Krankheiten, ihrer familiären Situation sowie der Unterstützung durch ihre Umgebung und deren Haltung ab. Die meisten Reaktionen der Kinder passen in das Bild einer Posttraumatischen Belastungsstörung: Gedanken und Gefühle werden auf unterschiedliche Weise verdrängt; doch schon ein minimaler Reiz kann diese Gedanken und Gefühle, die beim Kind zu heftigen Reaktionen, zu einem veränderten Gefühlsleben, zu Kommunikationsstörungen führen können, wieder hervorrufen.

Ein neunjähriger Junge sollte wegen seines Augenzwinkerns behandelt werden. Während der Behandlung stellte sich heraus, daß er ein Flüchtlingskind war und im Lager lebte. Sein Vater wurde vermißt. Der Junge träumte jede Nacht denselben Traum. Er träumte, daß er an ein Bett gefesselt war und ein Mann in Schwarz ihn umbringen wollte. Das Bild dieses Mannes drängte sich dem Jungen auch tagsüber auf, und er versuchte, das Bild durch Augenzwinkern loszuwerden. Durch Zeichnen und Gespräche mit dem Jungen erfuhr ich schließlich, daß sein Problem großteils auf die mangelnde Kommunikationsbereitschaft seiner Mutter zurückzuführen war. Die Mutter sprach nie über den Vater, und der Junge fürchtete, daß sein Vater ermordet worden war, konnte aber mit niemandem über seine Angst reden. Durch das Zeichnen seiner Gedanken über den Vater konnte er seine Gefühle ausdrücken und auch weinen. Es gelang ihm schließlich auch, seine Mutter dazu zu bewegen, mit ihm über den Vater zu sprechen. Seine Alpträume fanden daraufhin ein Ende.

Ein anderes Beispiel: Ein Junge, der während der Bombenangriffe auf seine Stadt tagelang mit seinen Eltern und Nachbarn in einem Schutzkeller zubringen mußte, träumte immer wieder denselben Traum. In diesem Traum befand er sich mit seiner Mutter, seinem Vater und seiner Schwester in einem Haus, auf das eine große, glühende, der Sonne ähnliche Kugel herabfiel. Die Kugel drohte, das Haus mitzureißen und die Familie umzubringen. Der Junge wachte jedes Mal schreiend auf. Während der Therapie stellten wir fest, daß mehrere Bomben auf das Haus gefallen waren, die es bis auf die Kellerräume völlig zerstört hatten. Die Kellertür wurde dabei durch die Trümmer blockiert, und die Familie war einige Zeit im Keller eingesperrt.

Eine häufig auftretende Reaktion ist ein verändertes Gefühlsleben, sei es in bezug auf sich selbst oder auf andere.

So beschreibt ein Mädchen aus Vukovar den Druck, den sie seit jenem Tag in der Brust spürt, an dem man ihr sagte, daß ihre zwei besten Freunde bei einem Angriff getötet worden waren. Sie selbst war dabei auch verletzt und gemeinsam mit ihren zwei Freunden ins Krankenhaus gebracht worden, ohne zu wissen, daß die beiden bereits tot waren. Seit diesem Erlebnis kann sie weder lachen noch weinen, kann nicht mehr fröhlich sein. Es ist, als ob alles um sie herum stehengeblieben wäre.

Die häufigsten Reaktionen im Rahmen einer Posttraumatischen Belastungsstörung:

Kinder bis 3 Jahre
Kleinkinder reagieren mit einer Veränderung der bereits angenommenen Gewohnheiten und Verhaltensmuster, mit einer Regression in frühere Entwicklungsphasen, häufigem Weinen, das von der Umgebung nicht verstanden wird, Schlaf- und Eßstörungen, kommunikativen Veränderungen und Störungen im verbalen wie im nonverbalen Bereich.

Kinder zwischen 3 und 8 Jahren
Kinder dieses Alters reagieren allgemein sehr ängstlich und leiden an verschiedenen Phobien. Sie haben Angst, daß sich das traumatische Erlebnis wiederholen könnte, und verstehen nicht, warum Menschen sterben müssen; sie sprechen nur wenig, spielen traumatische Erlebnisse nach, leiden unter Schlafstörungen und Alpträumen, haben Probleme, mit ihrer Umgebung zu kommunizieren, und zeigen regressives Verhalten wie erneutes Bettnässen und Daumenlutschen.

Kinder im Schulalter zwischen 9 und 14 Jahren
Kinder aus dieser Altersgruppe haben Angst vor Reizen, die an das Trauma erinnern, haben Konzentrations- und Lernschwierigkeiten sowie Gedächtnisstörungen und spielen – oft zwanghaft – Spiele, die mit dem Trauma zusammenhängen. Immer wieder kommen in ihnen Gedanken und Bilder hoch, die sie an das Trauma erinnern. Körperliche Symptome wie Bauch- und Kopfschmerzen sowie Herzklopfen treten auf. Diese Kinder haben übertriebene Angst um andere, beobachten die Reaktionen der Eltern und anderer Personen aus der unmittelbaren Umgebung und versuchen, die Eltern nicht mit ihren eigenen Problemen zu belasten. Sie zeigen Verhaltensänderungen wie Aggression und Passivität sowie Eß- und Schlafstörungen.

Jugendliche zwischen 14 und 18 Jahren
In diesem Alter äußert sich das Trauma in schwerwiegenden Verhaltensänderungen. Die Jugendlichen sind häufig niedergeschlagen und gereizt, zeigen antisoziales Verhalten wie Alkohol- und Drogenkonsum, ihre Lebenseinstellung und ihre Wertvorstellungen in bezug auf zwischenmenschliche Beziehungen verändern sich, und sie ziehen sich zurück. Es ist dem Jugendlichen unmöglich, sich seine Zukunft vorzustellen. Mehr und mehr wird er sich seiner eigenen Verwundbar-

keit und Hilflosigkeit bewußt, und mitunter kommt es sogar zu Selbstmordversuchen. Neben diesen Symptomen treten in manchen Fällen auch Symptome schwerwiegender psychischer Erkrankungen wie Psychosen auf.

Wir fragen uns oft, ob ein gewisses Verhalten die normale Reaktion auf ein schreckliches Erlebnis oder bereits ein erstes Anzeichen einer psychischen Erkrankung ist. Es ist äußerst wichtig, wenn auch manchmal schwierig, die richtige Antwort zu finden, denn die Behandlung baut ja auf diesem Befund auf. Bei der Bewertung spielen die Persönlichkeit des Therapeuten, seine emotionale Beziehung zum Kind, seine persönlichen Wertvorstellungen sowie jene des Kindes eine bedeutende Rolle. Auch die Entwicklungsdynamik des Kindes muß natürlich berücksichtigt werden. Diesbezüglich sei besonders darauf hingewiesen, daß das gleiche klinische Bild zu unterschiedlichen Prognosen führen kann. Im sozialen Umfeld des Kindes, in dem dessen Veränderungen als erstes auffallen, wird das Verhalten des Kindes häufig entweder über- oder unterbewertet. Beides kann entscheidende Folgen für die weitere Entwicklung des Kindes haben. Dies gilt insbesondere für Kinder, die in Folge traumatischer Erlebnisse und aufgrund von Problemen in der Familie an Kommunikationsstörungen leiden. Menschen, die mit Kindern arbeiten, müssen mit kindlichen Verhaltensmustern vertraut sein und ihre Diagnose anhand von Beobachtungen und umfassenden Gesprächen mit dem Kind und dessen Umfeld stellen. Dabei ist zu berücksichtigen, daß viele Verhaltensweisen von Kindern situationsabhängig sind. So wird ein depressives Kind innerhalb seiner Familie andere Verhaltensmuster zeigen als unter Gleichaltrigen, mit denen es einmal entspannt und aufgeweckt spielt, und sich das nächste Mal aggressiv und destruktiv verhält.

In einem bestimmten Alter gehören Aggression, Widerstand und Trotz zur natürlichen Entwicklung eines Kindes, solange sich diese im Rahmen des »Üblichen« bewegen, und müssen daher nicht behandelt werden. Bei einem traumatisierten Kind jedoch können diese Reaktionen Anzeichen von Unsicherheit und Angst sein, die das Kind auf diese Weise zu überwinden versucht. Sie können auf Identifikationsprobleme mit der Umgebung oder aber auch auf eine Hirnfunktionsstörung hinweisen. Um dem Kind entsprechend helfen zu können, ist eine verantwortungsvolle Diagnostik natürlich äußerst wichtig.

Ein fünfjähriger Jungen wurde von seiner Mutter zu uns gebracht, weil er insbesondere ihr gegenüber aggressiv und trotzig war. Die Mutter wollte wissen, ob das Verhalten ihres Sohnes für sein Alter normal oder eine Reaktion auf das Trauma sei, das das Kind erlebt hatte. Vor dem Krieg hatte er mit seinen Eltern, seinen Großeltern und seiner sechs Monate alten Schwester in einer Kleinstadt gelebt. Als der Vater im Krieg getötet wurde, mußte die Mutter Arbeit suchen, und die Familie wechselte den Wohnort. Von da an lebten sie in einer kleinen Wohnung in einem Hochhaus. Da die Großmutter nun nicht mehr auf den Jungen aufpassen konnte, mußte er jeden Tag früh aufstehen und in den Kindergarten gehen. Der Junge wurde aggressiv und zeigte diese Aggressionen besonders seiner Mutter gegenüber.

Es war klar erkennbar, daß der Junge an einem Trauma litt. Sein Leben hatte sich innerhalb weniger Monate völlig verändert: Er hatte seinen Vater, seine Großeltern, sein Zuhause und seine Freunde verloren. Zu Beginn der Therapie zeigte er Widerstand, bis er die Stofftiere entdeckte und anfing, mit ihnen zu spielen. Anfangs spielte er alleine, ohne dabei zu sprechen. Er stellte die Tiere auf – auf der einen Seite standen die gefährlichen, wilden Tiere, auf der anderen die gutmütigen Haustiere. Das Spiel endete jedes Mal gleich: die gutmütigen wurden getötet. Nach einiger Zeit suchte er sich einen Spielkameraden. Auch mit diesem neuen Spielkameraden, einem Stationsarzt, spielte er immer dasselbe Spiel: Der Arzt spielte mit den Haustieren und mußte besiegt werden. Erst als der Arzt dieses Spiel eines Tages ablehnte und sagte, daß er auch einmal gewinnen wolle, antwortete der Junge, daß er nicht tauschen möchte, weil die guten Tiere immer getötet würden. Und er fügte hinzu: »Mein Vater war auch gut und wurde getötet. Ich werde immer gefährlich und böse sein und deswegen nie sterben müssen.« Was wird aus diesem Jungen, welche Werte werden für ihn und sein Leben bestimmend sein, wenn er nicht behandelt wird?

An diesem Beispiel lassen sich sowohl die unmittelbaren als auch die Spätfolgen des Krieges erkennen. Auf die Schockphase, die Trauer und das Unverständnis folgen funktionelle Veränderungen. Die Wertvorstellungen, die Beziehungen zu den Angehörigen, zu Freunden und zur Welt im allgemeinen verändern sich. Das schreckliche Erlebnis, das das Kind nicht verarbeitet hat, die mangelnde Unterstützung, die Einsamkeit und das Unglücklichsein führen zu emotionalen Störungen und Aggressionen sowie zu Trotzverhalten gegenüber gesellschaftlichen Wertvorstellungen.

Das bedeutet, daß aus traumatisierten Kindern Erwachsene werden können, die an emotionalen und anderen psychischen Störungen leiden, und daß Menschen, denen Aggressionen anfänglich als Verteidigungs- und Schutzmechanismen dienen, später diese Aggressionen in ihr Verhalten integrieren. Zahlreiche Untersuchungen bestätigen, daß Kriegstraumatisierungen die emotionale, soziale und geistige Entwicklung von Kindern stark beeinflussen.

Neben der Art und der Intensität des Traumas spielt das Ausmaß an Unterstützung, das das Kind von seiner Familie und seiner Umgebung erfährt, eine wesentliche Rolle. Auch die Familienstruktur und -dynamik sowie das Funktionieren der Familie vor dem erlittenen Trauma sind für das Kind von besonderer prognostischer Bedeutung. Da sich im Krieg die Familienstruktur, die Unterstützung, die das Kind erfährt, und die Gesellschaft insgesamt verändern, ist es klar, daß auch die Folgen dieser Veränderungen für das Kind schwer und langwierig sein werden. Es ist daher besonders wichtig, daß die ganze Familie sowie das soziale Umfeld, insbesondere die Schule, in die Behandlung eingebunden sind.

Wie kann man traumatisierten Kindern helfen?

Bevor mit einer Therapie begonnen wird, muß unbedingt geklärt werden, ob das Verhalten des Kindes eine normale Reaktion auf ungewöhnliche Gegebenheiten und Ereignisse ist oder ob es sich bei den Reaktionen um psychopathologische Symptome handelt, die einer Erkrankung gleichzusetzen sind.

Wenn es sich um normale Reaktionen auf ein extrem belastendes Ereignis – wie das bei einem traumatischen Ereignis der Fall ist – handelt, unterstützen wir das Kind dabei, sein Trauma zu verarbeiten. Wir helfen ihm, den Kontakt mit seiner Umgebung wiederherzustellen, sein Leben – und sein Trauma – zu akzeptieren, wie es ist. Wir helfen ihm, einfach wieder Kind sein zu können. Natürlich sind unsere Methoden individuell verschieden; sie richten sich nach dem jeweiligen Alter, der Art und Intensität der Symptome und den gegenwärtigen Lebensbedingungen des Kindes. Alle am Heilungsprozeß beteiligten Personen müssen sich ihrer großen Verantwortung bewußt sein, denn die Zukunft des Kindes hängt oft gerade von ihrer Hilfe ab. Daher ist es besonders wichtig, daß diese Helfer fundierte psychologische und psychopathologische Kenntnisse sowie eine gute Selbstkenntnis mitbringen und sich ihres eigenen Platzes im therapeutischen Prozeß bewußt sind.

Spielen

Für Kleinkinder und Kinder im Vorschulalter ist die Spieltherapie die beste Form der Therapie. Sie ist am besten dazu geeignet, das Kind dahingehend zu unterstützen, daß es mit seiner Umwelt wieder in Kommunikation tritt. Im Spiel kann das Kind wieder ganz Kind sein und seine Gefühle, insbesondere seine Trauer und Angst, ausdrücken.

Ich möchte noch einmal das weiter oben beschriebene Beispiel aufgreifen, in dem ein fünfjähriger Junge sein Problem und seine damit verbundenen Ängste im Spiel mit Tieren auf nonverbale Weise ausdrückte.

Dank des Spiels war er schließlich in der Lage, seine Bedürfnisse und Gefühle zu artikulieren. In der Folge verbesserte sich auch seine Beziehung zur Mutter. Seine Aggressionen und anderen Verhaltensstörungen ließen nach, da er jetzt wieder mit der Mutter über seine Probleme reden konnte. Die Mutter erzählte uns, daß er nun auch über seinen Vater spreche und seine Gefühle, insbesondere seine Trauer und seine Sehnsucht nach dem Vater, zum Ausdruck brächte. Außerdem erfuhren wir von der Mutter, daß der Junge, als er vom Tod seines Vaters erfahren hatte, von allen Seiten Bemerkungen wie »Du bist schon ein großer Junge«, »Jungen weinen nicht« oder »Deine Schwester weint auch nicht«, »Du mußt ihr helfen, du bist ihr großer Bruder«, »Dein Vater war gut, böse Menschen haben ihn getötet« und ähnliches zu hören bekommen habe. Man verlangte einerseits von ihm, die Rolle eines Erwachsenen zu übernehmen, und hat ihn andererseits nicht einmal über den bevorstehenden Umzug und die damit verbundenen neuen Lebensbedingungen informiert. Durch seine Aggressionen, insbesondere seiner Mutter gegenüber, brachte er seine Ängste und seine verdrängten Gefühle, über die er mit niemandem hatte sprechen können, zum Ausdruck. Das Spiel aber hat gezeigt, wie groß das Bedürfnis des Kindes nach Kommunikation war und nach einer Bezugsperson, der es sich anvertrauen konnte.

Die Spieltherapie richtet sich stets nach dem jeweiligen Kind, seinem Alter und seiner spezifischen Situation. Das heißt, daß der Therapeut bei einem Kind Geduld haben muß, bis das Kind ihn irgendwann in sein Spiel miteinbezieht, während er bei einem anderen Kind eine aktivere Haltung einnehmen und die Initiative ergreifen muß, um dem Kind dabei zu helfen, seine Gefühle auszudrücken und diese im Spiel zu verarbeiten.

Zeichnen

Zeichnen ist eine Therapieform, die bei Kindern häufig angewandt wird. Jüngere Schulkinder können mittels Zeichnens ihre Gedanken und Gefühle leichter ausdrücken, während sich diese Methode bei älteren Kindern gut dazu eignet, den ersten Kontakt zum Therapeuten herzustellen.

Ich möchte an dieser Stelle noch einmal auf das Beispiel jenes Jungen zurückkommen, der wegen seines Augenzwinkerns behandelt werden sollte.

Abbildung 2: Zeichnung von Ivana I., 8 Jahre alt.
Oben links: Wie Ivana die Zeit vor dem Krieg sieht; *unten links:* die Darstellung des Krieges; *oben rechts:* die Darstellung der Gegenwart; *unten rechts:* die Zukunft.

Abbildung 3: Zeichnung »Mein Haus« von Mladen J., 6 Jahre alt, 1992

Nachdem durch das Zeichnen der Kontakt zum Therapeuten hergestellt worden war, begann der Junge langsam, über seine Alpträume zu sprechen. In der Folge konnten wir einen Schritt weitergehen. Durch die Zeichnungen und Erzählungen des Jungen haben wir erfahren, daß er permanent an seinen Vater dachte, aber mit niemandem über ihn reden konnte. Ich habe ihn ermutigt sich auszusprechen, und plötzlich begann er zu zeichnen. Er zeichnete ein Flußufer, an dem mit Steinen befestigte Säcke lagen. Er sagte mir, daß man seinen Vater getötet und in einem zugebundenen Sack in den Fluß geworfen hatte. Von diesem Zeitpunkt an konnte er auch über seinen Vater sprechen und weinen. Durch das Weinen brachte er seine Trauer zum Ausdruck, über die er mit niemandem zuvor hatte reden können. In einem nächsten Schritt sollte der Junge Menschen zeichnen, denen er vertraute und mit denen er sprechen konnte. Nach genauer Analyse jeder Zeichnung ermutigten wir ihn, entsprechende Initiativen zu setzen, auf diese Menschen tatsächlich zuzugehen. Auch die Mutter war nun in der Lage, mit dem Jungen über ihre Ängste um den Vater zu reden. Dies trug wesentlich zu einer Verbesserung ihrer Beziehung bei, und sie kamen einander wieder näher. Während der letzten Sitzung schrieb der Junge einen Brief an seinen Vater. Er teilte ihm seine Gefühle mit und erzählte ihm von seinen Zukunftsplänen. Für uns war dies der Anlaß, die Therapie zu beenden, da wir der Meinung waren, daß er von nun an auch ohne unsere Hilfe zurechtkommen würde.

Auch die Zeichentherapie gestaltet sich natürlich von Fall zu Fall unterschiedlich. Häufig durchleben wir mit dem Kind mittels dieser Therapieform verschiedene Phasen der Trauer und helfen ihm dadurch; seine Probleme zu verarbeiten. Unser vorrangigstes Ziel ist es, dem Kind durch das Zeichnen zu ermöglichen, seine Gefühle zu artikulieren. Indem das Kind über seine Zeichnung spricht, spricht es gleichzeitig über sich selbst und seine Gefühle. Wichtig ist dabei, Schritt für Schritt vorzugehen und das Tempo der Therapie den Bedürfnissen des Kindes anzupassen.

Geschichtenerzählen

Die dritte Therapieform, die bei Kindern im Vorschulalter und bei Grundschulkindern häufig angewandt wird, ist das Erzählen von Geschichten. Diese Methode wird dann eingesetzt, wenn das Kind nicht in der Lage ist, seine Gefühle auf andere Art und Weise zum Ausdruck zu bringen, oder wenn es ihm leichter fällt, eine andere Person seine Geschichte erzählen zu lassen.

So gab es zum Beispiel einen Jungen, der jede Nacht weinend aufwachte. Er wollte sich nicht von seiner Mutter trennen, da er Angst hatte, verlassen zu werden. Der Vater kämpfte an der Front, und der Junge hatte nur seine Mutter, mit der er von zu Hause geflohen war. Es war mir unmöglich, den wahren Grund für seine Angst herauszufinden. Ich konnte ihn nicht dazu bewegen zu spielen, und er sah ununterbrochen zur Tür, hinter der seine Mutter wartete. Er schien Angst zu haben, daß sie ihn verlassen würde. Wenn seine Mutter bei ihm war, hielt er sie krampfhaft fest und verbarg seinen Kopf in ihrem Schoß. Gezeichnet hat er nur, um mich zufriedenzustellen; er kritzelte nur ein bißchen herum. Daraufhin beschloß ich, ihm eine Geschichte zu erzählen, in der die Hauptperson ein Junge wie er war, der einen Traum hatte. Ich bat ihn, die Geschichte weiterzuerzählen. Auf diese Weise ergänzten wir Teil für Teil verschiedene Geschichten, deren Hauptfigur eigentlich er selbst war, und als wir schließlich bei seinem Problem angekommen waren, konnten wir auch darüber sprechen. Zu diesem Zeitpunkt bezogen wir dann die Mutter in unsere Gespräche mit ein, da sie in den Geschichten offenbar die Hauptrolle spielte. Wir versuchten, den Jungen zu ermutigen, seine Gefühle und insbesondere seine Ängste durch die Geschichten auszudrücken. Darüber hinaus bemühten wir uns, die Kommunikation zwischen dem Jungen und seiner Mutter zu verbessern und ihm dadurch zu ermöglichen, ein Gefühl der Geborgenheit zu entwikkeln. Ganz wichtig in diesem Prozeß war zudem, dem Jungen bezüglich verschiedener Ereignisse in seiner Familie Klarheit zu verschaffen.

Kinder zeigen auf unterschiedliche Traumata unterschiedliche psychopathologische Reaktionen. Die therapeutische Behandlung muß sich daher stets nach der jeweiligen Symptomatik des Kindes richten. Dies gilt insbesondere für Angstzustände, depressive Verstimmungen, psychosomatische Reaktionen, Verhaltensstörungen und verschiedene psychotische Reaktionen. Erst nach einem genau durchgeführten diagnostischen Verfahren, bei dem das Kind gezielt befragt und beobachtet wird, der Therapeut seinen festen Platz hat und Zeichnen, Spielen, Geschichtenerzählen und andere Methoden einen wichtigen Platz einnehmen, entscheiden wir uns für die je nach Alter und Störung bestmögliche Therapieform. Wenn ein Kind beispielsweise psychosomatische Reaktionen zeigt, arbeiten wir mit ihm in Individualtherapie und wenden zudem Entspannungsmethoden an; wir versuchen auf diese Weise, dem Kind dabei zu helfen, neue Wege zu finden, seine Gefühle und Probleme zum Ausdruck zu bringen. Parallel dazu arbeiten wir mit der Familie des Kindes, die ein wichtiger Bestandteil der Therapie ist. Wir klären die Eltern über die Probleme des Kindes auf, sprechen mit ihnen darüber, welche Rolle sie bei der Entstehung dieser Probleme gespielt haben und wie sie ihrem Kind helfen können. In anderen Fällen beziehen wir die ganze Familie in die Therapie mit ein.

Bei Angstzuständen und depressiven Verstimmungen arbeiten wir auch mit Gruppentherapie, in der wir Kinder mit einer ähnlichen Symptomatik behandeln. In dieser Gruppentherapie versuchen wir, Schritte zur Problemerkennung und -lösung zu setzen. Das Kind erkennt in der Gruppe, daß es mit seinem Problem nicht allein ist und andere Kinder ganz ähnliche Probleme haben. Indem das Kind die Probleme der anderen Kinder zu lösen versucht, löst es gleichzeitig seine eigenen und hilft sich somit selbst. In manchen Fällen, insbesondere bei Jugendlichen, behandeln wir bei dieser Symptomatik auch medikamentös (angstlösende Mittel und Antidepressiva).

Bei psychotischen Zuständen, die durch eine Kriegstraumatisierung ausgelöst wurden, setzen wir neben Verhaltens-, Gruppen- und Individualtherapie auch Psychopharmaka ein. Die Anzahl der Kinder mit einer psychotischen Symptomatik ist unserer Erfahrung nach erheblich. Zumeist handelt es sich dabei um Kinder, die bereits aufgrund ihrer Anlagen gefährdet sind, an Psychosen zu erkranken, oder deren prämorbide Verfassung bereits vor dem erlittenen Trauma auf eine mögliche psychotische Erkrankung schließen ließ. Bei der Behandlung berücksichtigen wir den gegenwärtigen psychotischen Zustand des Kindes sowie die Traumata, die es erlebt hat. Wir versuchen, gemeinsam mit dem Kind das Trauma zu verarbeiten und dadurch die Symptome abzubauen.

Eine Gruppe, die besonderer Beachtung bedarf, ist die jener Kinder, die einen Selbstmordversuch unternommen haben. Aus diagnostischer Sicht ist diese Gruppe äußerst heterogen, weshalb auch die angewandten Therapieformen stark variieren und vom jeweils zugrundeliegenden Problem abhängig sind. Bei diesen Kindern kommt dem diagnostischen Verfahren eine besondere Bedeutung zu, denn die Diagnose entscheidet, ob wir dem Kind mit einer Therapie helfen können, das Trauma zu akzeptieren und zu verarbeiten, oder ob wir das Kind medikamentös behandeln oder es sogar aus seiner gewohnten Umgebung herausnehmen und vorübergehend stationär aufnehmen müssen.

Im Rahmen dieses Beitrags konnte nur ein grober Überblick über die verschiedenen Möglichkeiten der Behandlung kriegstraumatisierter Kinder gegeben werden. Die tatsächliche Arbeit mit den Kindern ist natürlich weitaus komplexer, als sie hier beschrieben werden konnte.

Ausblick

Wir wissen, welche unmittelbaren Auswirkungen Kriege auf Kinder haben. Wie aber sehen die Spätfolgen aus? Was eines Tages aus den Kindern von heute wird, können wir nur vermuten. Systematische Untersuchungen zu diesem Thema gibt es nicht. Was bislang vorliegt, sind Untersuchungen über die Auswirkungen des Holocaust, die retrospektiv durchgeführt worden sind. Diese Ergebnisse liefern Anlaß genug, so rasch wie möglich eine systematische Begleitung und Hilfe für unsere Kinder und Jugendlichen zu fordern.

Wir wissen, mit welch großen Problemen viele Erwachsene, die als Kind mißbraucht oder mißhandelt worden sind, heute zu kämpfen haben. Wir haben eine leise Ahnung davon, wie schwierig die sexuelle Identitätsfindung für sexuell mißbrauchte Kinder sein kann und auch für Kinder, die Zeugen sexueller Gewalt wurden. Wir wissen aber nicht, wie sich Kinder, die Zeugen von systematischer Zerstörungswut, Folter und Mord wurden, die von ihren ehemaligen Freunden, Bekannten, ja sogar Verwandten unterdrückt und verletzt worden sind, eines Tages verhalten werden. Diese Kinder haben dringend Hilfe nötig – nicht nur professionelle Hilfe, sondern auch und vor allem menschliche Hilfe, damit sie langsam wieder Vertrauen in die Menschen entwickeln können und in ihnen wieder der Wunsch entsteht, in einer Gemeinschaft zu leben und ganz einfach wieder Kind zu sein.

Literatur

Baker, A. B. (1990): The psychological impact of the Intifada on Palestinian children in the occupied West Bank and Gaza: An exploratory study. Am. J. Orthopsychiatry, 60:490–505.

Chiliemnty, G., Nasr, J. A., Khalifeh, I. (1989): Children's reactions to war-related stress: Affective symptoms and behaviour problems. Soc. Psychol. Psychiatry, Epidemiol. 24:262–287.

Cheung, D. (1994): Post-traumatic stress disorder among Cambodian refugees in New Zealand. Int. J. Soc. Psychiatry, 40/1: 17–26.

Epstein, H. (1979): Children of the Holocaust. New York.

Friedman, A. (1991): Biological approaches to the diagnosis and treatment of post-traumatic stress disorder. J. traumatic Stress, 4:67–91.

Garmezy, N., Rutter, M. (1995): Acute reactions to stress. In: Rutter, M., Hersoy, L. (Hg.): Child and Adolescent Psychiatry: Modern Approaches. 2nd ed., Oxford. 152–176.

GARBARION, J., KOSTELNY, K., DUBROW, N. (1991): No place to be a child. Toronto.

HILLENBRAND, E. D. (1976): Father absence in military families. Family coordinator, 25:451–458.

JENSEN, P.S., SHAW, J. (1993): Children as victims of war: Current knowledge and future research needs. J. Am. Acad. Child Adolesc. Psychiatry, 32:4:697–708.

KOCIJAN-HERCIGONJA, D. (1993): Psychopathology of displaced children. In: AJDUKOVIĆ, D. (Hg.): Psychological dimensions of exile. Zagreb.

KOCIJAN-HERCIGONJA, D., REMETA, D., GRBA, S. et al. (1994): Comparative analysis of emotional reactions in refugee and nonrefugee children in war. Ped. Croat. 38:15–18.

KOCIJAN-HERCIGONJA, D., SKRINJARIC, J. (1995): Multidisciplinar psychosocial support to a woman and her family. In: ARCEL et al. (Hg.): Psychosocial help to victims of the war. IRCT, Kopenhagen-Zagreb.

KUTEROVAC, G., DYREGROV, A., STUVLAND, R. (1994): Children in war: Silent majority under stress. J. Med. Psychol. 67:363–375.

LYONS, H. A. (1979): Civil violence – the psychological aspects. J. Psychosom. Res., 23:373–393.

MCFARLANE, A. C. (1987): Post-traumatic phenomena in a longitudinal study of children following a natural disaster. J. Am. Acad. Child Adolesc. Psychiatry, 26:764–769.

MILIGRAM, N. A. (1982): War-related stress in Israeli children and youth. In: GOLDBERGER, L., BREZNITS, S. (Hg.): Handbook of stress: Theoretical and clinical aspects. New York. 656–676.

PYNOOS, R., FREDERIC, C., NADER, K. et al. (1987): Life threat at post-traumatic stress in school-age children. Arch. Gen. psychiatr., 44:1057–1063.

ROSENBLATT, R. (1983): Children of war. Garden City, New York.

SHAW, J., HARRIS, J. (1989): A prevention intervention program for children of war in Mozambique. Presented to the annual meeting of the American Academy of Child and Adolescent Psychiatry, October, New York.

ZIVCIĆ, I. (1993): Displaced children's reactions to war stress. In: AJDUKOVIĆ, D. (Hg.): Psychological dimensions of exile. Zagreb.

Die Arbeit von SOS-Kinderdorf in Kriegsgebieten

SOS-Kinderdorf wurde 1949 von Hermann Gmeiner als eine Antwort auf die Folgen des Zweiten Weltkriegs gegründet. Die ersten aufgenommenen Kinder waren Kriegswaisen, die bei Kriegswitwen – den ersten SOS-Kinderdorf-Müttern – ein neues Zuhause fanden. Mittlerweile, 48 Jahre nach ihrem Entstehen, arbeitet die Organisation in 125 Ländern. Viele dieser Länder sind bewaffneten Konflikten ausgesetzt, sind von Krieg betroffen (z. B. Bosnien-Herzegowina, Kroatien, Libanon, Liberia, Ruanda, Sierra Leone, Somalia, Vietnam). In diesen Regionen ist es für SOS-Kinderdorf eine besondere Aufgabe, Unterstützung für die leidgeprüften, kriegstraumatisierten Kinder anzubieten. Diese Hilfen kommen in der Regel nicht nur den in den SOS-Kinderdorf-Einrichtungen betreuten Kindern und Jugendlichen, sondern auch anderen notleidenden Menschen des Landes zugute.

Anhand von drei Ländern – Ruanda, Bosnien-Herzegowina und dem Libanon – soll dargestellt werden, wie SOS-Kinderdorf auf die Auswirkungen kriegerischer Auseinandersetzungen reagiert hat und welche Maßnahmen insbesondere für die betroffenen Kinder und Jugendlichen ergriffen wurden.

Elisabeth Ullmann

Verlorene Kinderträume

Kriegstraumatisierte Kinder in Ruanda

Dieser Bericht basiert auf einem dreiwöchigen Aufenthalt in Ruanda im April 1996. Im Auftrag der Hermann-Gmeiner-Akademie sollte ich dort als eine Art »SOS-interne Fachjournalistin« recherchieren, welche Narben der Krieg in den Kindern, den »Übriggebliebenen« des Völkermordes, hinterlassen hat, und welche Schicksale sich hinter dem anonymen Begriff »Traumatisierung« verbergen. Aber auch, welche Möglichkeiten es für die Organisation SOS-Kinderdorf gibt, den betroffenen Kindern zu helfen, ihre Erlebnisse aufzuarbeiten, das Unaussprechliche in Worte zu fassen oder auf eine andere Weise auszudrücken.

Der letzte Krieg in Ruanda zwischen den beiden Volksgruppen Hutu und Tutsi wütete von April bis September 1994. Über eine Million Menschen wurde in dieser kurzen Zeit entweder auf bestialische Weise ermordet oder verlor aufgrund von Hunger und Seuchen ihr Leben. Zwei weitere Millionen Menschen flüchteten in die angrenzenden Länder Burundi, Zaire, Uganda und Tansania, wobei diese Zahlen auf groben Schätzungen beruhen. Mit Schaudern erinnere ich mich an die Bilder, die uns damals via Fernsehen ins Wohnzimmer geliefert wurden; und dennoch, erst jetzt, durch meinen Aufenthalt in Ruanda und meine persönlichen Kontakte mit unseren Mitarbeiterinnen und Mitarbeitern, haben diese Bilder eine Bedeutung für mich.

Rein äußerlich ist nicht mehr viel zu sehen von diesem Krieg. Ein paar Einschußlöcher an den Bushaltestellen und einige noch nicht reparierte Granateinschläge im Hotel Meridian waren für mich die einzig sichtbaren Anzeichen. Von den wahren Wunden erfährt man als Außenstehender erst in Gesprächen mit den Menschen dort sowie aus den »Kinderakten«, die die Vorgeschichten der uns anvertrauten Kinder widerspiegeln. Unbegreiflich bleibt für mich die Tatsache, wie gut und scheinbar selbstverständlich unsere Mitarbeiterinnen und Mitarbeiter – bei all dem, was sie selbst in diesem Krieg miterlebt haben – ihre Aufgaben wahrnehmen. Von zwei Kollegen weiß ich beispielsweise, daß sie ihre gesamte Familie verloren haben. Es ist niemand übriggeblieben.

Eine SOS-Kinderdorf-Mutter, Mitarbeiterin des Nothilfeprogrammes in Kigali, mußte mitansehen, wie ihr Mann und fünf ihrer sechs Kinder umgebracht wurden. Nach dem Krieg entschloß sie sich, ihren Beruf als Lehrerin nicht mehr aufzunehmen, sondern sich statt dessen eine neue Familie, eine SOS-Kinderdorf-Familie, aufzubauen. Das einzig überlebende Kind, ihr Sohn, ist bereits 20 Jahre alt und besucht sie regelmäßig im Dorf.

SOS-Kinderdorf hat auf die Tragödie des Genozids von 1994 mit verschiedenen Sofortmaßnahmen reagiert: In den zwei bereits vor dem Krieg bestehenden SOS-Kinderdörfern Gikongoro und Kigali wurden Notunterkünfte, in Ngarama ein provisorisches Dorf für Kriegswaisenkinder geschaffen. Familien in der Nachbarschaft wurden materiell wie medizinisch unterstützt. Die neu aufgenommenen Kinder – zu 80 % unter fünf Jahren – wurden zunächst medizinisch versorgt und physisch wieder aufgebaut; die meisten von ihnen litten bei der Aufnahme an starker Mangel- und Unterernährung. Doch selbst für einige der in ein SOS-Kinderdorf aufgenommenen Kinder kam jede Hilfe zu spät: In Gikongoro starben sieben Kinder an den Folgen ihrer Unterernährung.

Nothilfe in Ngarama

Noch vor Ende des Krieges, im August 1994, hatten SOS-Kinderdorf-Mitarbeiter aus Kenia und Uganda, die einen besseren und sichereren Zugang zu der im Nordosten des Landes liegenden Region hatten, begonnen, dieses Nothilfeprojekt aufzubauen. Ngarama nahm vor allem ältere Kinder auf, während die Kleinkinder in Kigali und Gikongoro untergebracht wurden. Die Kinder kamen zum überwiegenden Teil aus den vielen Flüchtlingslagern, in denen sie – durch die Wirren des Krieges von ihren Familien getrennt – aufgefangen worden waren. Ursprünglich waren in Ngarama 291 Kinder aufgenommen worden, zum Zeitpunkt meines Besuches waren es noch 137. Die anderen konnten mit ihren Familien wiedervereinigt werden. Von einigen Kindern ist jedoch bis heute weder Name noch Herkunft bekannt.

Wie in allen anderen SOS-Kinderdörfern auch lebt im Nothilfedorf Ngarama jedes Kind in einer SOS-Kinderdorf-Familie mit einer SOS-Kinderdorf-Mutter und Geschwistern. Sofern das Kind leibliche Geschwister hat, bleiben diese auch in der Kinderdorffamilie zusammen. Die Kinderdorfmutter wird bei der Erfüllung ihrer Aufgabe von anderen Mitarbeiterinnen und Mitarbeitern (pädagogische Fachkräfte und Haushaltspersonal) unterstützt.

Auch der für jedes SOS-Kinderdorf vorgesehene Kindergarten wurde geschaffen: drei Klassen mit einer jetzt angemessenen Kinderanzahl und drei ausgebildeten Kindergärtnerinnen. Wie alle SOS-Kindergärten ist auch dieser für Kinder aus der Umgebung zugänglich.

Die Familienhäuser in Ngarama sind Provisorien: Die ursprünglichen Zelte wurden zwar durch kleine, gemauerte Häuser ersetzt, doch ist an diesem Standort kein richtiges SOS-Kinderdorf geplant. Während meines Aufenthalts in Ruanda hat die Grundsteinlegung für das dritte SOS-Kinderdorf des Landes in Byumba stattgefunden; bis zu seiner Fertigstellung wird Ngarama eine überbrückende Lösung sein.

Nothilfe in Kigali und Gikongoro

Auch in den zwei bestehenden SOS-Kinderdörfern Kigali (bereits seit 1979) und Gikongoro (Eröffnung 1992) hat man mit Nothilfeprogrammen für die unzähligen vertriebenen, elternlosen Kinder reagiert. Es wurden insgesamt über 350 Kinder zusätzlich aufgenommen, vorwiegend Kriegswaisen. An die 85 % von ihnen waren zuvor in einem Flüchtlingslager untergebracht. In die Kinderdörfer kamen sie durch SOS-Mitarbeiter, die Kinder in besonders schlechtem Zustand (unterernährt, verletzt) aus den Waisenhäusern und Flüchtlingslagern herausnahmen, sowie durch die Zusammenarbeit mit anderen Non-Profit-Organisationen wie Médecins Sans Frontières oder UNICEF. Zum Zeitpunkt der Aufnahme befanden sich viele der Kinder in einem furchtbaren physischen wie psychischen Zustand; unterernährt, abgemagert, krank. Wie in Ngarama fehlte häufig jegliche Information bezüglich ihrer Herkunft oder Familie. Um die Unterbringung dieser Kinder zu ermöglichen, wurden in beiden SOS-Kinderdörfern bestehende Räumlichkeiten für mehrere Familien adaptiert, wie die Hermann-Gmeiner-Schule oder der Hühnerstall.

Zur Unterstützung der SOS-Kinderdorf-Mütter und Familienhelferinnen in dieser überaus schwierigen Situation wurden eine Ernährungsexpertin, drei Sozialarbeiterinnen, zwei Psychologen, ein Arzt und einige Krankenschwestern angestellt. Die Ernährungsexpertin beispielsweise kümmert sich um die richtige Ernährung der unter- wie mangelernährten Kinder sowie um die Schulung der Kinderdorfmütter und Familienhelferinnen in Ernährungsfragen.

Um auch für bedürftige Menschen der Nachbarschaft medizinische Versorgung anbieten zu können, wurde die kleine Krankenstation des SOS-Kinderdorfs Kigali räumlich wie personell vergrößert. Auf diese Weise konnten durchschnittlich 120 Personen pro Tag behandelt werden. Da ein Großteil der Krankenhäuser und Spitäler des Landes während des Krieges zerstört wurde und der Bedarf an medizinischer Versorgung nach wie vor sehr groß ist, soll eine kleine Klinik gebaut werden, die für 60.000 Menschen pro Jahr medizinische Versorgung anbietet. Zusätzlich wurden fast 350 Familien der Nachbarschaft (vor allem Witwen und alte Menschen) materiell unterstützt, mit Nahrungsmitteln, Decken und anderem.

Rückführung in die Familie

Eine der wichtigsten Aufgaben der Sozialarbeiterinnen von SOS-Kinderdorf ist die Identifizierung der Kinder, das heißt das Eruieren ihres Namens, ihrer Herkunft und Familie. Ist dies erst einmal gelungen, beginnt die Suche nach den Eltern oder anderen nahen Verwandten wie Geschwistern, Großeltern, Tanten oder Onkel. Ist die Suche erfolgreich verlaufen, besuchen die Sozialarbeiterinnen die Familie des Kindes und machen sich ein Bild von ihrer Situation. Es kommt vor, daß Familien das SOS-Kinderdorf bitten, weiterhin für das Kind zu sorgen, da sie selbst dazu nicht in der Lage sind. Auch seitens des SOS-Kinderdorfs wird gelegentlich eine Rückführung zumindest aufgeschoben, wenn die Lebensumstände der Verwandten zu schlecht erscheinen. In der Regel kommt es jedoch zu einer Rückführung, wenn die Familie ausfindig gemacht werden konnte. Bei der Übernahme erhalten die Angehörigen des Kindes materielle Unterstützung in Form von Grundnahrungsmitteln und Haushaltsgegenständen. Nach einer gewissen Zeit besuchen die Sozialarbeiterinnen die Familie erneut, um nach dem Befinden des Kindes zu sehen. Um die Aufgabe der Wiedervereinigung möglichst effizient zu gestalten, besteht eine enge Zusammenarbeit zwischen SOS-Kinderdorf, dem zuständigen Ministerium und anderen nicht-staatlichen Organisationen (NGOs).

Man hatte eigentlich gehofft, nach einigen Monaten den Großteil der unmittelbar nach Kriegsende aufgenommenen Kinder mit ihren Angehörigen wiedervereinigen zu können, doch die Identifizierung der Kinder, besonders der Kleinkinder, sowie die Suche nach überlebenden Familienmitgliedern gestalteten sich schwieriger als erwartet. So leben im SOS-Kinderdorf Kigali von den ursprünglich 15 Nothilfe-Familien mit 119 Kindern derzeit noch 12 Familien mit 97 Kindern. In Gikongoro wurden bislang insgesamt 156 Kinder in ihre Familien rückgeführt, weitere sechs Kinder werden in naher Zukunft folgen.

Ich hatte die Möglichkeit, bei Familienrückführungen dabei zu sein. Hier ein Auszug aus meinem Tagebuch über die Rückführung von Alfonse und Alfonsine, einem Geschwisterpaar (7 und 9 Jahre alt):

»Vor etwa einer Woche tauchte ihre Mutter im Kinderdorf Kigali auf und fragte nach ihnen. Das Wiedersehen war herzzerreißend. Während des Krieges war die Frau mit den Kindern geflohen, der Mann war beim Haus geblieben. Bei einem Angriff verloren sie sich – das heißt zwei ihrer vier Kinder hatte sie bei sich, Alfonse und Alfonsine gingen in den Wirren der Situation verloren. Die beiden schlossen sich anderen Flüchtlingen an, landeten irgendwie in Butare, wo man sie in ein Waisenhaus brachte. Von dort kamen sie ins SOS-Kinderdorf. Save the Children und UNICEF gehen mit Namenslisten und Fotos nicht identifizierter Kinder von ›Prefecture‹ zu ›Prefecture‹, um die Eltern oder andere Verwandte dieser Kinder aufzustöbern. Bei Alfonse und Alfonsine hatten sie Glück: Die Mutter fand ihre Namen auf einer der Listen. Als wir die Kinder nach Hause brachten, waren sowohl die beiden Kinder als auch deren Eltern sichtlich glücklich. Auch der Großvater war dabei und herzte die Enkel. Da saßen wir dann alle gemeinsam vor der Lehmhütte dieser Familie, die Männer auf Holzklappstühlen, wir Frauen auf einer Bastmatte, und ich dachte bei mir, die ganze Szene wäre ein Traum. Eine Bauernfamilie mit einer Ziege vor der Hütte, Bananenplantagen rund ums Haus, keine Betten, kein Strom, kein Wasseranschluß. 80 % der Bevölkerung Ruandas leben so, sagte der Arzt der SOS-Krankenstation. Die Mutter und der Vater von Alfonse und Alfonsine machten einen liebevollen Eindruck auf mich; die zwei Kinder sind sicher sehr gut bei ihnen aufgehoben, auch wenn sie in ihrer sauberen Kleidung, ihren hübschen Schuhen und frisch gewaschen, wie sie waren, nicht gerade gut ins Bild paßten. Ich dachte bei mir, in einer Woche würden sie es sicher tun. Die Mère Conseillère (die Beraterin der SOS-Kinderdorf-Mütter) wird nach geraumer Zeit wieder nach den beiden sehen.«

Nicht immer jedoch verläuft eine Wiedervereinigung so voll Freude und Herzlichkeit. Ein etwa fünfjähriger Junge, den wir zu seinem leiblichen Vater und dessen zweiter Frau zurückbrachten, reagierte mit eher negativen Gefühlen. Er war offensichtlich verunsichert und ängstlich, und ich war mir aufgrund seines Verhaltens nicht sicher, ob er den Vater überhaupt erkannte. Ich hoffe, daß sich der Junge inzwischen an seine wieder neuen Lebensbedingungen gewöhnen konnte und nun im Kreise seiner (Rest-)Familie über seine schrecklichen Erfahrungen hinwegkommen wird. Wie auch bei Alfonse und Alfonsine werden in absehbarer Zeit Mitarbeiter von SOS-Kinderdorf bei dieser Familie nach dem Befinden des Kindes sehen.

Möglichkeiten der Therapie

Bei einem Großteil der Kinder hat der Krieg nicht nur physische, sondern vor allem auch psychische Narben hinterlassen. Die Einrichtungen jedoch, die therapeutische Hilfe anbieten, sind rar: Im ganzen Land gibt es nur ein psychiatrisches Krankenhaus, in dem derzeit zwei ruandesische Psychiater tätig sind; sie werden in regelmäßigen Intervallen von zwei Psychiatern aus der Schweiz in ihrer Arbeit unterstützt. Das psychologisch-therapeutische Angebot sieht nicht viel besser aus: Es gibt nur eine staatliche Spezialeinrichtung, das »Centre de Traumatisme« in Kigali, in dem sich einige wenige Experten um die unzähligen kriegstraumatisierten Menschen bemühen.

Aus diesem Grund engagierte SOS-Kinderdorf Ende 1994 eine Psychologin der Universität Burundi als Beraterin, die eine erste Studie über den psychischen und emotionalen Zustand der Kinder im Kinderdorf Kigali durchführte. Als Ergebnis ihrer Studie empfahl diese Professorin, ein weiterführendes sozialpädagogisch-therapeutisches Projekt für jene Kinder einzurichten, die durch den Krieg traumatisiert worden waren. Im Anschluß an diese Studie kamen zwei junge Klinische Psychologen aus Burundi für ein einmonatiges Praktikum ins SOS-Kinderdorf Kigali; aus diesem Monat ist mittlerweile mehr als ein Jahr geworden.

Der erste Schritt in ihrer Aufgabe, der Durchführung des »Detraumatisierungsprogramms«, wie sie es nennen, war die Identifikation der klinisch auffälligen Kinder. Durch teilnehmende Beobachtung in den SOS-Familien, einen zur diagnostischen Abklärung von Kriegstraumata entwickelten Fragebogen, durch Gespräche mit den SOS-Kinderdorf-Müttern, den Familienhelferinnen und den Kindergärtnerinnen, sowie durch zahlreiche Spiele und Gespräche mit den Kindern konnten die am schwersten traumatisierten Kinder identifiziert werden. Allein im SOS-Kinderdorf Gikongoro waren das 52 Kinder.

An dieser Stelle möchte ich einen »Fall« aus dem Bericht der beiden Psychologen Zacharie Nzegimana und Dismas Nyamwana auszugsweise wiedergeben. Es handelt sich um die Anamnese des damals vierjährigen Eric:

»Das Kind wurde nach Ausbruch des Krieges in Ruanda am 20. August 1994 von seiner Tante ins SOS-Kinderdorf Kigali gebracht. Sie wollte oder konnte nicht mehr für Eric sorgen und hat ihn auch in der Folge kaum mehr im Kinderdorf besucht. Dem Jungen geht es bei seiner Aufnahme sehr schlecht, sein Zustand ist erbärmlich. Er leidet an Mangelerscheinungen und einer psychomotorischen Regression, das heißt, er scheint nicht mehr zu wachsen.

Eric stammt aus der Region Gitarama (Mukingi). Während des Krieges lebte er mit seinen Eltern, Geschwistern und anderen Verwandten im großen Haus seines Großvaters, wo sie von Rebellen mit Buschmessern angegriffen wurden. Außer zwei älteren Brüdern, einer Kusine und Eric selbst – alle zwischen 4 und 10 Jahre alt – überlebte niemand das Gemetzel. Die verängstigten Kinder entschlossen sich daraufhin zu fliehen. Sie irrten tage- und nächtelang von einem Dorf zum nächsten. Einmal suchten sie Zuflucht im Gebüsch, ein anderes Mal in zerstörten Häusern, bis sie schließlich zu einem Onkel gelangten, der sie nach Kigali brachte. Während ihrer Flucht lernten die Kinder den Krieg in vollem Ausmaß kennen. Das lange, ziellose Herumirren erschöpfte die Kinder, sie hatten Hunger, hatten oft tagelang nichts zu essen. Sie wurden Zeugen von Aggressionen und Massakern, sahen überall auf den Straßen Leichen liegen und erlebten heftige Explosionen von Granaten und anderen schweren Waffen.

All das sind traumatisierende Ereignisse, die das psychische Gleichgewicht dieser Kinder stark gefährdet haben. In Friedens- wie in Kriegszeiten können verschiedenste Katastrophen bei Erwachsenen, aber insbesondere auch bei Kleinkindern kurz- oder langfristige psychische Krisen und Störungen hervorrufen. Das Erleben von kriegerischen Auseinandersetzungen, die überstürzte Flucht, die Konfrontation mit der Aggression und dem drohenden Tod, die auseinandergerissene Familie, die Ungewißheit über das Schicksal von Familienangehörigen und die Unsicherheit darüber, ob es Hilfe geben wird – all das kann zu einer Störung der psychischen Funktionen des Kindes führen. Die Reaktionen auf das Erlebte können verschiedener Art sein: organisch, seelisch und sozial.

Welche Reaktionen beobachteten wir bei Eric?

- Auditive und visuelle Erinnerungen an die Schüsse, die Angstschreie und das Leiden seiner Familienangehörigen, an den Anblick verstümmelter Leichen und seiner Todesängste ausstehenden Familienmitglieder kommen immer wieder in ihm hoch, – wenn er allein ist, aber auch wenn er mit anderen zusammen ist.
- In seinen Träumen wird er von verschiedenen Personen verfolgt (von den Eltern, Priestern, Gespenstern).
- Sein Verhalten ist von einer Isolierungstendenz, von geistiger Abwesenheit, einem leeren Blick, Traurigkeit und Appetitlosigkeit geprägt.
- Er hat krankhafte Angst vor Dunkelheit und Menschenmengen.
- Er verspürt den Zwang zu beten und singt oft alleine »Tubabarire nyagasanyi« (Vergib uns, Herr).
- Er leidet an Enuresis und Enkopresis (Bettnässen und Einkoten).
- Eric legt ein Defizit an Zuneigung an den Tag: Er vertraut seine Erlebnisse weder jemandem im Haus an, noch jemandem, der ihm diesbezüglich Fragen stellt. Seinen Erziehern will er nur dann seine Zuneigung schenken, wenn diese die Initiative ergreifen.«

Soweit der kurze Auszug aus den Aufzeichnungen der Psychologen.

Nach der Beschreibung des IST-Zustands geht es den beiden Psychologen zum einen um die regelmäßige therapeutische Arbeit mit den betroffenen Kindern und zum anderen um die Koordinierung und Optimierung aller im Netzwerk des SOS-Kinderdorfs vorhandenen Ressourcen. Konkret heißt das, daß die Psychologen eng mit den SOS-Kinderdorf-Müttern, den Familienhelferinnen und den Sozialarbeiterinnen zusammenarbeiten, und daß der Dorfleiter, die Mère Conseillère, die Lehrerinnen und Lehrer der Kinder sowie die Kindergärtnerinnen in das Programm eingebunden sind.

Zu den Aufgaben des Kindergartens im Rahmen des Detraumatisierungsprogramms gehören

- Die Kindergärtnerinnen beobachten die Kinder tagtäglich und legen schriftliche Fallstudien an.
- Nachmittags tauschen sie sich untereinander über ihre Beobachtungen aus.
- Einmal pro Woche gibt es ein Treffen mit den Psychologen, um die Entwicklung einzelner Kinder zu besprechen.

Die Sozialarbeiterinnen besuchen die SOS-Kinderdorf-Familien regelmäßig. Sie sprechen mit den Kinderdorfmüttern und Familienhelferinnen über die Entwicklung der Kinder, über etwaige Auffälligkeiten und über ihre Schwierigkeiten mit ihnen. Zudem führen sie Einzelgespräche mit den Kindern durch. Die Sozialarbeiterinnen werden in ihrer Arbeit von den beiden Psychologen unterstützt, die in regelmäßigen Intervallen für beratende Gespräche zur Verfügung stehen.

Ein wesentlicher Aspekt der SOS-Nothilfeprogramme in Ruanda sind die Schulungsangebote. Die beiden Psychologen vermitteln – auch in Zusammenarbeit mit externen Experten – den SOS-Kinderdorf-Müttern, Familienhelferinnen und anderen Mitarbeitern ein Grundverständnis für auffällige Reaktionen von Kindern nach einem traumatischen Erlebnis. Auch praktische Hinweise werden gegeben, worauf im alltäglichen Umgang mit den Kindern zu achten ist.

Die therapeutische Arbeit mit den Kindern wird vorzugsweise in Kleingruppen durchgeführt: In Gruppen zu fünf bis sechs Kindern wird zweimal pro Woche versucht, die Kinder durch Tanzen, Singen oder Spielen zum Ausdruck ihrer Gefühle zu animieren, sie darin zu unterstützen, über die schrecklichen Ereignisse, die sie erleben mußten, zu sprechen, oder sie in einer anderen Form mitzuteilen.

Die beste Therapie für diese Kinder ist Beziehung. Die Wiedervereinigung mit ihrer Herkunftsfamilie, falls diese noch existiert, ist für die meisten Kinder die beste Voraussetzung für ihre Heilung. Falls eine Rückführung nicht möglich ist, liegt die zweitbeste Lösung in einer guten, verläßlichen Beziehung des Kindes zu einer neuen Bezugsperson – in diesem Fall seiner SOS-Kinderdorf-Mutter.

Abschließende Bemerkung

Von diesen kurzen drei Wochen in Ruanda habe ich nur eine leise Ahnung vom Leid dieser Menschen mitgenommen nach Europa. Die Erzählungen über die Massaker, die Verfolgung, die Augen der Kinder, die Unaussprechliches gesehen und miterlebt haben … – wirklich verstehen werde ich wohl nie.

Eines ist mir jedenfalls klar geworden: Zauberei gibt es keine in der therapeutischen Arbeit mit kriegstraumatisierten Kindern. Viele werden ihr Leben lang unter den Folgen dieses Völkermords und an den seelischen Wunden, die ihnen zugefügt wurden, zu leiden haben. Und die jüngsten Entwicklungen in Ruanda, Zaire und Burundi lassen kein Ende des Schreckens für die Menschen dieser Region absehen. Dennoch und gerade deshalb ist es unsere Aufgabe, für das physische und psychische Wohl der uns anvertrauten Kinder die beste Unterstützung anzubieten, die unter den gegebenen Umständen möglich ist.

Die Arbeit unserer Mitarbeiterinnen und Mitarbeiter, die alle in irgendeiner Form selbst zu Opfern des Genozids in Ruanda wurden, hat mich sehr beeindruckt. Solange die Organisation SOS-Kinderdorf auf das Engagement ihrer Mitarbeiter bauen kann und diese Mitarbeiter so gut wie möglich bei der Erfüllung ihrer Aufgaben unterstützt, solange gibt es zumindest für einige dieser leidgeprüften Kinder des Krieges die Hoffnung auf ein menschenwürdiges Leben.

Krešimir Sokolić

SOS-Kinderdorf im Kriegsgebiet Bosnien-Herzegowina

Das Hauptanliegen von SOS-Kinderdorf ist die langfristige Hilfe und Unterstützung für Kinder und Jugendliche, aber dennoch wird in bestimmten Fällen auch Kurzzeithilfe geleistet. Im Normalfall müssen zwei Voraussetzungen erfüllt sein, damit SOS-Kinderdorf Kurzzeithilfe organisiert. Erstens müssen wir es mit einer wirklichen Ausnahmesituation zu tun haben, die schnelle und gezielte Hilfe erfordert, wie etwa Krieg oder Naturkatastrophen; und zweitens müssen in dem betroffenen Land bereits SOS-Einrichtungen vorhanden sein, damit auf die notwendige Infrastruktur zurückgegriffen werden kann.

Als SOS-Kinderdorf International Anfang 1994 erstmals in Bosnien-Herzegowina, genauer gesagt in Sarajewo, aktiv wurde, wütete dort der Krieg, und hunderttausende Menschen in Sarajewo waren von der Außenwelt völlig abgeschnitten. Die Einwohner der Stadt brauchten dringend Hilfe.

Zu diesem Zeitpunkt hatte SOS-Kinderdorf in Bosnien-Herzegowina noch keine Einrichtungen oder Projekte. Da SOS aber schon seit 2 Jahren im benachbarten Kroatien tätig war, das ebenfalls unter kriegerischen Auseinandersetzungen zu leiden hatte, und seit 1975 in Novi Sad in Serbien ein SOS-Kinderdorf mit Zusatzeinrichtungen betreibt, hat man sich zu Projekten in Bosnien-Herzegowina entschlossen.

Angesichts der Situation im Land war es allerdings zu diesem Zeitpunkt völlig utopisch, an die Durchführung von Langzeitprojekten zu denken. Wir standen also vor der Frage, was wir als Organisation umgehend unternehmen könnten und welche Sofortmaßnahmen wir ergreifen sollten. Dazu mußten wir zunächst einmal überlegen, welche Logistik für solche Maßnahmen nötig sein würde. Außerdem galt es, unsere Aktivitäten auf legalen Boden zu stellen: Es wurde das »SOS-

Kinderdorf International Vertretungsbüro Sarajewo« gegründet, das bei den zuständigen Behörden als Rechtsperson registriert wurde. Nachdem auch die notwendigen infrastrukturellen Voraussetzungen geschaffen und die Projekte für Sarajewo selbst beschlossen waren, stellten wir uns die Frage, wie und wann wir auch in den anderen Teilen Bosnien-Herzegowinas Hilfe leisten könnten.

Die Situation in Bosnien-Herzegowina

Zum Verständnis des organisatorischen Aufbaus und des inhaltlichen Konzepts unserer Arbeit mit Kindern in Sarajewo bedarf es zunächst einiger Erklärungen zur Lage in Bosnien-Herzegowina und zu den Lebensbedingungen in Sarajewo im Januar 1994:

- Im Land herrschte Krieg. Es gab keine klassischen Fronten, die Schlachten verteilten sich auf zahlreiche Schauplätze. Viele Städte und Dörfer waren von feindlichen Truppen umgeben und hatten keine Möglichkeit, mit der Außenwelt Kontakt aufzunehmen. Die Fortbewegungsmöglichkeiten innerhalb des Landes waren äußerst beschränkt oder nicht vorhanden.
- Die Bewohner vieler Städte wurden aus ihren Häusern vertrieben, und die so geräumten Orte wurden mit Flüchtlingen besiedelt. Viele Familien wurden auseinandergerissen und die Menschen hatten keine Informationen über das Schicksal ihrer Angehörigen.
- Humanitäre Hilfe gelangte nur unter größten Schwierigkeiten an ihren Bestimmungsort und reichte nicht aus. Viele Kinder und Erwachsene mußten hungern.
- Sarajewo war zu diesem Zeitpunkt seit mehr als eineinhalb Jahren besetzt und von der Außenwelt abgeschnitten. Die Stadt konnte nur über die Luftbrücke der UNO erreicht werden. Die Wasser-, Strom- und Gasversorgung war äußerst schlecht und unregelmäßig und überdies gänzlich vom guten Willen der Serben abhängig.
- Nahrungsmittel waren ebenfalls knapp, selbst für jene Menschen, die genügend Geld zur Verfügung hatten. Das Durchschnittseinkommen war gleich Null. Alle waren auf humanitäre Hilfe angewiesen.
- Die Stadt war voll von Flüchtlingen, deren Unterkunft und Ernährung größte Probleme mit sich brachten.
- Viele Einheimische verließen Sarajewo, und so fehlte es in allen

Berufssparten an Personal. Ein Großteil der männlichen Bevölkerung wurde einberufen und konnte somit keiner geregelten Arbeit nachgehen.

– Trotz des NATO-Ultimatums forderten sporadischer Granatenbeschuß und permanente Angriffe von Heckenschützen weiterhin zahlreiche Opfer. Alle Bewohner der Stadt lebten unter lebensbedrohlichen Bedingungen und waren ständig Streßfaktoren ausgesetzt.

Erste Besuche in der belagerten Stadt und erste Maßnahmen

Unsere ersten Kurzbesuche in Sarajewo machten uns klar, daß sämtliche Projekte, die langfristige Planung und Durchführung erfordern, auf bessere Zeiten verschoben werden mußten. Dennoch war die Errichtung eines SOS-Kinderdorfs von Anfang an unser größtes Ziel, und unsere Aufgabe bestand darin, alle rechtlichen und technischen Angelegenheiten für den Bau vorzubereiten. Gleichzeitig mußten wir Mittel und Wege finden, wie wir den Kindern in Sarajewo *sofort* im Rahmen von Nothilfeprogrammen helfen konnten.

Bei unseren ersten Kontakten mit der Regierung von Bosnien-Herzegowina und den Behörden der Stadt Sarajewo konnten wir erstaunt feststellen, daß das soziale Wohlfahrtssystem in Sarajewo in Anbetracht der verheerenden Lage noch überraschend gut und professionell funktionierte. Mit Hilfe der Informationen, die uns von den Sozialämtern zur Verfügung gestellt wurden, fanden wir heraus, daß 350 Kinder in Pflegefamilien untergebracht waren und dringend Hilfe brauchten. Vor dem Krieg war diese Art der Fremdunterbringung in Sarajewo nicht üblich gewesen, und viele Unterbringungen hatten sich angesichts des Krieges spontan ergeben. Dennoch waren in allen Fällen die notwendigen rechtlichen Formalitäten erledigt worden: Alle Kinder waren behördlich erfaßt und die rechtliche Vormundschaft war geregelt. Die Familien bekamen jedoch von den Behörden weder finanzielle noch materielle Hilfe, weil es weder Geld noch Nahrungsmittel gab. Alle diese Familien hatten große Probleme, genügend Nahrung zu beschaffen. Wenn sie bei der Aufnahme des Pflegekindes auch noch so humane Absichten und große Opferbereitschaft zeigten, war es nur eine Frage der Zeit, bis sie nicht mehr in der Lage sein würden, für das Pflegekind aufzukommen, und das Sozialamt bitten müßten, die Fürsorge zu übernehmen.

Da Kinder – und vor allem Kinder ohne elterliche Fürsorge – im Mittelpunkt unserer Arbeit stehen, lag es auf der Hand, daß wir zuallererst dieser Gruppe helfen mußten. In Zusammenarbeit mit dem städtischen Sozialamt, das die Pflegefamilien nach wie vor betreute und sich um den rechtlichen Status der Kinder kümmerte, schufen wir das Projekt *Finanzielle Unterstützung für Pflegefamilien*. Finanzielle Hilfe war für die Pflegefamilien von großer Bedeutung, aber zusätzlich brauchten sie professionelle Unterstützung. Es war offensichtlich, daß wir sofort helfen mußten.

So gründeten wir das *SOS-Familienberatungszentrum* in Sarajewo, um den Pflegefamilien und ihren Kindern psychologische Hilfe und Unterstützung anzubieten.

Während unserer Aufenthalte in der Stadt und bei der Arbeit an unseren Projekten stellten wir fest, daß es für Kinder und Jugendliche keinerlei organisierte Freizeitgestaltung mehr gab. Darüber hinaus wurde der Schulbetrieb in improvisierten Einrichtungen, mit gekürzten Stundenplänen und nur unregelmäßig abgewickelt. Mit dem Ziel, diese Lücke zu schließen und den Kindern eine Möglichkeit zu bieten, ihre Freizeit kreativ und konstruktiv zu gestalten, gründeten wir den *SOS-Klub für Kinder und Jugendliche*. Der SOS-Klub ist für alle Kinder und Jugendlichen Sarajewos gedacht. Das Programm umfaßt unterschiedliche Aktivitäten, die Kinder und Jugendliche ansprechen sollen, und reicht von Fremdsprachenkursen, Musik- und Malstunden bis hin zu Schauspielunterricht.

Im Laufe der Zeit stellten wir fest, daß zuckerkranke Kinder eine der am stärksten gefährdeten Gruppen darstellten. Die Hauptprobleme waren ein chronischer Mangel an einer speziellen, für Kinder geeigneten Art von Insulin sowie ihre Ernährung. Ein zusätzliches Problem ergab sich aus der mangelnden Aufklärung der Eltern. Ziel unseres Projekts *SOS-Betreuung für Kinder mit Diabetes mellitus* war und ist es, die Bedürfnisse dieser Gruppe chronisch kranker Kinder zu befriedigen und die oben erwähnten Probleme zu entschärfen.

Nun, da wieder Frieden herrscht, ist die Zeit für die Durchführung unserer Langzeitprojekte gekommen. Am 28.9.1996 haben wir in Sarajewo den Grundstein für das erste SOS-Kinderdorf in Bosnien-Herzegowina gelegt. Am gleichen Tag konnten wir den wiederaufgebauten Kindergarten Skenderija in Sarajewo eröffnen. Nur wenige Wochen später fand die Grundsteinlegung für das SOS-Kinderdorf Gračanica im Kanton Tuzla statt. Im Laufe des Jahres 1997 wird SOS-Kinderdorf die beiden Kindergärten in Mostar wieder aufbauen.

Beschreibung der Nothilfeprogramme im einzelnen

Finanzielle Unterstützung für Pflegefamilien

Wir begannen unser Projekt zur kontinuierlichen finanziellen Unterstützung der Pflegefamilien im April 1994 mit dem Versprechen, die Familien in den folgenden sechs Monaten zu unterstützen. Da die Lage in der Stadt nach Ablauf dieser Frist unverändert war, halfen wir den Pflegefamilien bis Ende 1996.

Dieses Programm kam *allen* Kindern Sarajewos zugute, die durch eine Verfügung des Sozialamts unter rechtliche Vormundschaft gestellt worden waren. Das Ausmaß der Unterstützung war abhängig von der Anzahl der Kinder in einer Familie, wobei für jedes zusätzlich aufgenommene Kind ein bestimmter Prozentsatz zur Gesamtsumme hinzuaddiert wurde. Im Durchschnitt waren etwa 420 Kinder in 350 Pflegefamilien untergebracht.

SOS-Familienberatungszentrum

Es reichte aber nicht aus, die Pflegefamilien nur finanziell zu unterstützen. Sowohl Pflegeeltern als auch Pflegekinder brauchten professionelle psychologische Hilfe. Es ist eine bekannte Tatsache, daß Kinder, die von ihrer Familie getrennt oder in sozial und emotional labilen Familien untergebracht wurden, besonders verletzlich sind. Die Reaktionen der Eltern und deren eigene Hilflosigkeit können die Fähigkeit des Kindes, sein Trauma zu verarbeiten, beeinflussen und belasten. Um den Pflegekindern zu helfen, war es deshalb notwendig, ihre Pflegeeltern psychologisch zu unterstützen und zu stabilisieren. Infolge dieser Überlegungen organisierten wir eine Gruppenberatung für Pflegeeltern.

Neben der Gruppenarbeit bieten wir jenen Teilnehmern, deren Bedürfnis nach intensiverer Betreuung im Zuge der Gruppenarbeit deutlich wurde, zusätzlich die Möglichkeit individueller Beratung durch Psychologen. Im Rahmen dieser Einzelberatung soll eine intensivere Behandlung durchgeführt und/oder eine Diagnose erstellt werden, die es uns ermöglicht, in bestimmten Fällen zu einer Behandlung in einer geeigneten psychologischen oder psychiatrischen Einrichtung zu raten.

Darüber hinaus haben wir für bestimmte Gruppen von Pflegekindern spezielle Programme entwickelt, wie beispielsweise für taubstumme Kinder das Programm *Gruppenberatung für taubstumme*

Pflegekinder und ihre Pflegefamilien und für Familien mit Kleinkindern (0 bis 3 Jahre) das Programm *Pädiatrische Hilfe für Pflegefamilien.*

Die Vorgehensweise in der Gruppenberatung für Pflegekinder ist abhängig vom Alter der Kinder. Die angewandten Methoden reichen von Spielgruppen für die Jüngsten bis hin zu Diskussionsgruppen für die Jugendlichen. Ziel der Gruppenberatung ist immer die Stärkung des Kindes. Um dieses Ziel zu erreichen, versuchen wir, jene Faktoren positiv zu beeinflussen, die dem Kind helfen können, sich besser anzupassen, mit Streß umzugehen und die Folgeerscheinungen von Streß besser zu bewältigen.

Gruppenberatung für Pflegeeltern

Die Pflegeeltern wurden in Gruppen zu je 10 bis 15 Familien eingeteilt, die sich einmal im Monat treffen. Jede Gruppe wird von zwei Beratern geleitet (Sozialarbeiter, Pädagogen, Psychologen und einem speziell ausgebildeten Lehrer). Die Arbeit besteht aus einer Kombination von pädagogischer Schulung und begleitender Diskussion.

Hauptziel der Gruppenarbeit ist es, die Eltern bei ihrer Suche nach Lösungen für Probleme mit sich selbst oder mit ihren Kindern zu unterstützen. Dabei wird großer Wert darauf gelegt, daß die Eltern ihre emotionale und psychische Stabilität wiedererlangen.

Um dies zu erreichen,

- geben wir den Eltern Informationen zum Thema Kindererziehung.
- erklären wir ihnen ihre eigenen emotionalen Reaktionen und machen ihnen klar, daß diese Reaktionen unter den gegebenen Umständen völlig normal sind.
- geben wir ihnen Gelegenheit, ihre negativen Gefühle auszudrücken und ihre Gefühle und Erfahrungen mit den anderen Mitgliedern der Gruppe auszutauschen.
- diskutieren wir positive und bereits erfolgreich verwirklichte Ansätze zur Bewältigung von Problemen und Schwierigkeiten des täglichen Lebens.
- machen wir den Eltern bewußt, wie sehr ihre eigenen emotionalen Reaktionen die Fähigkeit des Kindes beeinflussen, selbst Konfliktlösungsstrategien zu entwickeln.

In den Gruppen gibt es Regeln, die es jedem Mitglied ermöglichen, sich gleichberechtigt einzubringen. Die Aufgabe des Beraters besteht darin, einschlägige Informationen zu liefern, Erläuterungen zu geben und gegebenenfalls einzugreifen. So werden die Teilnehmer dazu veranlaßt, von einer *passiven* zu einer *aktiven* Haltung überzugehen, ihr *destruktives* Verhalten in *konstruktives* Verhalten umzuwandeln, die *Vergangenheit* hinter sich zu lassen und in die *Zukunft* zu blicken. Die Berater versuchen auch während der Treffen, den Kontakt der Gruppenmitglieder untereinander zu fördern, und ermutigen sie, sich gegenseitig zu stützen.

Gruppenarbeit mit Kindern
Jede Gruppe besteht aus etwa 12 gleichaltrigen Kindern. Die Aktivitäten und Methoden, die in den jeweiligen Gruppen angewandt werden, sind vom Alter der Kinder abhängig, wobei Inhalt und Methodik immer so gewählt werden, daß sie attraktiv, entspannend und zwanglos für die Kinder sind.

Wir sind uns bewußt, daß wir weder die Risikofaktoren, denen die Kinder ausgesetzt sind, ausschalten, noch ihre Erfahrungen in der Vergangenheit ungeschehen machen können. Deshalb konzentrieren wir uns auf jene Faktoren, die wir beeinflussen können, und die den Kindern helfen, sich erfolgreich anzupassen und ihre Probleme zu bewältigen. Unabhängig vom Inhalt der Aktivitäten und den angewandten Methoden versuchen wir, mit der Stärkung des persönlichen Potentials der Kinder zu erreichen,

- daß die Kinder Erfolgserlebnisse haben.
- daß sie dazu ermutigt werden, Probleme aktiv zu bewältigen, anstatt sich in Passivität zu flüchten.
- daß sie lernen, mit anderen Kindern umzugehen und sich Ziele zu setzen.
- daß sie eine gute Beziehung zu mindestens einem Elternteil beziehungsweise einer Bezugsperson aufbauen.
- daß ein offenes Erziehungsklima entsteht, in dem eine konstruktive Problembewältigung gefördert wird.
- daß die Kinder ermutigt werden, ihre eigene Meinung und ihre eigene Haltung zum Ausdruck zu bringen, auch wenn sie sich von der anderer Menschen unterscheidet.

SOS-Klub für Kinder und Jugendliche

Die Idee für den SOS-Klub für Kinder und Jugendliche geht auf die Beobachtung zurück, daß die Kinder und Jugendlichen während des Krieges keine Betätigungsmöglichkeiten außerhalb ihrer Familien hatten. Sie spielten in unsicheren Straßen und hatten oft nicht einmal einen richtigen Ball. Die Schulen waren so stark beschädigt und verwüstet, daß es unmöglich war, dort Unterricht abzuhalten. Der Schulbetrieb fand nur statt, wenn es der Krieg gerade zuließ, und die Stundenpläne wurden gekürzt.

Wir wollten den Kindern eine Möglichkeit geben, sich in relativ sicheren, geschützten Einrichtungen zu treffen und Tätigkeiten nachzugehen, die für sie attraktiv und interessant sind. Abgesehen von diesem banalen, aber angesichts der Kriegssituation nicht selbstverständlichen Anliegen, verfolgten wir indirekt noch einige andere Ziele. Zunächst einmal versuchten wir auf zwanglose und ansprechende Weise, ihr Verantwortungsgefühl und ihre Motivation sowie ihren Sinn für Zeit wiederherzustellen – Eigenschaften, die als Folge des täglichen Überlebenskampfes sowohl bei den Erwachsenen als auch bei den Kindern fast völlig verlorengegangen waren. Zweitens waren wir bestrebt, die Kinder durch kreative und konstruktive Beschäftigung anzuleiten, ihre Energie zu kanalisieren. Ohne ein psychologisches Rehabilitationsprogramm durchzuführen, unterstützten wir indirekt die Entwicklung ihrer eigenen Fähigkeit, mit den Streßsituationen fertig zu werden, denen sie täglich ausgesetzt waren und sind. Uns kam es weniger darauf an, in welchem Ausmaß die Kinder gewisse Fähigkeiten und Fertigkeiten erwarben; das *Wie* war und ist für uns wesentlich.

Der SOS-Klub für Kinder und Jugendliche besteht nach wie vor und wird von etwa 800 Kindern besucht. Neben den Kursen im Klub (Fremdsprachen, Zeichnen, Malen, Graphikdesign, Textildesign, Photographie, Schauspielen, Pantomime, Gitarre, SOS-Chor ...) veranstalten die Kinder und Jugendlichen über das Jahr hinweg Ausstellungen, Fernsehauftritte und Aufführungen im Jugendtheater. Der Graphikdesign-Kurs entwarf jene Briefmarke, die anläßlich des Baubeginns des ersten SOS-Kinderdorfs in Bosnien-Herzegowina von der lokalen Post in Zusammenarbeit mit SOS-Kinderdorf International gedruckt wurde.

SOS-Betreuung von Kindern mit Diabetes mellitus in Sarajewo

Dieses Projekt wurde in Zusammenarbeit mit der pädiatrischen Abteilung der Klinik in Koševo entwickelt und im Juni 1995 ins Leben gerufen. Betreut werden alle Kinder mit Diabetes mellitus, die in der pädiatrischen Abteilung der Klinik in Koševo registriert sind. Insgesamt kümmern wir uns derzeit um 80 Kinder.

Neben Schwierigkeiten wie Mangel an Nahrungsmitteln, Geld und Medizin, mit denen alle Bürger der Stadt Sarajewo zu kämpfen hatten, gab es für diese Gruppe zwei zusätzliche Probleme: der Mangel an medizinischen Fachleuten auf diesem Gebiet und das geringe Wissen der Eltern über die Krankheit. Bis zur Einrichtung unseres Projekts waren all diese Probleme nur sporadisch und unsystematisch bekämpft worden, abhängig vom guten Willen und der freiwilligen Arbeit einiger Eltern und Ärzte in der Stadt und von der gelegentlichen Hilfe einiger kleiner humanitärer Hilfsorganisationen. Unser Projekt wurde als ganzheitliche, kontinuierliche Hilfeleistung konzipiert, die alle Probleme und Bedürfnisse dieser Patientengruppe berücksichtigen sollte.

Es umfaßt verschiedene Maßnahmen:

- Beschaffung der nötigen Medikamente und medizinischen Hilfsmittel sowie deren regelmäßige Verteilung an die Patienten;
- monatliche finanzielle Hilfe für die erkrankten Kinder und deren Familien, um die zusätzlichen Kosten für die erforderliche spezielle Diät abzudecken;
- Aufklärung und Beratung der Eltern (zwei Ärztinnen veranstalten zweimal pro Monat ein Aufklärungstreffen für Eltern erkrankter Kinder in den Einrichtungen von SOS-Kinderdorf International);
- Förderung der Kommunikation zwischen den Ärzten in Sarajewo und dem Institut für Diabetes in Zagreb, Kroatien, sowie Förderung zusätzlicher Ausbildungskurse für Ärzte.

Umstrukturierung von Nothilfeprogrammen und ihre Eingliederung in Langzeitprojekte von SOS-Kinderdorf

Die Zeiten des offenen Krieges sind glücklicherweise vorbei, und einige der einst notwendigen Hilfsmaßnahmen sind somit nicht länger erforderlich. Der Staat ist verpflichtet, die Verantwortung für die Schwächsten zu übernehmen und ihnen zu helfen. Doch der Frieden allein bringt noch keine einfache Lösung der zahlreichen sozialen Probleme des Landes. Wie uns die Geschichte lehrt, bringt die Nachkriegszeit eine ganze Reihe von Problemen mit sich, zu deren Bewältigung viel Zeit und große Hilfeleistungen von außen notwendig sind. Im Fall des verwüsteten Bosnien-Herzegowina ist dies leider absolut zutreffend.

Unsere Aktivitäten in Bosnien-Herzegowina haben sich an die neue Situation nach Beendigung des Krieges angepaßt. Wir konnten mit dem Bau der beiden SOS-Kinderdörfer beginnen. Gleichzeitig arbeiten wir an der Gründung von SOS-Familien, die in gemieteten Einrichtungen untergebracht werden sollen, bis die Kinderdörfer fertiggestellt sind.

Es ist eine Tatsache, daß wir einige der Projekte nicht für immer weiterführen können. Dennoch dürfen wir nicht vernachlässigen, daß die Pflegefamilien und -kinder auch in Zukunft psychologische Hilfe brauchen. Auch einige Aspekte der Hilfe für Kinder mit Diabetes können nach wie vor relevant sein. Und unsere Erfahrungen und Erfolge mit den Kindern und Jugendlichen im SOS-Klub zeigen uns, daß der Abbruch dieses Projekts mit Sicherheit eine Lücke in diesem wichtigen sozialen Bereich hinterlassen würde. Nach eingehender Überprüfung und in Abhängigkeit von der weiteren Entwicklung im Land wird entschieden, welche der bestehenden Projekte in die geplanten Langzeitprojekte integriert und welche aufgegeben werden.

Helga Zündel

»Wer hat sie getötet?«

SOS-Kinderdorf Libanon im Krieg

In meinem Leben habe ich den Krieg zweimal hautnah erfahren: den Zweiten Weltkrieg von 1939 bis 1945 in Österreich, als 14 bis 20jährige, und später den Bürgerkrieg im Libanon von 1975 bis 1991. Hermann Gmeiner hatte mich 1968 dort hingeschickt, um SOS-Kinderdörfer aufzubauen. Ich habe die Kriegsjahre im Libanon mit unseren Kindern und Jugendlichen, mit den SOS-Kinderdorf-Müttern und anderen Mitarbeitern in engem Zusammenleben verbracht. Davon will ich erzählen.

Vorausschicken möchte ich, daß ich beide Male, sowohl im Zweiten Weltkrieg als ganz junges Mädchen als auch im Libanon als reife, verantwortungstragende Frau, den Krieg wie eine Naturkatastrophe erlebt habe, etwa wie einen Vulkanausbruch, ein Erdbeben oder eine Überflutung. Zurückschauend, als alte Frau, frage ich mich, ob nicht viele Menschen, die plötzlich in Kriegswirren geraten und mitten drin sind, ähnlich empfinden. Ob nicht nur die Betrachter von außen versuchen zu analysieren, Bewertungen und Schuldzuweisungen abzugeben, die Situation zu überblicken.

In den SOS-Kinderdörfern versuchten wir, wie alle anderen Libanesen auch, mit den Gefahren und Erschwernissen des Krieges fertig zu werden, einfach zu überleben.

Im April 1976 hatten wir unseren ersten Toten zu beklagen, Hammoudé, einen siebenjährigen Jungen. Eine Granate, die im SOS-Kinderdorf Bhersaf (30 km nördlich von Beirut) einschlug, hatte ihn zerrissen. Wenige Minuten vorher spielten noch etwa 20 Kinder an der Einschlagstelle; der Dorfleiter rief sie zu Gartenarbeiten. Alle liefen weg, nur Hammoudé und sein Kinderdorf-Bruder Rida blieben noch, um ihr Murmel-Spiel zu Ende zu bringen … Den schwer verletzten elfjährigen Rida brachten wir in das nahe gelegene Sanatorium zur Erstversorgung. Dann transportierten wir das Kind mit viel Mühe in ein Beiruter Spital, wo es in 12 Wochen neunmal operiert wurde; darunter war eine Oberschenkel-Amputation. Wie in orientalischen Spitälern üblich, hatten wir als seine »Angehörigen« die Betreuung am Krankenbett selbst zu übernehmen. Als ich einmal bei Rida wachte, sagte er: »Tante Helga, soll ich dir erzählen, wie's war? Als die Granate herunterkam, hat Hammoudé noch gesagt: Schau, den Himmel zerreißt's! Dann bin ich zu ihm hingekrochen, und er hat keinen Kopf mehr gehabt.«

Kinder wollen sich ihre schrecklichen Erlebnisse von der Seele reden. Und das ist gut so. Wir müssen nur lange genug da sein, ihnen die Hand halten, zuhören und mit ihnen weinen.

Im April 1990 hatten wir unseren letzten Toten zu beklagen: Youssef, einen Erzieher in unserem Jugendhaus Sin-El-Fil am Stadtrand von Beirut. Die Kriegslage hatte sich in diesen Tagen und in dieser Gegend sehr zugespitzt. Die meisten der 30 Bewohner des Jugendhauses waren in ein Zeltlager in den Norden geflohen. Nur Youssef und ein paar der ältesten Jungen waren im Haus geblieben, um es vor Plünderungen zu schützen. Eine schwere Granate schlug direkt vor dem Haustor ein. Youssef saß in der Stube, und ein Granatsplitter drang in sein Herz. Die älteren Jungen trugen ihn noch zum Auto und fuhren durch den Kugelhagel zum nächsten Spital; aber er war schon tot.

In beiden Fällen, wie in vielen anderen auch, sind die Geschosse nicht gezielt auf uns abgefeuert worden. Es waren »Zufallstreffer«; das war uns allen bewußt. »Die zielen nicht, die schießen nur«, schreibt Nicolas Born in seinem Roman »Die Fälschung« (1977) über den Libanon-Krieg.

Während des Krieges unterhielt SOS-Kinderdorf im Libanon zwei Kinderdörfer und zwei Jugendhäuser (eines für die älteren Jungen, eines für die älteren Mädchen). In allen vier SOS-Einrichtungen lebten Moslems und Christen *friedlich zusammen*, – ich sage *zusammen,* und nicht nur *nebeneinander*. Sowohl unsere Kinder und Jugendlichen als auch die Kinderdorfmütter und Mitarbeiter gehörten den verschiedensten Konfessionen an. Niemals gab es einen Zwist wegen der Zugehörigkeit zu der einen oder anderen Religion. Das war sogar in dem großen Spannungsfeld, das der Vordere Orient darstellt, möglich, weil wir in den SOS-Kinderdorf-Einrichtungen zu einer *Großfamilie* zusammengewachsen waren.

So durchlebten wir den Krieg wie jede andere libanesische Familie. Wir trauerten mit den Kinderdorfmüttern, die einen Bruder oder Angehörigen verloren hatten. Wir trauerten mit unseren Nachbarn. Trauern heißt im Vorderen Orient, schweigend und eng beisammenzusitzen – ein sehr wohltuendes gemeinsames Gedenken. Wir waren eingebunden in das Leid des libanesischen Volkes. Einmal erreichte uns die Nachricht, daß eine alte Frau im Nachbarort verstorben sei. Eines unserer Mädchen fragte: »Wer hat sie getötet?« Mariam war kurz vor Kriegsbeginn geboren worden und jetzt ein Schulkind; sie wußte noch nicht, daß Menschen eines natürlichen Todes sterben können.

Während der Kriegsjahre kamen viele Kinder in unsere SOS-Kinderdörfer, die ihre Eltern oder ihre Mutter durch Kriegsereignisse verloren hatten. Waisenkinder werden in orientalischen Ländern, wo die Großfamilie noch funktioniert, zumeist von den Großeltern, Tanten oder Cousinen aufgenommen. Wenn die Verwandten aber nicht auffindbar waren oder selber in den elendsten Verhältnissen lebten, kamen die Kinder zu uns. Schließlich hatte damals jede SOS-Kinderdorf-Mutter 12 bis 14 Kinder zu betreuen.

1976 zog das damals elfjährige Mädchen Badriah mit ihren vier kleinen Brüdern bettelnd durch Beirut, schlief mit ihnen in zerschossenen Häusern. Die Eltern waren und blieben verschollen. Eine Frau, die das SOS-Kinderdorf kannte, brachte die fünf Geschwister zu uns. Einige Monate später wurde Badriah gefragt, was ihr hier am besten gefalle; sie antwortete spontan »Das Haus!« So fundamental wichtig ist dieses Grundprinzip Hermann Gmeiners: Ein eigenes Haus. Ein Zuhause.

Bei der »Säuberung« eines Dorfes im Chouf-Gebirge wurden viele Leute auf Lastwagen abtransportiert, darunter ein Elternpaar mit sechs Kindern. Weil ein Mann einen Fluchtversuch unternahm, stellte man alle Leute an eine Hauswand und schoß sie mit Maschinengewehren nieder. Die Eltern und zwei der Kinder waren sofort tot. Vier Kinder, zwischen 4 und 14 Jahre alt, überlebten; sie stellten sich die Nacht über tot. Gegen Morgen nahm Rima, das älteste Mädchen, aus der Tasche des toten Vaters die Dokumente und das Geld; dann flohen die Geschwister ins Nachbardorf zu Freunden ihrer Eltern, – die einer anderen Religion angehörten. Diese benachrichtigten das SOS-Kinderdorf, und wir holten die vier Waisen ab. Heute sagen die Geschwister, sie werden diese Nacht im September 1983 niemals vergessen. Heute sind sie erwachsen und meistern ihr Leben. Rima studiert Jura. Rita, ihre Schwester, ist mit einem Taxichauffeur glücklich verheiratet und hat zwei Kinder. Der Älteste, Elias, will in West-Beirut, das während des Krieges der Stadtteil der Moslems war, einen Minimarkt aufmachen. Auf die Frage eines europäischen Reporters, ob es da keine Probleme gäbe, da Elias doch Christ sei, antworteten alle vier Geschwister: »Aber nein!«.

So und ähnlich sehen die Schicksale der Kinder aus, die wir in den Kriegsjahren in den Kinderdorffamilien aufgenommen haben. Wie kann das SOS-Kinderdorf solchen Kindern helfen? Die Grundprinzipien Hermann Gmeiners geben eine Antwort darauf:

- *Die Mutter*, die Frau, die Tag und Nacht und Jahr um Jahr bei den Kindern ist, mit ihnen lebt, gut zu ihnen ist, und die sie lieben können.
- *Die Geschwister*, die in der SOS-Kinderdorf-Familie beisammen bleiben und gemeinsam aufwachsen. Etwas entscheidend Wichtiges. Eine Trennung etwa nach Alter und Geschlecht würde dem erfahrenen Leid eine neue Katastrophe hinzufügen.
- *Das Haus*, das dem Kind die Geborgenheit und Wärme gibt, die es braucht.
- Und schließlich *das Dorf*, eine Gemeinschaft, eine Art Großfamilie, die zusammenhält.

Ich habe während der Kriegsjahre immer in einem SOS-Kinderdorf oder im SOS-Jugendhaus gewohnt und mit den Kindern und Jugendlichen gelebt. In meiner Erinnerung sehe ich Tage und Nächte, wo wir in den untersten Räumen der Häuser beisammensaßen, die Kinder an uns gedrückt, während rund herum Bomben niederprasselten. Oder die Stunden des gemeinsamen Trauerns und Weinens; das gemeinsame Sprechen von christlichen oder moslemischen Gebeten an Gräbern.

In den Wochen ohne Strom konnten die elektrisch eingerichteten Bäckereien nicht arbeiten. Da sehe ich, wie unsere Kinderdorfmütter im Freien auf heißen Steinen das arabische Fladenbrot backen, so wie sie es noch von ihren Müttern und Großmüttern gelernt hatten. Wirklich Hunger gelitten haben wir nie. Aber der Wassermangel war oft schrecklich. Einmal kam sechs Wochen lang kein Tropfen Wasser aus den Leitungen. Sobald der Geschützdonner nachließ, sprangen alle Erwachsenen in die verfügbaren Autos, vollgepackt mit Kanistern, um von den nächstgelegenen Quellen Wasser zu holen.

Wochen- und monatelang blieben die Schulen geschlossen. Da alle

Straßenverbindungen zu gefährlich schienen, waren wir mehr oder weniger in unseren Dörfern gefangen. Ich erinnere mich an ein Kartenspiel-Turnier, das wir zehn Tage lang im Großen Saal des SOS-Kinderdorfs abhielten: *Tarnib* heißt das beliebte libanesische Spiel. Mädchen, Jungen, Kinderdorfmütter, Familienhelferinnen, die Sekretärin, der Dorfleiter und seine Frau, alle spielten mit. Unvergeßlich bleiben die heißen Ausscheidungsspiele und die fröhliche Preisverleihung.

Es gab Bastelgruppen und einen Malwettbewerb mit Ausstellung und Prämierung. Kinder erfanden Einakter, kostümierten sich phantasievoll und spielten sie der Dorfgemeinschaft vor. Aber dazwischen immer wieder kritische Tage mit Geschützdonner, Einschlägen, Angst und Tränen.

Der libanesische SOS-Kinderdorf-Verein besaß und besitzt auch heute noch eine gut funktionierende Pädagogische Kommission, der nebst den SOS-Kinderdorf-Mitarbeitern ein Psychologe, eine Fürsorgerin, ein Soziologe und ein Kinderarzt angehören. Bis zu Kriegsbeginn und auch in den kriegsberuhigten Wochen, die es immer wieder einmal gab, ging die Betreuung gut und intensiv vonstatten. Der Psychologe kam regelmäßig in die SOS-Kinderdörfer und Jugendhäuser und führte Einzelgespräche und Gruppengespräche durch. Am wichtigsten aber war die Betreuung und Beratung der Kinderdorfmütter, auf die die Hauptlast der Ängste und Bedrängnisse der Kinder fiel. Im Verlauf des Krieges wurde diese intensive Betreuung immer schwieriger und schließlich nur sporadisch oder gar nicht mehr durchführbar. Die Straßen, die von Beirut zu den Kinderdörfern führten, waren häufig lebensgefährlich. Nach dem Krieg haben der Psychologe und die Pädagogische Kommission ihre Arbeit wieder im vollen Umfang aufnehmen können, um die ganze SOS-Kinderdorf-Gemeinschaft zu unterstützen.

1985 zogen ganze Flüchtlingsströme von der Küste herauf zu unserem südlibanesischen SOS-Kinderdorf Sferaï in den Bergen oberhalb von Saïda (Sidon). Die Flüchtlinge rasteten eine Nacht lang im Kinderdorf, wurden verpflegt und zogen dann weiter, versorgt mit Lebensmitteln und Decken. Schließlich flohen auch die Einwohner des letzten nahen Dorfs. Nun war das SOS-Kinderdorf ein vorgeschobener Posten der Zivilbevölkerung. Jeden Tag beriet Dorfleiter Jamil mit den Kinderdorfmüttern, was sie tun sollten; die Dorfgemeinschaft entschied sich zu bleiben. Durch dieses Verhalten ermutigt, kehrten die Bewohner der nahen Dörfer nach einigen Tagen wieder zurück. So wurden nicht nur die Kinderdorfhäuser, sondern auch die umliegenden Bauernhöfe vor Plünderungen bewahrt.

Wenn ich an unsere libanesischen Kinder denke, wie verängstigt und verstört sie zu uns kamen, so scheint mir kein Unterschied zu sein zwischen denen, die durch den Krieg geschädigt, und jenen, die durch persönliche, familiäre Ereignisse verletzt worden sind. Vielleicht wurden die Kriegsschäden sogar – im Gegensatz zu den familiären Tragödien – als kollektives Leid empfunden, als eine anonyme Katastrophe. Wunden aber, die innerhalb der Familie geschlagen werden durch Familienmitglieder oder Bekannte, werden als ganz persönliche Angriffe erlebt.

Samiras Mutter hielt die Dreijährige auf dem Arm, als der verwirrte Vater die Mutter erdolchte. Noch monatelang begann Samira verzweifelt zu schreien, wenn ihr das Gesicht eines Erwachsenen zu nahe kam.

Als Sechsjähriger kam Nouni mit seiner Schwester ins SOS-Kinderdorf; zwei Jahre lang konnte er nicht lachen. Dann, plötzlich, am Mittagstisch erzählte er seiner Kinderdorfmutter, seine leibliche Mutter hätte immer vergessen, die Zimmertüre abzuschließen; so seien jede Nacht »Einbrecher« gekommen; am Morgen lag dann Geld am Nachttisch …

Michel und seine zwei kleineren Schwestern kamen als Vier- bis Neunjährige ins Kinderdorf. Sie hatten zusehen müssen, wie eines Nachts ihre Eltern von Männern aus dem Nachbarort ermordet wurden. Es war ein Akt der Blutrache, die in entlegenen Gebirgsdörfern noch praktiziert wird. Unser Psychologe und die Kinderdorfmutter hatten viele Gespräche zu führen, um Michel davon zu überzeugen, daß er diese Blutrache nicht fortführen müsse.

Was können wir Erwachsene, SOS-Kinderdorf-Mütter und Betreuer tun, um unseren Kindern zu helfen? Wir müssen da sein, müssen zuhören können, merken, wenn das Kind etwas sagen und erzählen will. Wir müssen uns Zeit nehmen und Geduld haben. Wir sollen die eigene Betroffenheit zeigen.

Die Zuneigung spüren, sich beschützt und geborgen fühlen – das kann verletzten Kindern helfen zu gesunden.

Professionelle Helfer

Marina Ajduković

Die Bedeutung der psychischen Gesundheit von professionellen Helferinnen und Helfern

Warum ist die psychische Gesundheit von professionellen Helferinnen und Helfern gefährdet?

Beruflicher Streß entsteht aus einem Ungleichgewicht zwischen einerseits den Anforderungen und dem Umfeld eines Berufs und andererseits den vorhandenen Zielsetzungen, Erwartungen und Fähigkeiten des Mitarbeiters, der diesen Anforderungen gerecht werden soll. Besonders streßintensiv sind jene Berufe, in denen es um die Arbeit mit Menschen geht. Aber selbst innerhalb dieser Berufsgruppe gibt es Unterschiede. Bankangestellte, Lehrer oder Personen, die mit traumatisierten oder hilfsbedürftigen Menschen arbeiten, sind nicht in gleichem Maß beruflichem Streß ausgesetzt.

Durch den Kontakt mit Menschen, die Hilfe brauchen, sind soziale Berufe besonders streßintensiv. Es entsteht eine persönliche Beziehung und Anteilnahme am emotionalen Zustand und an den Leiden anderer. Eine Kluft zwischen den Erwartungen der Helferinnen und Helfer und den tatsächlichen Hilfemöglichkeiten kann eine zusätzliche Belastung darstellen.

In ihrer Arbeit werden diese Menschen immer wieder mit den traurigen Schicksalen, traumatischen Erfahrungen und tragischen Verlusten der Hilfsbedürftigen konfrontiert. Häufig sind sie durch diese Schilderungen persönlich sehr betroffen. Gleichzeitig jedoch sind ihre Mittel und Möglichkeiten, traumatisierten Menschen zu helfen, oft beschränkt. Besonders spürbar wird dieses Gefühl der Betroffenheit und der gleichzeitigen Machtlosigkeit bei der Arbeit mit Kindern, die Opfer von Gewalt in der Familie, verlassen oder vernachlässigt sind.

Die psychischen Folgen, die die Arbeit mit hilfsbedürftigen Menschen mit sich bringen kann, werden in der Regel mit folgenden drei Begriffen beschrieben:

- Burnout-Syndrom
- Gegenübertragung
- indirekte oder sekundäre Traumatisierung der Helfer.

Unter *Burnout-Syndrom* versteht man den psychischen Zustand von professionellen Helfern, die mit Depressionen und Motivationsproblemen kämpfen beziehungsweise teilnahmslos und entmutigt sind. Die Betroffenen leiden unter verschiedenen physischen Streßsymptomen wie etwa einer Beeinträchtigung des Immunsystems und einer gesteigerten Anfälligkeit für kleine Verletzungen. Ihr ursprüngliches Verständnis für Menschen in Not kann mitunter Zynismus oder Gleichgültigkeit weichen. Das Burnout-Syndrom ist eine der schlimmsten Folgen des Stresses in sozialen Berufen.

Das Auftreten des Burnout-Syndroms ist zum Teil von der Persönlichkeitsstruktur des einzelnen abhängig. Der Hang zum Perfektionismus, idealisierte Vorstellungen von der Hilfe für Menschen in Not, der Drang nach Selbstbestätigung, die Unfähigkeit, »nein« zu sagen, die Weigerung, einen Teil der eigenen Arbeit an andere abzugeben, sowie zu hohe Erwartungen an sich selbst sind die häufigsten Ursachen für Burnout.

Burnout kann jedoch auch durch eine Reihe von Umständen begünstigt werden, die nichts mit der Persönlichkeitsstruktur des Helfers zu tun haben wie schlechte Arbeitseinteilung, ungenügende fachliche Qualifikation und schlechte Ausstattung, fehlende Unterstützung, berufliche Isolation und anderes mehr (Van der Veer et al. 1992).

Gegenübertragung kann definiert werden als das Wiederhochkommen der eigenen Gefühle bei professionellen Helfern in einer Situation der Hilfeleistung, oder anders ausgedrückt: als die Übertragung der Emotionen des Helfers auf den Klienten. Diese starken emotionalen Reaktionen sind das Ergebnis der Interaktion zwischen den Erfahrungen eines Menschen, der eine Krise durchlebt, und den ungelösten Schwierigkeiten oder früheren Erfahrungen der Helfer selbst. Sie lösen eine Reihe von Abwehrmechanismen wie Unterdrückung, Leugnung oder Projektion aus, die zu beruflichem Fehlverhalten und einer Verschlechterung der Beziehung zu den Arbeitskollegen führen können. Gegenübertragung steht in direktem Zusammenhang mit dem Seelenleben des Helfers.

Die extremen emotionalen Reaktionen der Helfer sind für Ihre Arbeit eher hinderlich denn hilfreich. Sie führen weder zu einem besseren Verständnis der Klienten, noch fördern sie den kreativen Einsatz der fachlichen Kenntnisse der Helfer.

Indirekte oder sekundäre Traumatisierung bezieht sich auf die psychischen Auswirkungen, die die Arbeit mit traumatisierten Menschen auf Helferinnen und Helfer hat. Häufig zeigen sie dieselben Symptome wie die traumatisierten Menschen, mit denen sie arbeiten, wie Alpträume, Zwangsvorstellungen, Niedergeschlagenheit und Depressionen, Gereiztheit, Gefühl der Hilflosigkeit, chronische Ermüdungserscheinungen, Verdauungsprobleme, erhöhte Unfallgefahr.

Professionelle Helfer sind sich häufig nicht bewußt, welche Auswirkungen ihre Arbeit auf sie hat, und nehmen nur selten Hilfe in Anspruch. Dies ist nicht weiter verwunderlich, entspricht es doch ganz dem Klischee der Beziehung zwischen Helfer und Klient. Die Klienten sind die »Schwachen«, »Hilf- und Mittellosen«. Die Helfer hingegen sind die »Starken«, die »Mächtigen«, diejenigen, die verschiedene Formen von Hilfe anbieten können. Aus diesem Grund sieht es ein Helfer mitunter als persönliche Schwäche an, wenn er selbst Hilfe braucht, und brüstet sich sogar, mit allem allein fertigzuwerden, nur um weiterhin als unverletzbarer »Herr« der Lage dazustehen. Oft gestehen Helfer sich und anderen ihre psychischen Probleme nicht ein, aus Angst, an Ansehen und Respekt zu verlieren und das Vertrauen ihrer Mitarbeiter einzubüßen. Indem sie sich weigern, Hilfe in Anspruch zu nehmen, beschränken sie ihre Möglichkeiten, gute Arbeit zu leisten, und sind so für die Menschen in Not weniger hilfreich.

Was können wir also tun, um uns als Helfer in unserer Arbeit wohler zu fühlen, effizienter zu werden und die negativen Folgen unseres Berufsalltags für unsere physische und psychische Gesundheit so gering wie möglich zu halten? Die Sorge für die psychische Gesundheit der Helferinnen und Helfer muß fester Bestandteil eines jeden psychologischen und sozialen Hilfsprogramms sein. Dabei gilt es, drei Ansatzpunkte zu berücksichtigen:

Prävention und Ausbildung

- Vorbereitung der Helfer auf Streßsituationen sowie auf die Arbeit mit Menschen in Krisensituationen
- Aufklärung über die Auswirkungen ihrer Arbeit auf die eigene Psyche
- kontinuierlicher Ausbau der (fachlichen) Kompetenz
- kontinuierliche Unterstützung durch Supervision und Beratung.

Diese Art der Betreuung muß sowohl vor Eintritt in das Berufsleben als auch während der Berufsausübung angeboten werden, weil sich die Arbeitsbedingungen und die Bedürfnisse der Klienten ändern und weil mit zunehmender Berufserfahrung der Helfer auch deren fachliche Bedürfnisse wachsen.

Maßnahmen zum Schutz der psychischen Gesundheit
- Debriefing nach Krisensituationen
- lenkende Unterstützung, wie sie beispielsweise die unterstützende Komponente von Supervision bietet.

Entwicklung von Selbsthilfe und Verantwortungsbewußtsein für die psychische Gesundheit der Helfer
Sinn und Zweck dieses Artikels ist es, auf die Folgen der Arbeit mit Menschen in Not für das private und berufliche Leben der Helfer aufmerksam zu machen, einige einfache Techniken zur Selbsthilfe vorzustellen und Anregungen zum erfolgreichen Schutz der psychischen Gesundheit der Helfer zu geben. Auch wenn ein Großteil der Leser dieses Artikels mit Kindern arbeitet, gelten die folgenden Aussagen für alle Bereiche der Arbeit mit Menschen in Not. Von der SOS-Kinderdorf-Mutter bis hin zum Topmanager kann jeder betroffen sein. Die Gründe für beruflichen Streß und die Strategien zu dessen Abbau können sowohl als Indikator für notwendige Veränderungen im Arbeitsumfeld als auch als systematische Checkliste für bereits eingeleitete Maßnahmen zur Bekämpfung von beruflichem Streß und Burnout dienen.

Ursachen für beruflichen Streß und Burnout

Burnout entsteht bei Menschen, die über längere Zeit starkem Berufsstreß ausgesetzt sind. Unabhängig von den spezifischen Charakteristika einer bestimmten humanitären Organisation können die Ursachen für berufsbedingten Streß und Burnout grob in zwei Kategorien unterteilt werden: Die erste Kategorie enthält jene Ursachen, die hauptsächlich von den Helfern selbst abhängen: Persönlichkeit, Erfahrung, Arbeitsstil, Wertesystem, Selbstbild. Die zweite Kategorie beinhaltet externe Faktoren, die je nach Herkunft mehreren Kategorien zugeordnet werden können: Arbeitsbedingungen, Arbeitseinteilung, Beziehung eines Helfers zu seinen Mitarbeitern innerhalb der

Organisation, Charakteristika der Klienten und Art der Hilfeleistung. Unabhängig von den Faktoren, die das Burnout-Syndrom auslösen, sind die Auswirkungen immer dieselben: Die Betroffenen fühlen sich erschöpft, ausgepumpt und leer (VAN DER VEER et al. 1992).

Persönlichkeitsbedingte Ursachen (Interne Faktoren)
- unrealistische Erwartungen an die Arbeit, die die tatsächlichen Hilfsmöglichkeiten übersteigen und auch nach einer anfänglichen Einarbeitungszeit mit der Realität nicht in Einklang gebracht werden können
- übermäßige Identifikation mit den hilfsbedürftigen Klienten und deren Problemen
- Bedürfnis, ständig »Herr« der Lage zu sein
- übermäßiger Einsatz, begleitet vom Gefühl, die alleinige Verantwortung zu tragen
- völlige Identifikation des Helfers mit seiner Arbeit, die schlußendlich zum ausschließlichen Inhalt und Sinn seines Lebens und zu seiner einzigen Möglichkeit der Selbstbestätigung wird
- Verdrängung des privaten und gesellschaftlichen Lebens durch die Arbeit
- Weigerung, Arbeit zu delegieren
- übertriebene Ausdauer, Unflexibilität und Sturheit beim Erreichen von Zielen um jeden Preis
- schlechte Arbeitseinteilung
- Fehlen von klaren Prioritäten, so daß alles als gleich wichtig betrachtet wird
- Gefühl der eigenen fachlichen Inkompetenz.

Menschen, die unrealistisch hohe Erwartungen haben und strengste Maßstäbe an sich und ihre Arbeit anlegen, sind prädestiniert für beruflichen Streß und Burnout. Sie setzen sich sehr hohe Ziele, ohne sie nach einer anfänglichen Einarbeitungszeit an die Realität anzupassen.

Helferinnen und Helfer, und hier insbesondere jene, die mit Kindern arbeiten, zeichnen sich in der Regel durch ein stark altruistisch und humanistisch geprägtes Wertesystem aus, das sie zur Ergreifung eines sozialen Berufs bewogen hat. Dieses Wertesystem führt in manchen Fällen zu einer übermäßigen Identifikation mit dem Beruf, der das Privat- und Familienleben schließlich völlig vereinnahmt. Die Gefahr besteht vor allem dann, wenn mehrere Mitglieder der Familie oder des Freundeskreises einen sozialen Beruf ausüben und jede freie

Minute damit verbringen, über Erfahrungen und Vorkommnisse aus dem Arbeitsalltag zu sprechen. So wird der Beruf für manche Helfer zur einzigen Möglichkeit der Selbstbestätigung.

Mangelnde Flexibilität bei der Lösung von Problemen und sture Hartnäckigkeit bei der Verfolgung von Zielen um jeden Preis können schwerwiegende Folgen haben, die letztendlich zum Burnout führen. Schlechte Arbeitseinteilung zeigt sich im Fehlen von Prioritäten, in Zeitverschwendung für unwichtige Dinge und in mangelndem Delegieren von Aufgaben an Mitarbeiter. Sie vermittelt den Eindruck, der Helfer stehe ständig unter Zeitdruck, die Arbeit werde immer mehr anstatt weniger und die Anforderungen immer höher, während die Fähigkeiten und Energien des Helfers abnehmen. Die Betroffenen fühlen sich erfolglos und beruflich inkompetent und werden mit sich selbst, ihren Mitarbeitern und der Organisation unzufrieden. Dadurch wird der Helfer zum typischen Burnout-Kandidaten.

Ursachen im Zusammenhang mit den Arbeitsbedingungen
- ein zu kleiner und schlecht ausgestatteter Arbeitsplatz ohne die nötige Ausrüstung
- unzureichende Umweltbedingungen (mangelnde Heizung im Winter, zu große Hitze im Sommer, Feuchtigkeit, Lärm, schlechte Luft, schlechte Beleuchtung)
- fehlende Privatsphäre und ständiger Kontakt mit den Klienten
- Mangel an Raum für vertrauliche Gespräche mit Klienten
- große Entfernung von Kollegen oder größeren Gemeinschaftszentren.

Derartige Arbeitsbedingungen können zu großer Frustration führen – mit allen bereits beschriebenen negativen Folgen.

Ursachen im Zusammenhang mit der Arbeitseinteilung
- uu viele Stunden in direktem Kontakt mit Klienten
- Termindruck und nicht genügend Zeit, Ziele zu erreichen
- übermäßige Verantwortung eines Helfers im Mißverhältnis zu den begrenzten Mitteln, die ihm für die Problemlösung zur Verfügung stehen
- Verantwortung ohne die Möglichkeit der Einflußnahme oder Kontrolle
- unterbesetztes Team in Anbetracht der zu erfüllenden Aufgaben und der Erwartungen der Organisation
- zu wenig Arbeitspausen

- unklare Organisationsstruktur
- unklare Rollen, Aufgaben und Erwartungen
- unklare Arbeitsteilung und Zuständigkeiten mit Kompetenzüberschneidungen
- widersprüchliche Lohnpolitik und Privilegien
- Mangel an systematischer beruflicher Weiterbildung, die den sich ändernden Bedürfnissen der Helfer Rechnung trägt
- fehlende Vorkehrungen zur Vertretung abwesender Helfer und Übernahme ihrer Aufgaben
- fehlende Zeit und Motivation für Debriefings.

Neu gegründete Organisationen leiden häufig unter organisatorischen Mängeln, die unnötigerweise zu beruflichem Streß, Burnout und der raschen Erschöpfung der Helferinnen und Helfer beitragen. Da Helfer aufgrund ihres Engagements besonderen Belastungen ausgesetzt sind, können Mängel bei der Arbeitseinteilung zu einem wesentlichen Burnoutfaktor werden.

Ursachen im Zusammenhang mit der Beziehung der Mitarbeiter untereinander innerhalb einer Organisation
- die psychosoziale Atmosphäre innerhalb einer Organisation und die Art der Beziehungen untereinander, die entweder stimulierend oder frustrierend sein können (z. B. Zusammenarbeit oder Konkurrenz; Unterstützung oder Rivalität; Vertrauen oder Mißtrauen; Bestärkung oder Vereitelung der Unabhängigkeitsbemühungen der Helfer; Gefühl der Stabilität oder Unsicherheit, etc.)
- Entscheidungsfindung und Führungsstil (z. B. starr, autoritär und zentralistisch, ohne die Möglichkeit, die eigene Meinung kundzutun, Vorschläge zu unterbreiten und Entscheidungen von der Basis aus zu beeinflussen)
- Fehlen einer klaren Organisationsphilosophie und einer Vision
- Mangel an Feedback zu Plänen und Ergebnissen
- Mangelnde Bereitschaft einer Organisation, externe Informationen und Erfahrungen zu berücksichtigen; Beschränkung der Erfahrungen auf den eigenen Bereich, in dem sich lediglich Mitarbeiter untereinander austauschen
- Fehlen eines formellen oder informellen Systems der beruflichen und persönlichen Unterstützung der Helfer untereinander
- Mangel an Teamgeist und Gruppenzusammengehörigkeitsgefühl
- unklare und ungerechte Beförderungs- und Bezahlungskriterien.

Einer der Hauptfaktoren bei der Vermeidung von Streß und Burnout ist die Beziehung der Helfer zu den Kollegen und Vorgesetzen innerhalb der Organisation. Da Streß in sozialen Berufen vor allem durch die Arbeit mit Menschen in Not ausgelöst wird, ist auch der Streßabbau zum Großteil von menschlichen Beziehungen abhängig. Wir dürfen uns daher nicht wundern, daß die Beziehungen zu anderen Mitgliedern der Organisation einen wichtigen Burnoutfaktor darstellen können. Helfer stoßen gelegentlich auf Probleme, denen sie sich nicht gewachsen fühlen. Wenn sie auf die Unterstützung und das Verständnis ihrer Kollegen zählen können, werden sie weniger Streß verspüren. Das Gefühl, nicht allein zu sein, sondern Teil einer Gruppe, in der andere mit ähnlichen Problemen konfrontiert sind, kann sehr hilfreich sein. Die meisten Organisationen haben außerdem eine eigene Philosophie oder eine Existenzrechtfertigung, die den Mitgliedern als wichtiger Anhaltspunkt dient.

Die Art der Entscheidungsfindung und der Führungsstil sind typische Elemente, die zu berufsbedingtem Streß beitragen können. Dies gilt vor allem dann, wenn Helferinnen und Helfer den Menschen in Not vor Ort helfen und deren Situation und Probleme kennen, die Entscheidungen aber ohne Rücksprache mit ihnen in den Führungsetagen gefällt werden. Der Mangel an Feedback zur Arbeit der gesamten Organisation oder eines einzelnen Helfers kann ebenfalls zu Streß beitragen, da sich der einzelne Helfer nicht über die Früchte seiner Arbeit im klaren ist und nicht weiß, was die anderen von seiner Arbeit halten.

Ursachen im Zusammenhang mit der Art der Hilfeleistung und den Charakteristika der Klienten

- eine große Anzahl an Klienten, die permanent intensive Hilfe benötigen, das ist vor allem bei der Arbeit mit Kleinkindern und Kindern der Fall, die schwer traumatisiert und stark untersozialisiert in eine Einrichtung aufgenommen werden
- eine große Anzahl von Problemen, die entweder nicht zufriedenstellend gelöst werden und bei denen die Aussichten auf eine erfolgreiche Lösung sehr gering sind, oder aber äußerst zeitaufwendige Probleme mit ungewissem Ausgang
- emotionale Erschöpfung aufgrund des ständigen Bewußtseins der großen Bedürfnisse der Klienten
- Ähnlichkeit der persönlichen Erfahrungen des Helfers mit den traumatischen Erfahrungen der Klienten, die er betreut.

Aus der obigen Auflistung der Ursachen für Streß und Burnout geht hervor, daß viele dieser Ursachen im Zusammenhang mit den Arbeitsbedingungen, der Arbeitseinteilung, den Beziehungen innerhalb der Organisation, der Art der Hilfeleistung und der Anzahl der Klienten stehen. Diese Ursachen, die objektiv betrachtet als gleichwertig eingestuft werden könnten, führen bei verschiedenen Personen zu einem unterschiedlichen Ausmaß an berufsbedingtem Streß, zu einem unterschiedlich schnellen Durchschreiten der verschiedenen Stufen des Burnout-Syndroms sowie zu unterschiedlichen Streßsymptomen und Arten der Streßbewältigung. Manche Helfer tendieren zur Anwendung von Selbsthilfetechniken und greifen zur Streßverminderung hauptsächlich auf ihre eigenen Ressourcen zurück (AJDUKOVIC/AJDUKOVIC 1994). Andere wiederum verlassen sich hauptsächlich auf jene Maßnahmen, die die Organisation zur Streßreduktion bei ihren Mitarbeitern setzt. Am besten aber ist es, verschiedene Methoden der Streßbewältigung zu kombinieren und sowohl Selbsthilfemaßnahmen als auch die Unterstützung durch die Organisation zu nutzen. Es kann davon ausgegangen werden, daß Mitarbeiter, die mit Selbsthilfetechniken vertraut sind, versuchen werden, geeignete Verbesserungen auch auf Ebene der Organisation einzuleiten, um sich selbst und ihre Kollegen zu schützen (POTTER 1985).

Selbsthilfe und Hilfe aus dem Arbeitsumfeld

Es gibt eine Reihe von Maßnahmen zur Streßvermeidung, die praktisch in jedem beliebigen Arbeitsumfeld angewandt werden können, da jede Art von Arbeit unter bestimmten Bedingungen zu negativen Streßfolgen führen kann. Es werden im folgenden verschiedene Methoden zur Verringerung von hilfebedingtem Streß sowie Techniken zur Vermeidung von Burnout vorgestellt. Einige dieser Methoden sind äußerst wichtig für die psychische Gesundheit der Helfer und die Entwicklung ihrer Selbsthilfefähigkeiten.

Die ersten beiden Schritte beinhalten das Erkennen von Streßreaktionen und die Identifikation ihrer Ursachen. Der nächste Schritt umfaßt die Auswahl einer konstruktiven Streßbewältigungsmethode. Das Wort »konstruktiv« impliziert dabei nicht unbedingt, daß die Hauptstreßursache beseitigt werden muß. Es kann auch bedeuten, zu einer Einstellung zu gelangen, mit der wir die Streßfaktoren als weniger störend empfinden. Das ist natürlich keine zufriedenstellende Dauerlösung, da die Streßauslöser weiterhin bestehen, aber es kann uns helfen, die nötigen Energien zu sammeln, die wir zur Beseitigung der Streßursachen brauchen. In jedem Fall ist das Erkennen der Streßursachen eine wichtige Voraussetzung für die Streßbewältigung. Wir sollten uns auch bewußt sein, daß es verschiedene Möglichkeiten gibt, gegen Streß anzukämpfen. Es ist natürlich nicht immer einfach, die individuelle Ursache für den Streß eines Helfers auszumachen, da häufig eine ganze Reihe von Auslösern verschiedener Kategorien gleichzeitig vorliegen und andererseits unterschiedliche Streßfaktoren die gleichen Reaktionen hervorrufen können. Darüber hinaus sind die Intensität und die Ausprägungen der negativen Folgen stark zeit- und situationsabhängig. Der innere Dialog des Helfers und die Selbstbeobachtung seiner Reaktionen sind in diesem Zusammenhang sehr hilfreich.

Eine einfache Methode zur Identifizierung von Streßauslösern ist das Sammeln der unerfreulichen Gedanken, die sich uns aufdrängen, wenn wir gerade nichts zu tun haben, wenn wir allein sind oder kurz bevor wir einschlafen. Eine andere einfache Möglichkeit besteht darin, sich mit einer Vertrauensperson zu unterhalten. Aufgrund der Festgefahrenheit der Gedanken, die das Burnout-Syndrom mit sich bringt, ist es oft leichter für einen Außenstehenden, besonders für einen Experten, die Streßursache zu erkennen. Das Erkennen der Streßursache ist wichtig, da es uns ermöglicht herauszufinden, ob wir uns selbst oder die Situation ändern sollen.

Der nächste Schritt ist die Bewertung der Wichtigkeit der einzelnen Streßauslöser. Dabei sollten wir die Häufigkeit des Auftretens der Gedanken zu jedem einzelnen Streßfaktor und die daraus resultierenden Emotionen in Betracht ziehen. Jene individuellen Auslöser, die in unseren Gedanken öfter auftauchen und stärkere negative Emotionen hervorrufen, haben vermutlich eine stärkere Auswirkung auf unsere Arbeit und unser Privatleben.

Dieses einfache Verfahren kann uns dabei helfen, die Hauptursachen von Streß und Burnout besser zu verstehen, besonders dann, wenn wir nicht sicher sind, was unseren Streß verursacht. Es kann auch dabei helfen, uns auf mögliche zukünftige Streßsituationen vorzubereiten.

Der nächste Schritt ist die Erarbeitung eines Plans zur Streßreduzierung und die Durchführung der ersten Maßnahmen. Das ist wahrscheinlich der kreativste Teil des ganzen Prozesses, da verschiedene Ideen und Alternativen berücksichtigt werden müssen, um das Ziel zu erreichen. Es ist wichtig, einen konkreten, praktischen »Aktionssplan« zu entwickeln, weil es uns hilft, eine Reihe kleiner Schritte auszuarbeiten und die Hindernisse, die uns bei der Erreichung unseres Zieles im Wege stehen, einzuschätzen. Die Effizienz dieses Selbsthilfeplans hängt stark vom Arbeitsumfeld des Helfers ab.

Dies bringt uns zu einem anderen Aspekt, der bei der Verhinderung von Burnout eine wichtige Rolle spielt: Strategien zur Hilfe für Helferinnen und Helfer. Diese Strategien stehen in direktem Zusammenhang mit der allgemeinen Philosophie der Organisation. Ist sich eine Organisation bewußt, daß sie für die psychische Gesundheit der Helfer Sorge zu tragen hat, so spiegelt sich dieses Bewußtsein in ihrer Philosophie wider.

Methoden zur Verringerung von Streß

Persönliche Ebene

- Auswahl der Helferinnen und Helfer basierend auf deren Motivation, Qualifikation, Erwartungen
- angemesse Vorbereitung der Helfer auf ihre Arbeit
- kontinuierliche Weiterbildung zur Steigerung der persönlichen und beruflichen Kompetenz
- Abstecken von Grenzen, innerhalb derer ein Helfer erfolgreich arbeiten kann
- effiziente Nutzung der Arbeitszeit
- regelmäßige Festlegung von Prioritäten und Planung der Reihenfolge der Aufgaben
- Ausrichtung der Erwartung der Helfer auf realistische Ziele.

Arbeitsbedingungen

- Schaffung sicherer Arbeitsbedingungen
- Schaffung angemessener Arbeitsbedingungen (Platz, Toiletten, Heizung, Sauberkeit)
- Einräumen der für manche beruflichen und außerberuflichen Aspekte nötigen Privatsphäre.

Arbeitseinteilung

- klare Definition des Ziels eines jeden Hilfsprogramms
- klare Festlegung der Organisationsstruktur und des Platzes eines jeden einzelnen Helfers innerhalb der Organisation

- klare Definition der Aufgabenverteilung und Erwartungen innerhalb der Organisation
- Verpflichtung zur regelmäßigen beruflichen Supervision
- berufliche Weiterbildung als Antwort auf neue Anforderungen
- Einführung regelmäßiger Debriefings, besonders nach wichtigen Ereignissen
- Einführung regelmäßiger Besprechungen des gesamten Teams oder der Mitarbeiter der Organisation zur Vermittlung eines Gesamtüberblicks über die geleistete Arbeit
- gerechte Verteilung von Urlaub, Anerkennung und Löhnen
- Einführung eines Zeitraums in der täglichen Arbeitsplanung, in dem der Helfer nicht direkt mit den Klienten arbeitet.

Beziehungen innerhalb der Organisation
- Schaffung eines Klimas von gegenseitigem Vertrauen und gegenseitiger Unterstützung (sowohl beruflich als auch informell)
- Förderung individueller Initiativen und Bedürfnisse nach beruflicher Weiterentwicklung
- Förderung der Teamarbeit und des Teamgeists
- Förderung des Dialogs zwischen Führungspersonal und Mitarbeitern
- Berücksichtigung der Erfahrungen anderer Organisationen
- gelegentliche Durchführung informeller Mitarbeitertreffen.

Aus den oben angeführten Punkten geht hervor, daß die Sorge um den Helfer bei dessen Auswahl und seiner Vorbereitung auf die Arbeit beginnt. Die Stellenbewerber müssen über die Ziele, Verfahrensweisen und Bedingungen ihrer Arbeit informiert werden. So sollte jeder Helfer vor Arbeitsantritt wissen, ob sein Beruf Reisen oder längere Aufenthalte außerhalb seines Wohnorts mit sich bringt oder ob beispielsweise die Betreuung von Flüchtlingen Schichtarbeit erfordert. Vollständige Informationen ermöglichen es den Helfern zu beurteilen, ob ihnen die Arbeit liegt oder nicht. Die Grundausbildung, die sie mitbringen, reicht nur selten aus, da sie das Wissen und die Fähigkeiten, die sie sich im Laufe ihrer Ausbildung angeeignet haben, am Anfang ihrer Arbeit mit den Klienten meist anders einsetzen als zu einem späteren Zeitpunkt, wenn sie bereits über mehr konkrete Erfahrung verfügen. Deshalb ist es im Rahmen der kontinuierlichen Weiterbildung notwendig, einige Fragen, die bereits während der Grundausbildung gestellt wurden, noch einmal aufzugreifen. Regelmäßige Supervision ist hierfür ganz besonders geeignet.

Schlecht definierte Aufgabenbereiche sind eine häufige Ursache für Streß. Deshalb sollte eine Organisation den Aufgabenbereich eines jeden Helfers klar festlegen. In den Führungsetagen einer Organisation herrscht oft die Meinung, diese Belange seien für jedermann offensichtlich, obwohl möglicherweise nur das obere Management sie durchschaut, während den Helfern ihr Aufgabenbereich oft nicht ausreichend klar ist. Deshalb ist es wichtig, einen Dialog von oben nach unten und von unten nach oben sicherzustellen. Es sollten Schritte unternommen werden, um zu verhindern, daß Helfer in einen Aufgabenkonflikt geraten (z.B. das Treffen von Entscheidungen über die Verteilung von lebensnotwendigen materiellen Gütern an die Klienten und deren gleichzeitige psychologische Unterstützung).

Vom psychologischen Standpunkt aus gesehen ist es sehr wichtig, den Helferinnen und Helfern angemessene Anerkennung zu zollen und sie wissen zu lassen, daß sie bei der Erreichung der Ziele der Organisation oder eines gesamten Projekts eine bedeutende Rolle spielen. Überlastet mit den Problemen der täglichen Arbeit und organisatorischen Schwierigkeiten, betrachten Verantwortliche die gute Arbeit ihrer Untergebenen und Mitarbeiter oft als selbstverständlich. Da Helfer bei ihrer Arbeit nur begrenzte Befriedigung erfahren, weil die Folgen der geleisteten Hilfe oft schwer sichtbar sind, brauchen sie zu den Ergebnissen ihrer Arbeit Feedback von außen. Den Helfern selbst fällt es oft schwer, diese Ergebnisse zu sehen, aber betrachtet man das Programm als Ganzes, so wird der Erfolg greifbarer. Daher ist es wichtig, regelmäßige Treffen zu organisieren (zum Beispiel alle drei Monate), um die positiven Ergebnisse zu analysieren und die Rolle jedes einzelnen beim Erreichen dieser Ergebnisse herauszustreichen. Dies ist auch eine gute Gelegenheit, das ganze Team, das an einem Ort oder für die selbe Organisation arbeitet, zusammmenzubringen, damit die Mitglieder ihre Erfahrungen und Gefühle austauschen und sich so gegenseitig unterstützen können.

Erfahrungen aus der Ausbildung

In Anerkennung der Notwendigkeit des aktiven Schutzes der psychischen Gesundheit von Helferinnen und Helfern und der Tatsache, daß die hierzu erforderlichen Fähigkeiten nur in den seltensten Fällen Teil einer beruflichen oder paraberuflichen Ausbildung sind, hat die Society for Psychological Assistance (SPA) ein Fortbildungsprojekt entwickelt, das speziell auf die psychischen Bedürfnisse von professionellen Helferinnen und Helfern eingeht. Ziel ist es, Selbsthilfefähigkeiten zur Bewältigung von beruflichem Streß zu fördern und Eigeninitiativen zur Vorbeugung gegen das Burnout-Syndrom zu unterstützen.

Das Konzept der Fortbildung ist die Entwicklung von Selbsthilfefähigkeiten in zwei Schritten:

- Erster Schritt: Bewußtseinsentwicklung: Was sind die ersten Warnsignale? Welche Ursachen gibt es für beruflichen Streß und Burnout auf persönlicher Ebene?
- Zweiter Schritt: Erarbeitung der am besten geeigneten Selbsthilfemethoden.

Während der gesamten Fortbildung werden mögliche Verfahren zur Streßverminderung und Burnout-Vorbeugung auf persönlicher Ebene vorgestellt. Darunter sind unter anderem:

- Beobachtung der Streßsituationen und ihrer Folgen
- Zeiteinteilung und Prioritätensetzung
- Abstecken von Grenzen
- Beobachtung des eigenen inneren Dialogs
- Methoden der Selbstermutigung
- Entspannungstechniken
- Erholung
- Erleichterung des beruflichen Dialogs – Supervision, Konsultation, Debriefing.

Drei Monate nach Ende eines Seminars für SOS-Kinderdorf Kroatien berichteten die Teilnehmer über verbesserte Beziehungen zu ihren Kollegen, die gesteigerte Fähigkeit, ihren Arbeitsbereich einzugrenzen, geringere Erschöpfung und bessere Kommunikation innerhalb des Teams. Alle Teilnehmer bestätigten, daß das Seminar ihnen geholfen habe, beruflichen Streß zu verringern, und daß die neuerworbenen

Fähigkeiten leicht auf die tägliche Arbeit übertragen werden könnten. Berichte der Teilnehmer über Maßnahmen vor und drei Monate nach dem Seminar zeigten eine eindeutige Verbesserung der Zeiteinteilung und des Verständnisses der Zuständigkeiten sowie eine deutlich niedrigere Position auf der Burnout-Skala.

Schlußfolgerung

- Die psychische Gesundheit der Helfer ist gefährdet, da sie mit verletzlichen Klienten und Personen in Not arbeiten.
- Das Ausmaß der Gefährdung der psychischen Gesundheit von Helfern ist das Resultat vieler verschiedener Faktoren.
- Es ist möglich, bestimmte Fähigkeiten auf individueller Ebene zu entwickeln und innerhalb der Organisation ein Umfeld zu schaffen, das den beruflichen Streß und Burnout verringert. Selbsthilfefähigkeiten zur Verringerung von Streß bei Helfern sind nicht Teil der allgemeinen Berufsausbildung. Somit obliegt es der Verantwortung jedes einzelnen Helfers und der Organisation, die nötigen Maßnahmen zu ergreifen.
- Es hat sich gezeigt, daß Intensivkurse für Gruppen mit Schwerpunkt auf diesen Themen, regelmäßige Supervision für die Mitarbeiter zusammen mit organisatorischen Anpassungen effiziente Maßnahmen für einen besseren Schutz der psychischen Gesundheit der Helfer darstellen.
- Die Sorge um die psychische Gesundheit der Helfer ist kein Luxus, sondern eine berufliche Pflicht auf allen Ebenen der Organisation – vom einzelnen Mitarbeiter über die Führungsetagen bis hin zu organisationsüberschreitenden Berufsgruppen.

Literatur

AJDUKOVIĆ, M., AJDUKOVIĆ, D. (1994): Pomo i samopomo u skrbi za geistigno zdravlje pomaga a. Zagreb: Drustvo za psiholosku pomo.

POTTER, B. (1985): Beating job burnout. Berkeley, CA.

VAN DER VEER, G., VLADAR REVERO, V., GROENBERG, M. (1992): Counselling and therapy with refugees. Chichester: Wiley.

CHRISTIAN POSCH

Ausbildung – Weiterbildung – Praxisreflexion

Allgemeines zum SOS-Kinderdorf

Kinder und Jugendliche kommen aufgrund verschiedenster traumatischer Erfahrungen in eine SOS-Kinderdorf-Einrichtung. Die meisten von ihnen haben auf ihrem noch kurzen Lebensweg physische wie psychische Gewalt oder sexuellen Mißbrauch erleben müssen, haben Beziehungserfahrungen mit psychisch kranken Eltern oder Erfahrungen der Verwahrlosung zu bewältigen.

Es soll ein Überblick über die Aus- und Weiterbildungsangebote gegeben werden, die das österreichische SOS-Kinderdorf seinen pädagogischen Mitarbeiterinnen[1] bietet, damit sie in ihrer Beziehungsarbeit adäquat für die Kinder und Jugendlichen sorgen können.

Die Mitarbeiterinnen des SOS-Kinderdorfs arbeiten in den 25 SOS-Kinderdorf-Einrichtungen in Österreich für drei verschiedene »Kundengruppen« (siehe Abb.). Ein Kunde ist die Gesellschaft, die über die Jugendwohlfahrtsbehörde dem SOS-Kinderdorf den Auftrag gibt, die ihm anvertrauten Kinder und Jugendlichen bis zur Selbsterhaltungsfähigkeit (Fähigkeit zur Teilnahme an den gesellschaftlichen Prozessen) zu betreuen. Eine zweite Kundengruppe sind die leiblichen Eltern: Die Kinder und Jugendlichen, die in SOS-Kinderdorf-Einrichtungen untergebracht sind, haben zu rund 90 % noch Mutter und Vater und zu 99,5 % zumindest einen Elternteil (FUCHS u. a. 1995). Die wichtigsten und unmittelbarsten »Kunden« der etwa 400 Mitarbeiterinnen im pädagogi-

1 Da im SOS-Kinderdorf mehr Frauen als Männer arbeiten, wird aus Gründen der besseren Lesbarkeit die weibliche Form verwendet; diese impliziert natürlich ebenso die männlichen SOS-Mitarbeiter.

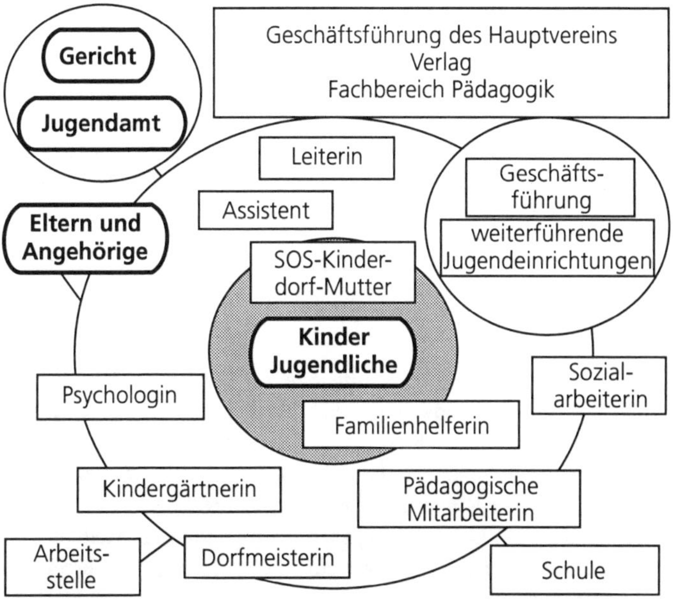

schen Bereich sind die rund 850 Kinder, Jugendlichen und jungen Erwachsenen, die in den SOS-Kinderdorf-Einrichtungen leben.

Qualifizierungsmaßnahmen im SOS-Kinderdorf

»Das SOS-Kinderdorf hat sich zu einem Sozialwerk beachtlicher Größe entwickelt. Im Kern ist es ein Dienstleistungsunternehmen – die Arbeit am Kind steht im Mittelpunkt. Die Qualität seiner Dienste am Kind und Jugendlichen fußt auf der Leistungsbereitschaft (Motivation, ›Wollen‹) und Leistungsfähigkeit (Handlungswissen, ›Können‹) jeder einzelnen Mitarbeiterin« (Vyslozil/Posch 1994).

Die Zielsetzung der Sozialpädagogik im SOS-Kinderdorf ist vor allem charakterisiert durch die Langzeitbetreuung von Kindern und Jugendlichen in familienähnlichen Gemeinschaften. Unter Pädagogik wird dabei ein bewußtes und zielgerichtetes Gestalten zwischenmenschlicher Beziehungen verstanden, welches in einem wechselseitigen Prozeß zwischen erzieherischer Handlung und der Reflexion darüber geschieht (Kupffer 1992).

»Die Entwicklungsmöglichkeiten von Kindern und Jugendlichen werden zentral von der Interaktion mit den erwachsenen Bezugspersonen bzw. Beziehungspartnern beeinflußt. Das heißt, daß das Denken, Fühlen und Tun der Mitarbeiterinnen im sozialpädagogischen Bereich somit unmittelbare Einflußfaktoren auf die erzieherischen Prozesse darstellen. Wie die Beziehungen mit den Kindern und Jugendlichen sowohl auf emotionaler als auch auf inhaltlicher Ebene gestaltet werden können, hängt entscheidend von der Persönlichkeit und von der Qualifikation der Mitarbeiterinnen ab« (Heim 1997).

Diese persönliche und fachliche Qualifikation ist für vier pädagogische Hauptaufgaben im SOS-Kinderdorf notwendig. Die Aufgaben sind (Hrdina 1996):

- *Allgemeine pädagogische Aufgaben* zur optimalen Entwicklung der individuellen und sozialen Fähigkeiten und der Persönlichkeit der Kinder und Jugendlichen.
- Pädagogische Aufgaben, die sich aus der *Situation der Fremdunterbringung* der Kinder und Jugendlichen ergeben.
- *Heilpädagogische und therapeutische Aufgaben* zur Heilung von psychischen Verletzungen und zur Förderung der Ressourcen der Kinder und Jugendlichen.
- Aufgaben, die sich aus der *besonderen Struktur des SOS-Kinderdorfs* ergeben. Ein besonderes Qualitätsmerkmal ist, daß den Kindern und Jugendlichen eine kontinuierliche und verantwortliche Bezugsperson geboten wird.

Sowohl bei der persönlichen pädagogischen Kompetenz als auch bei den Rahmenbedingungen der erzieherischen Arbeit setzen die Hilfen des SOS-Kinderdorfs für seine Mitarbeiterinnen an. Diese sollen selbstmotivierte, hochqualifizierte und an einem ständigen Lernprozeß interessierte Menschen sein. Schwerpunkte der Hilfsangebote sind:

- *Ausbildung*
- *Berufliche und persönliche Weiterbildung*
- *Wissen um die Rahmenbedingungen und deren Reflexion.*

Ausbildung

Es darf bezweifelt werden, daß Ausbildungen entsprechend auf den späteren sozialpädagogischen Beruf vorbereiten (Pudzich/Stahlmann 1995). Das SOS-Kinderdorf geht davon aus, daß einschlägige Ausbildungen Hintergrundwissen und meist auch Handlungsanweisungen vermitteln, die die Mitarbeiterinnen dazu befähigen, im sozialpädagogischen Feld zu arbeiten. Eine lebenslange kontinuierliche Weiterbildung wird jedoch als unbedingt notwendig erachtet.

Mitarbeiterinnen im SOS-Kinderdorf müssen also mindestens eine einschlägige Ausbildung absolviert haben (Putzhuber 1996). Die Mitarbeiterinnen des Psychologisch-Therapeutischen Diensts beispielsweise müssen sowohl über ein Psychologiestudium als auch über eine abgeschlossene Therapieausbildung verfügen. Diejenigen Mitarbeiterinnen, deren persönliche Qualifikation entsprechend ist, die aber über keine formelle Ausbildung verfügen, werden mit Unterstützung des SOS-Kinderdorfs ausgebildet.

Ausbildung der SOS-Kinderdorf-Mutter

Eine Frau, die sich als SOS-Kinderdorf-Mutter bewirbt, wird einer eingehenden Prüfung unterzogen und beginnt im Anschluß daran eine zweijährige Berufsausbildung. In dieser Zeit kann die Bewerberin ihre persönliche Eignung für den Beruf der SOS-Kinderdorf-Mutter überprüfen. Im ersten Jahr absolviert sie als Familienhelferin ein Praktikum in ihrem zukünftigen Betätigungsfeld. Im zweiten Jahr erfolgt eine intensive theoretische Schulung (1215 Unterrichtsstunden) mit verschiedenen Praxisblöcken in der Berufsfachschule für SOS-Kinderdorf-Mütter in Mörlbach, Deutschland, die mit einem Zertifikat abgeschlossen wird. In den drei nachfolgenden Jahren sind die jungen SOS-Kinderdorf-Mütter verpflichtet, einmal pro Jahr an einer Seminarwoche zur Praxisreflexion teilzunehmen.

Ausbildung zur SOS-Kinderdorf-Familienhelferin

Ab dem Jahr 1997 werden die SOS-Kinderdorf-Familienhelferinnen eine eigene Ausbildung erhalten, um sie für ihren speziellen Aufgabenbereich persönlich wie fachlich zu qualifizieren. Das einjährige Ausbildungscurriculum sieht eine sechswöchige Einschulung mit einem Einschulungsseminar und einem Erste-Hilfe-Kurs, vier einwöchige Theorieblöcke sowie eine kontinuierliche Praxisbegleitung (Anleitung und Reflexion) vor.

Berufsbegleitende Ausbildung von pädagogischen Mitarbeiterinnen

Die pädagogischen Mitarbeiterinnen mit persönlicher Eignung, aber ohne die vorausgesetzte Ausbildung (Sozialpädagoginnen-, Sozialarbeiterinnen-, Jugendleiterinnen-Ausbildung) müssen diese berufsbegleitend nachholen und werden dabei von SOS-Kinderdorf finanziell und/oder zeitlich unterstützt.

Andere Ausbildungen mittels Ausbildungsvertrag
Mitarbeiterinnen, die eine zusätzliche Ausbildung für ihr Tätigkeitsfeld absolvieren (beispielsweise eine Abteilungsleiterin, die einen Leiterlehrgang besucht), werden vom SOS-Kinderdorf unter Einhaltung eines Ausbildungsvertrags finanziell wie zeitlich unterstützt. Sie müssen sich verpflichten, nach Abschluß der Ausbildung ein bis drei Jahre im SOS-Kinderdorf zu arbeiten.

Berufliche und persönliche Weiterbildung

Die Anforderungen an die Mitarbeiterinnen ändern sich laufend, wie auch die gesellschaftlichen Rahmenbedingungen einem ständigen Wandel unterworfen sind. Durch das Jugendwohlfahrtsgesetz von 1989 ist beispielsweise die Zusammenarbeit mit den Eltern und Angehörigen fremduntergebrachter Kinder massiv in den Vordergrund gerückt. Für SOS-Kinderdorf bedeutet das, daß die Mitarbeiterinnen nicht nur neue Formen der Zusammenarbeit mit Eltern, Institutionen und Behörden erlernen, sondern auch persönliche Einstellungen und Werthaltungen reflektieren und verändern mußten. An diesem Beispiel wird sehr deutlich, daß es einer lebenslangen beruflichen wie persönlichen Weiterbildung bedarf.

Weiterbildungsprogramm des Sozialpädagogischen Instituts
Seit zwei Jahrzehnten organisiert SOS-Kinderdorf ein spezielles Weiterbildungsprogramm für die Mitarbeiterinnen im pädagogischen Bereich. Dieses Programm findet in der SOS-Kinderdorf – Hermann-Gmeiner-Akademie in Innsbruck statt und ist auch für Fachleute anderer Organisationen zugänglich. In den Veranstaltungen, die im allgemeinen in Seminarform abgehalten werden, haben die Teilnehmerinnen die Möglichkeit, aktuelle fachliche wie persönliche Fragestellungen zu bearbeiten. Lernen erfolgt hierbei sowohl durch Wissensvermittlung als auch durch Selbsterfahrungselemente.

Einige Themen aus dem Programm 1996/97 sollen einen Eindruck vermitteln: »Die Feldenkrais-Methode – Bewußtheit durch Bewegung«, »Problemkinder – Kinderprobleme«, »Stellenwert der leiblichen Eltern bei der Identitätsentwicklung von fremdplazierten Kindern«, »Die Bedeutung von Mütter- und Vaterfiguren«, »Sexuelle Gewalt gegen Kinder«.

Seminare in den SOS-Kinderdorf-Einrichtungen
Zu aktuellen und spezifischen Fragestellungen finden in den SOS-Kinderdorf-Einrichtungen ein bis zweimal pro Jahr Weiterbildungsveranstaltungen vor Ort statt. Hier wird sehr flexibel auf die speziellen Anforderungen der Einrichtung (z. B. Aufnahme von mehreren Kindern mit Gewalterfahrungen) reagiert.

Seminare von externen Fortbildungsinstituten
Seminare sowohl zur Persönlichkeitsbildung als auch zur fachlichen Weiterbildung können auch bei externen Fortbildungsinstituten in Anspruch genommen werden. Je nach Seminarinhalt werden diese Fortbildungen von SOS-Kinderdorf finanziell und/oder zeitlich unterstützt.

Lehrgänge
Seit 1994 veranstaltet das SOS-Kinderdorf Kärnten in Moosburg gemeinsam mit dem Katholischen Bildungswerk öffentlich zugängliche Lehrgänge. Ziel ist es, berufsgruppenübergreifend wichtige pädagogische Fragestellungen intensiver zu beleuchten. Im Jahr 1995/96 beschäftigte sich der Lehrgang beispielsweise mit dem Thema »Zwischen Elternhaus und Schule«.

Tagungen
Mit dem Symposium »Kinder im Mittelpunkt« begann 1989 im SOS-Kinderdorf eine Serie von Tagungen und Kongressen. Diese Veranstaltungen haben eine zweifache Zielsetzung: Erstens geht es um eine intensive direkte Auseinandersetzung mit fachlichen Inhalten und deren Vertreterinnen. Zweitens sollen sie ein Forum sein, das die fachlichen Anliegen der Jugendwohlfahrt öffentlich diskutiert. Einige dieser Tagungsinhalte sind in Buchform veröffentlicht worden (siehe Literaturverzeichnis).

Wissen um die Rahmenbedingungen und deren Reflexion

Hier kann zwischen einer *persönlichen Ebene*, die darauf abzielt, daß die Mitarbeiterinnen von sich aus die Rahmenbedingungen ihrer Tätigkeit reflektieren, und einer *strukturellen Ebene*, die der Verein zur

Reflexion der Arbeits- und Rahmenbedingungen vorsieht, unterschieden werden.

Persönliche Ebene

Supervision

Supervision dient dazu, die Beziehungen (zu Kindern, Kolleginnen, leiblichen Eltern) zu klären und die eigenen Handlungen (pädagogische, organisatorische, therapeutische) vor dem Hintergrund der jeweiligen Arbeitsbedingungen zu reflektieren. Dadurch sollen neue Handlungsfähigkeiten erschlossen und zusätzliche Handlungskompetenzen für den beruflichen Alltag erworben werden.

Seit 1989 kann jede Mitarbeiterin im pädagogischen Bereich Supervision in Anspruch nehmen. Seit 1994 unterscheidet eine differenzierte Regel zwischen den einzelnen Berufsgruppen. Für manche Berufsgruppen (Psychotherapeutinnen, neue Kinderdorfmütter) ist Supervision obligatorisch; sie ist Teil des Arbeitsvertrags und muß somit wahrgenommen werden. SOS-Kinderdorf stellt hierfür sowohl die Dienstzeit als auch die finanziellen Mittel zur Verfügung.

Fortbildung

Für die Leiterinnen der pädagogischen Einrichtungen werden jährliche Fortbildungen im organisatorischen Bereich veranstaltet. Schwerpunktthemen der letzten Jahre waren »Personalmanagement« und eine »Projektwerkstatt mit Follow-up«.

Jährliche Berufsgruppentreffen

Die einzelnen pädagogischen Berufsgruppen haben die Möglichkeit, sich einen Tag pro Jahr zur Reflexion ihrer Tätigkeit und ihrer Rahmenbedingungen sowie zu einem freien Gedankenaustausch zu treffen.

Strukturelle Ebene

Orientierungsseminar

Neue Mitarbeiterinnen müssen im Lauf des ersten Jahres ein zentrales Informationsseminar über das SOS-Kinderdorf und seine Angebote, Organisationsformen und Rahmenbedingungen besuchen. Sie lernen dabei Mitarbeiterinnen aus anderen SOS-Kinderdorf-Einrichtungen kennen und können dadurch ein Zugehörigkeitsgefühl zur Organisation entwickeln. Es wird ihnen Wissen über den österreichischen SOS-Kinderdorf-Verein, SOS-Kinderdorf International und über die SOS-Kinderdorf – Hermann-Gmeiner-Akademie vermittelt.

Sozialpädagogisches Institut
Seit dem Jahr 1964 gibt es im SOS-Kinderdorf ein Sozialpädagogisches Institut. Heute ist es eine Abteilung des Fachbereichs Pädagogik und sowohl zuständig für die oben beschriebene fachliche Weiterbildung und das Orientierungsseminar als auch für die wissenschaftliche Reflexion der SOS-Kinderdorf-Praxis mittels Erhebungen, Statistiken, Dokumentationen und Studien (veröffentlichte Studien siehe Literaturverzeichnis). Darüber hinaus moderieren die Mitarbeiterinnen des Sozialpädagogischen Instituts die Entwicklung von pädagogischen Konzepten in den SOS-Kinderdorf-Einrichtungen.

Abteilung für Sozialpädagogische Qualitätsentwicklung
Die Fachberaterinnen dieser Abteilung des Fachbereichs Pädagogik haben die Aufgabe, die pädagogische Praxis in den einzelnen SOS-Kinderdorf-Einrichtungen gemeinsam mit den Praktikerinnen vor Ort zu reflektieren und mit ihnen für eine adäquate Weiterentwicklung zu sorgen. Dazu erfolgt pro Jahr mindestens ein längerer Besuch der beiden Fachberaterinnen in jeder Einrichtung, in dessen Verlauf ein Vergleich des Ist-Zustands mit dem Soll-Zustand vorgenommen wird.

Zukunftsperspektiven

Damit die Kinder und Jugendlichen durch möglichst qualifizierte und zufriedene Mitarbeiterinnen betreut werden, hat SOS-Kinderdorf im Laufe der Jahre viele differenzierte Hilfestellungen entwickelt. In der nahen Zukunft wird es nun verstärkt darum gehen, die entsprechenden Qualitätsstandards für Pädagogik und Personalentwicklung festzuschreiben. Dies betrifft die Leitsätze des pädagogischen Denkens und Handelns von SOS-Kinderdorf ebenso wie die daraus abgeleiteten pädagogischen Standards, wie beispielsweise eine für alle Mitarbeiterinnen gültige Aus- und Weiterbildungsregel. Ein ganz wesentlicher Aspekt wird dabei sein, diese Standards und Regeln für die Mitarbeiterinnen transparent zu machen.

Literatur

FUCHS, H., STRASSER, M., POSCH, CH. (1995): Schritte. Trends und pädagogische Entwicklungen in den österreichischen SOS-Kinderdörfern. Innsbruck-Wien.

HEIM, R. (1997): Berufliche (Weiter-)Bildung im SOS-Kinderdorf oder Kostproben aus dem Bildungsmenü einer lebendigen sozialpädagogischen Institution. In: Sozialpädagogische Impulse.

HRDINA, K. (1996): Persönliche Mitteilung.

KUPFFER, H. (1992): In West und Ost nichts Neues? In: Unsere Jugend.

POSCH, Ch., CZIHAK, O., LEIXNERING, W. (Hrsg.) (1995): Brücke zum Über-Leben. Grundlagen und Hilfen zur außerfamiliären Erziehung. Innsbruck-Wien.

PUDZICH, V., STAHLMANN, M. (1995): Brauchen ErzieherInnen Fort- und Weiterbildung? In: Unsere Jugend, Nr. 8.

PUTZHUBER, H. (1996): Erhebung zur Situation der Aus- und Weiterbildung der MitarbeiterInnen in den pädagogischen Einrichtungen von SOS-Kinderdorf Österreich. Interne Erhebung des SOS-Kinderdorf/Fachbereich Pädagogik/Sozialpädagogisches Institut (unveröffentlicht).

VYSLOZIL, W., POSCH, CH. (1994): Ganzheitliche Personalentwicklung: Ein wichtiger Schlüssel für eine erfolgreiche SOS-Kinderdorf-Zukunft in Österreich. SOS-Kinderdorf-Forum Nr. 11/1, Hermann-Gmeiner-Akademie.

Tagungsbände

POSCH, CH. (Hg.) (1991): Kinder im Mittelpunkt. 2. Auflage 1991. Innsbruck-Wien.

POSCH, CH., ILSINGER, H. (Hg.) (1993): Ich bin aus Vielen. Beziehungen. Selbstfindung. Institution. Innsbruck-Wien.

POSCH, CH., CZIHAK, O., LEIXNERING, W. (Hg.) (1995): s. o.

Veröffentlichte Studien

FUCHS, H., POSCH, CH. (1992): Daten zur Sozialpädagogik der österreichischen SOS-Kinderdörfer. Zahlen – Fakten – Analysen. Wien.

FUCHS, H., STRASSER, M., POSCH, CH. (1995): Schritte. Trends und pädagogische Entwicklungen in den österreichischen SOS-Kinderdörfern. Innsbruck-Wien.

HILWEG, W., POSCH, CH. (1987): SOS-Kinderdorf-Statistik zum Stichtag 1.1.1985. Innsbruck.

Die Autoren

MARINA AJDUKOVIĆ, Dr., ist Professorin an der Schule für Sozialarbeit der Juridischen Fakultät der Universität Zagreb, Kroatien.

ANNA ALDRIAN, Mag., ist Pädagogische Beraterin im Regionalbüro für das Südliche Lateinamerika von SOS-Kinderdorf International in Paraguay. Sie lebt seit ihrer Heirat 1972 in Lateinamerika (Ecuador, Honduras, Bolivien, Paraguay).

GERTRUDE BOGYI, Dr., ist als Klinische Psychologin an der Universitätsklinik für Neuropsychiatrie des Kindes- und Jugendalters, Wien, sowie in eigener Praxis tätig. Sie ist Lehranalytikerin und Vorstandsmitglied im Österreichischen Verein für Individualpsychologie.

HELMUTH FIGDOR, Dr., ist Psychoanalytiker, Kinderpsychotherapeut, Supervisor und Erziehungsberater sowie Lehrbeauftragter am Institut für Sonder- und Heilpädagogik der Universität Wien. Er ist Vorsitzender der »Arbeitsgemeinschaft Psychoanalytische Pädagogik« (APP).

DAVID FINKELHOR, Ph.D., ist Professor der Soziologie, Leiter des Family Research Laboratory und des Family Violence Research Program der Universität New Hampshire, USA.

WOLFGANG GRASSL ist Diplom-Pädagoge, Sozialpädagoge, Familientherapeut. Er ist SOS-Fachreferent für Pädagogik des deutschen SOS-Kinderdorf e. V., München.

ELIN HORDVIK ist Psychologin am Zentrum für Krisenpsychologie in Bergen, Norwegen. Im Auftrag der UNICEF arbeitet sie mit kriegstraumatisierten Kindern im Irak, im Jemen, in Ex-Jugoslawien und in Ruanda.

Karl Hrdina, Dr., ist Psychologe und Psychotherapeut und derzeit tätig als Qualitätsentwickler im Fachbereich Pädagogik des Österreichischen SOS-Kinderdorf-Vereins.

Peter Jakob ist Klinischer Psychologe, Familientherapeut und Supervisor. Er ist in einer Münchner Erziehungsberatungsstelle mit den Schwerpunkten sexueller Mißbrauch und Gewalt tätig. Außerdem arbeitet er in freier Praxis.

Dubravka Kocijan-Hercigonja, Dr., ist Leiterin der Abteilung für Kinder- und Jugendpsychiatrie und Psychotrauma des Allgemeinen Krankenhauses in Zagreb, Kroatien.

Peggy Perez, Mag., ist Dozentin für Pädagogik an der Universität Católica in Asunción, Paraguay. Sie gründete ein Psychopädagogisches Institut für Therapie, Ausbildung und Forschung (CEFAP). Sie ist Leiterin des Regionalen Ausbildungszentrums für SOS-Kinderdorf-Mitarbeiter aus Paraguay, Uruguay und Argentinien.

Richard Pichler, Mag., war persönlicher Assistent des Präsidenten von SOS-Kinderdorf International (Helmut Kutin), Regionalleiter der SOS-Kinderdörfer in Südostasien und ist seit 1995 Generalsekretär von SOS-Kinderdorf International.

Christian Posch, Dr., ist Klinischer Psychologe, Psychotherapeut und leitet den Fachbereich Pädagogik des österreichischen SOS-Kinderdorf-Vereins.

Krešimir Sokolic ist Psychologe und Psychologischer Berater von SOS-Kinderdorf International in Bosnien-Herzegowina.

Heike Stender ist Dolmetscherin und Mitarbeiterin im Regionalbüro für das Südliche Lateinamerika von SOS-Kinderdorf International in Paraguay.

Régis Thill ist Leiter der verschiedenen SOS-Kinderdorf-Einrichtungen in Luxemburg.

Elisabeth Ullmann, Mag., ist Psychologin an der SOS-Kinderdorf – Hermann-Gmeiner-Akademie in Innsbruck.

Christa Wagner-Ennsgraber, Dr., ist Fachärztin für Psychiatrie und Neurologie sowie Psychotherapeutin. Sie ist an der Universitätsklinik für Neuropsychiatrie des Kindes- und Jugendalters in Wien tätig und offizielle Beraterin in Fragen zu sexuellem Mißbrauch.

Helmut Wintersberger, Dr. rer.soc., ist Sozialwissenschaftler und Universitätslektor an der Sozial- und Wirtschaftswissenschaftlichen Fakultät der Universität Wien. Er leitet das Programm »Kindheit« am Europäischen Zentrum für Wohlfahrtspolitik und Sozialforschung in Wien.

Helga Zündel war in den Jahren 1968–1986 Projektleiterin der SOS-Kinderdorf-Neugründungen im Libanon und in Syrien.

Oliver Schubbe (Hg.)

Therapeutische Hilfen gegen sexuellen Mißbrauch an Kindern

Mit einem Vorwort von Andrew Vachss.

In einigen Ländern, besonders in Großbritannien und in den USA, sind die Erfahrungen mit therapeutischen Hilfsprogrammen für Mißbrauchsfamilien sehr viel weiter fortgeschritten als bei uns.

In diesem Band werden solche Ergebnisse in Beziehung gesetzt zu den Bedingungen und Erscheinungsformen sexueller Ausbeutung in unserem Land. Damit werden Wege gezeigt, wie sexueller Mißbrauch eher erkannt, den Kindern und Jugendlichen schneller geholfen und die Wiederholung solcher Taten vermieden werden kann.

Ulrich Sachsse

Selbstverletzendes Verhalten

Psychodynamik – Psychotherapie. Das Trauma, die Dissoziation und die therapeutische Bewältigung

Meist sind es junge Mädchen und Frauen, die sich offensichtlich selbst verletzen (Ritzen und Schneiden der Haut, Verbrennen durch Zigaretten und Feuerzeuge, Verbrühungen u. ä.). Ihre Zahl steigt; in allen psychotherapeu-tischen und psychiatrischen Kliniken sind sie ausgesprochene Problempatientinnen. Die Ursachen und die Psychodynamik dieses – gezielt – entsetzlichen Verhaltens sind so eigentümlich, daß selbstverletzendes Verhalten (SVV) als eigenes Krankheitsbild angesehen werden muß. Ulrich Sachsse entwickelt in diesem Buch an einer Vielzahl klinischer Beispiele seine psychoanalytische Therapiestrategie zu Anamnese, Psychodynamik, Struktur und Diagnose und zu spezifischen Problemen in der stationären psychiatrischen und psychotherapeutischen und in der ambulanten Langzeit-Psychotherapie.

Jürgen Kind
Suizidal
Die Psychoökonomie einer Suche

Äußerungen von Selbsttötungstendenzen sollen nicht als Zeichen eines Zusammenbruchs verstanden werden, sie sind vielmehr äußerste psychische Leistungen. Zwei wesentliche Funktionen hat Suizidalität: Objektsicherung und Objektänderung.

Jürgen Kind erschließt ein neues, umfassendes Verständnis von suizidalen Patienten und der Botschaft ihres Verhaltens. So wird eine Arbeitsbeziehung möglich, in der suizidale Tendenzen zurückfinden zur Kommunikation.

Israel Orbach
Kinder, die nicht leben wollen

Häufiger noch als bislang angenommen, versuchen Kinder, ihr Leben zu beenden. Es handelt sich dabei nur in seltenen Fällen um unvorhersehbare Unglücksfälle oder spontane Reaktionen auf ein bedrückendes Erlebnis. Die Kinder wissen vielmehr genau, was sie nicht mehr ertragen können; sie suchen den Tod, weil sie wissen, was er bedeutet. Die Tat ist der katastrophale Endpunkt eines langen Prozesses, der früh in der Familie angelegt ist und die Kinder in ein unlösbares Dilemma bringt.

Israel Orbach zeigt auf der Grundlage breiter klinischer Erfahrungen die typischen Entwicklungswege hin zum Kinderselbstmord, er nennt die Anzeichen der Gefährdung und führt genaue therapeutische Konzepte aus, wie den Kindern aus ihrer tödlichen Ausweglosigkeit geholfen werden kann.

Regula Freytag / Michael Witte (Hg.)

Wohin in der Krise?

Orte der Suizidprävention

Nicht in jedem Fall läßt sich ein Suizid verhindern – das wäre eine Illusion –, doch läßt sich im Einzelfall durchaus erreichen, daß die Betroffenen sich nicht „das Leben nehmen", indem sie es zerstören, sondern indem sie die Umkehrung schaffen und das Leben in die eigenen Hände nehmen. Diese Form der Krisenbewältigung bedarf eines Dialogs mit anderen Menschen.
Wirkungsvolle Krisenintervention und damit auch Suizidprävention bedarf nicht nur der Orte, sondern diese bedürfen auch spezifischer Strukturen, Methoden und Modelle. Viele Einrichtungen könnten Krisenintervention und Suizidprävention noch besser in ihr Angebot einbeziehen.

Manfred L. Söldner

Depression aus der Kindheit

Familiäre Umwelt und die Entwicklung der depressiven Persönlichkeit

Depressionen sind die häufigsten psychischen Beschwerden. Die Kindheitserlebnisse können, wenn sie von bestimmten Verhaltensmustern der Eltern geprägt sind, entscheidend dazu beitragen, ob ein Mensch anfällig wird für depressives Erleiden, einen depressiven Lebensstil entwickelt und schließlich an akuter Depression erkranken wird.

Söldner hat die Faktoren in der Eltern-Kind-Beziehung empirisch erkundet, welche die Entwicklung einer depressiven Persönlichkeit bewirken und fördern. Seine Folgerungen sind bedeutsam für die Erziehung, um gezielt vorbeugen zu können, aber auch für die Therapie bei bereits entwickelten depressiven Persönlichkeitszügen.